被差別部落に生まれて

黒川みどり
Midori Kurokawa

被差別部落に生まれて

石川一雄が語る狭山事件

岩波書店

はじめに

狭山事件は、今や事件があったことすら知らない若者たちがほとんどになったが、一昔前は、多くの人が知っていた。知ってはいたが、事件の詳細はよくわからないまま、大学のキャンパスに立て看板が並び、戦闘的な学生運動と結びつきながら狭山差別裁判闘争が繰り広げられているという印象だけを脳裏に焼きつけていた人は少なくなかったように思われる。そしてまた、多少なりとも狭山事件の概要を〝知って〟はいても、犯人とされた石川一雄を無実だと確信しえている人は、今も必ずしも多いとはいえない。

本書は、そうした現実を前にいま一度狭山事件を論じることで、事件が内包する問題と向き合おうとするものである。

狭山事件とは、本論で詳しく述べるが、一九六三年五月一日、埼玉県狭山市で高校生中田善枝が行方不明となり、警察が身代金を要求した犯人をとり逃がし、そのあとに被害者が遺体となって発見された事件である。当初から周辺の被差別部落を中心に捜査が行われ、被差別部落在住の青年石川一雄が別件逮捕された。

石川は貧困ゆえに小学校にもほとんど通えておらず、読み書きもほとんどできないに等しかった。そのような石川に、別件逮捕で、かつて雇い主に命じられるままに、あるいは生きる術として農作物を盗んだことなどの微罪を自白させ、さらには高校生殺害という本件逮捕に切り替えて「自白」を迫ったのであった。石川は長らく否認を続けるが、一家の大黒柱であった兄が犯人であるとだまし、加えて本来なら別件だけで二〇年だが自白をすれば一〇年で出してやるという嘘と長時間におよぶ心身の苦痛、さらには旧知の巡査の投入によって「自白」を引き出したのである。そもそも警察側も確たる証拠を持たないまま逮捕にいたっており、カバン、万年筆、腕時計、といった「証拠」が、自白をつくり出すのに合わせて、あとから「発見」されたものとして提示され、それらをもって「秘密の暴露」であるとして石川を有罪にし、一審では死刑判決が下された。

石川は控訴審で否認に転じ無実を訴えるも無期懲役となり、一九七七年、最高裁の上告棄却、それへの異議申立て棄却で無期懲役が確定した。それ以来再審請求が続けられているが、一九九四年、石川は仮出獄となったものの今もって再審は開かれていない。

この一連の過程をみるだけでも、そこに存在する警察、司法の問題性が明らかである。それは一連の冤罪事件にも共通するが、加えて狭山事件においては、被差別部落に犯人がいるという予断のもとに捜査の段階から被差別部落に的が絞られた結果、石川が被差別部落住民であることによって逮捕されるにいたったことである。さらには、取調べにおいても、石川が学校教育をほとんど受けていなかったことに起因する〝無知〟を利用して石川を欺き「自白」をつくり出したのであり、部落差別が、冤罪を生んだもう一つの重要な要素となっていることである。

そうであるがゆえに、この事件は、冤罪と部落差別という二面の闘いを生み出すこととなった。一九六九年ごろから部落解放同盟は、同年に制定された同和対策事業特別措置法にもとづく同和対策事業完全実施要求とともに、狭山差別裁判闘争を部落解放運動の中心課題の二本柱の一つとしてきた。それを受けて、狭山差別裁判闘争は、数ある冤罪事件のなかでも突出して大きな運動となった。

ただし、部落解放運動と不可分に闘われたこと、あるいはそもそもこの事件が部落問題と不可分であったことが、人びとの関心・理解を妨げてきた一因であることも否めないであろう。しかし、部落解放運動と結びついた闘いとなることは当然のことであり、そのことによって忌避が生まれることがあるとするならば、それはもはや受けとめる側の問題でしかない。私は、部落問題をめぐる人びとの意識のありようについてこれまでにも繰り返し述べてきたように(『被差別部落認識の歴史』、『増補　近代部落史』等)、けっして楽観的でありえてはいない。狭山事件を世に訴えていくためには、部落差別というもう一つの大きな壁を乗り越える必要があるのである。

狭山事件については、これまでに数多くのすぐれた書籍や研究が世に問われてきた。にもかかわらず、それらを前にしてあえて私がこの事件に挑んだのは、次のような理由による。

狭山差別裁判闘争は、冒頭でも述べたように、一九六〇年代の終わりの全共闘運動の高揚とも相俟って、石川の冤罪を晴らしその背後にある部落差別の構造を撃つべく、果敢に展開されてきた。そしてその闘いは、そのなかの一部の人たちによって、あるいは新たな参加者を得て今も真摯に継続されており、本文で石川自身も語っているように、石川の闘いを支える重要な役割を果たしてきた。私は、そのことの意義をいささかも低めるつもりはない。しかし、全共闘運動、部落解放運動、そのいずれかないしは両者に距離感を抱く人びとが少なからず存在するという現実がある。そのことが人びとの関心を、そしてこの事件の背後にある国家権力の悪辣さに目を向けることからも遠ざけているとしたら、それはなんとも遺憾というほかはない。

そのような状況を見据えつつ、本書は、石川一雄という個人に徹底して寄り添うことによって、事件の孕む問題を抉り出そうとするものである。そうすることによって、政治的立場や世代を超えて、より広く関心を広げることができるのではないかと考えたからである。

本書では、石川の生い立ちから、事件発生後犯人とされるまでの過程、そして獄中の三二年間、仮出獄後の闘いと日常が克明に語られる。まさに今、石川一雄が質問に答える形で語ったことを、できる限り再現したものである。

それらをとおして、冤罪の不当性と、それが一人の人生を一変させてしまう残酷さ、そしてそれに加えて、その背後に執拗に部落差別が介在してきたことを読み解くことは、けっして困難なことではなかろう。近代部落史を研究対象としてきた私が、本書を執筆する意味もそこに存する。

以下、本書は、主に聞き手を務めた片岡明幸と、それに応答する形で話をする石川一雄、石川早智子の語りを中心に構成されている。片岡は、学生時代から裁判闘争に関わり、石川出獄後は、部落解放同盟埼玉県連合会書記長のちに委員長として、裁判のみならず石川の家族の支援や、また石川自身の生活を支えるべく寄り添ってきた。そして石川早智子は、一九九六年から、妻として一雄とともに闘い、生活を営んできた。その二人の話が加わることで石川の語りがより闊達に引き出され、また状況をよりわかりやすくする役割を果たしている。併せて、獄中で文字を獲得して以後、石川自身がメッセージと称して、部落解放同盟機関紙『解放新聞』等に投稿してきたものもそれに重ねた。

石川の記憶は驚くほどに正確である。そのなかで明らかに記憶違い等で事実と異なると思われる点は注釈をつけたり本人に確認の上で改めたりしたが、そのように記憶されてきたという事実もまた重要であり、できるだけそれがわかるようにした。また人名を明らかにすることについては、片岡と石川夫妻と検討を行い、とくに存命者については配慮に努めた。

目次

目　次

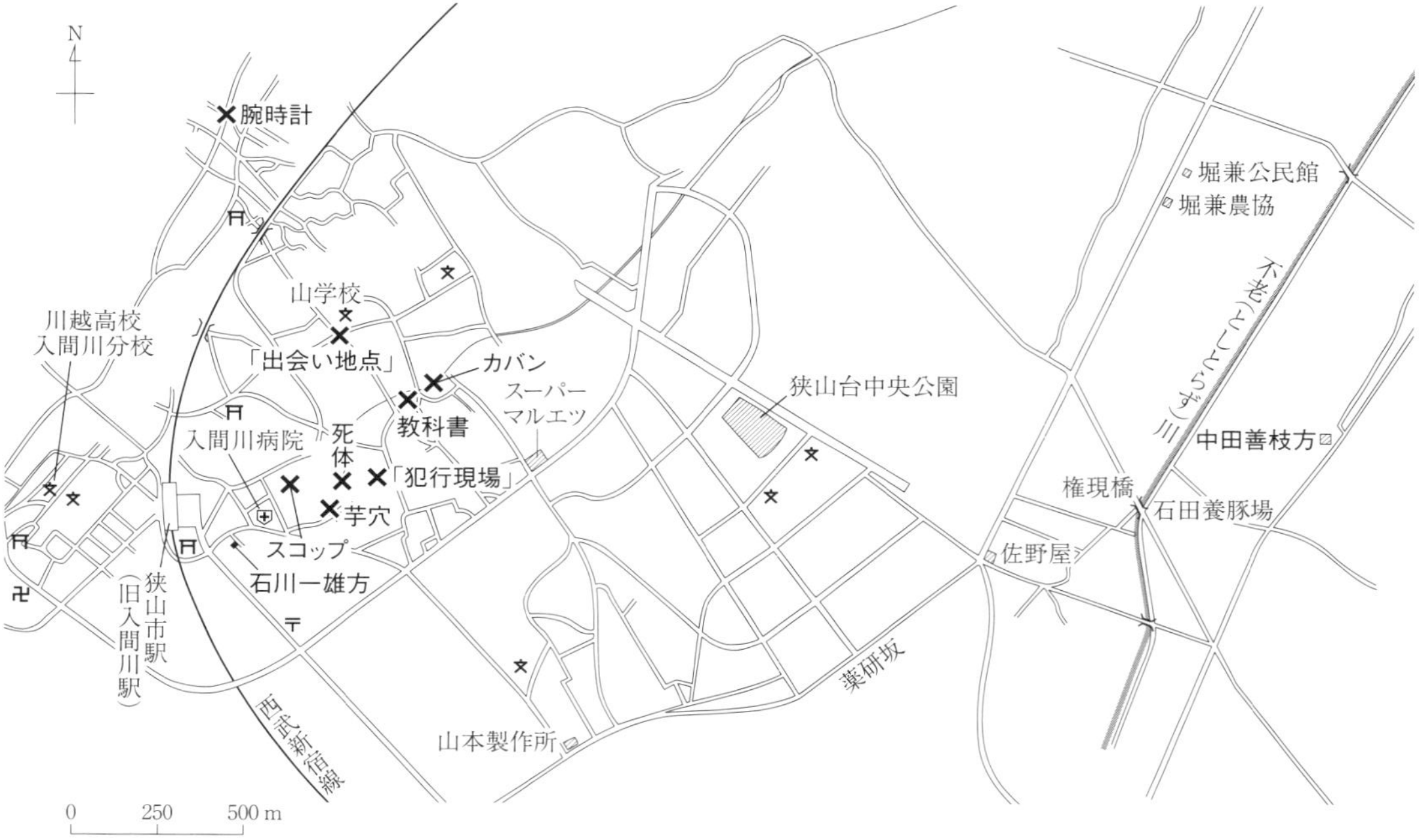
N
腕時計
山学校
川越高校
入間川分校
「出会い地点」
カバン
スーパー
マルエツ
狭山台中央公園
入間川病院
死
体
教科書
「犯行現場」
芋穴
スコップ
石川一雄方
狭山市駅
(旧入間川駅)
西武新宿線
山本製作所
薬研坂
佐野屋
権現橋
石田養豚場
堀兼公民館
堀兼農協
不老(としとらず)川
中田善枝方
0
250
500 m

狭山事件関連地図

第1章　狭山で生まれた少年——仕事と青春

一雄の生まれた被差別部落

埼玉県の西部に位置する狭山市は、一九五四年七月、入間川町・入間村・堀兼村・奥富村・柏原村・水富村が合併して誕生した。市の中央部にある現在の西武新宿線狭山市駅は、一八九五年、川越から入間・所沢を経て国分寺にいたる川越鉄道の入間川駅として開業したもので、一九七九年に現在の駅名に改められた。

石川一雄が生まれ育ったのは、入間川駅に隣接する入間川町菅原四丁目という被差別部落であった。一雄の記憶によれば、「前っ原」とも呼ばれていた。一九三五年の調査では、そこは、入間郡内一八カ所のなかの入間川村第三区と称し、戸数五九、人口三八八、「職業」は主が農業、副が履物表となっており、生活程度は「下」と記されている。

内務省の外郭団体である中央融和事業協会の機関紙『融和時報〈埼玉社会事業協会版〉』を追っていくと、埼玉県でも融和事業や融和教育の講習会を開催し、その指導者を被差別部落内部からもつくり出そうとする動きが見てとれるが、一雄の居住する被差別部落には、その運動が及んでいる様子はみられない。ところが、一九三五年、融和事業完成十カ年計画の樹立に伴い、埼玉県でも被差別部落を有する町村百三十余について一年間に一三カ町村ずつ融和事業を実施していくこととなった。それに伴い、一九三六年度に「適切なる施設をした」地区の一つとして入間川町の被差別部落があげられている(『融和時報』第一二九号、一九三七年八月一日)。

一九三六年一一月二七〜三〇日に埼玉県と埼玉県社会事業協会共催で行われた中堅人物講習会には、入間川町からも五名の参加が記されている(第一二一号、一九三六年一二月一日)。また一二月三〇日には、入間川町でも小学校の裁縫教室を会場に、中川町長も出席して「指定地区」の一夜講習会が開催された。会衆は約一五〇名、社会事業主事安藤専哲の講演は「自覚の足りなかった外部者に対して極めて深刻なる印象を与へ得た」とあることから、それには被差別部落外の参加者も多数含まれていたことがわかる。そこで「入間川町支会及融和教育入間川町支会」が結成された(第一二三号、一九三六年一二月一日)。

一九三六年時点の戸数は六十余戸、施設事業として農事実行組合の結成と共同作業場建設(九三〇坪)があげられている。当該地区は下駄表の製造が盛んなため、それの共同作業場と集会場として使用するという。また、戦時経済施設として、石油発動機・脱穀機・製縄機を購入して、農業ならびに副業の発展に充てるとしている(第一二九号)。

地区指定を受けたことに伴って、その後、中堅婦人養成講習会には、第四回(第一三七号、一九三八年四月一日)、第五回(第一四八号、一九三九年三月一日)にそれぞれ二名の参加があったことが報じられているが、それ以外の動きはほとんどみられず、融和運動もさほど活発に展開された形跡はうかがわれない。なお一九三九年一〇月には、県社会事業協会は県下の各地域で融和運動の指導・連絡に携わる者を親和委員に委嘱しており、入間川町からは、四名(中島中次郎・江原四郎・石川佐一郎・水村勝之助)が選ばれている(第一五九号、一九四〇年二月一日)。

誕生——父と母

一雄は、父富造、母リイのもと、一九三九年一月一四日に生まれた。富造の先妻の子どものヨネ、リイの子どもの静枝、一枝、六造、そして一雄、その下に雪枝、清、美智子といたが、一雄が小学校に上がったころには、静枝と一枝はすでに奉公に出ていて七人家族であった。リイは九人の子どもを産んだが、六造の上の二人の兄は幼児のときに死亡している。

富造は、リイと出会う前にリイと同じ年の女性と結婚しているが、産後の肥立ちが悪かったために亡くなり、残された一歳の子どもを抱える富造は、その子を連れて二〇歳でリイと結婚した。その子どもがヨネである。ヨネは八一歳で亡くなったが、その夫で初代の部落解放同盟狭山支部長を務めた石川仙吉とともに、一雄の裁判も兄妹のなかで一番熱心に支援してくれた、と一雄は語る。

のちに長い獄中生活を送ることになった一雄は、そのときの思いを短歌に託した。その一部が、現在の一雄の解説(聞き手・古河邦子(部落解放同盟埼玉県連合会大宮支部女性部))を付し「短歌に託して」と題して『解放新聞埼玉』に掲載されており、その一つに、「色褪せし　蒼き蒲団に　くるまりて　眠れば夢に　父母浮かぶ」という歌がある。一雄は、そこで思い起こされた父母のことをこのように語っている。

俺は母ちゃん子だったね。おふくろが大好きだった。おふくろは、トラホームで目が見えなくなった。金がなかったから医者に行けなかった。うちは六畳一間でね、みんなで暮らしてた。妹と弟がね、近くのジョンソン基地から空き缶を拾ってきて遊んでたところに、おふくろが入ってきて、つまずいて転んだ。とてもかわいそうだった。野菜はゆでないで生で食べてた。葉っぱにムシがついてるのに俺は気が付き、「母ちゃん虫がついてるよ」と叫んだけど、目の見えない母ちゃんは食べちゃった。目が見えない母が常にかわいそうでたまらなかった。母ちゃんのために何でもやってやろうと思ってた(「短歌に託して(一二)」二〇二一年六月一五日)。

トラホーム(トラコーマ)は、クラミジア・トラコマチスという微生物に感染することによる結膜炎で、繰り返し感染すると失明にいたることがある。明治期に公衆衛生が導入されていくなかで内務省はトラホームの徹底治癒を呼びかけたが、生活困窮者が多い被差別部落では、罹患率が高くかつ治療費が払えないために治癒率も低く、戦後同和対策事業が実施されるまで長らく被差別部落の徴表とされてきた病気である。リイもその犠牲者であった。そんな母を気遣う一雄のやさしい気持ちとともに、母への強い思慕が語られている。

一連の聞きとりのなかで一雄は、父については、「親父のためにね、ある意味では逮捕されたんだから。何も分からない時、若い時、無知なまま放りだしたから。放り出したのは親父だからね。お袋は関係ないから。私が不幸だったのはやっぱり学校に行かなかったことだね。学校へ行けなかったこと、行かさなかったこと。親父は許さない、今でも。学校に行けなかったことに対して。それがこの事件に巻き込まれる最大の要因だからな」と厳しく語る場面もあった。しかし、一雄は前出の短歌の解説として母を語ったのに続いて、父についてもこのように述べている。

父ちゃんは、あのあたりでは「いっこくの富」で有名だったなあ。頑固で、頑固でおっかなかった。父ちゃんと、目の見えない母ちゃんがあっちこっち、俺の無実を訴えているのを聞くと、申し訳ない気持ちでいっぱいだった。事件当日当夜家族一緒に夕飯を食べてたから、俺の無実を一番知っているのは父ちゃんと母ちゃんだ。俺が、ウソの自白をしなければ……って、ずーっと謝ってる。「無罪」判決が出たら、母ちゃんと父ちゃんの墓に真っ先に報告に行くよ（同前）。

なお、狭山事件第二審第六二回公判調書に記された野本武一（当時部落解放同盟埼玉県連合会委員長）の証言のなかに、一雄の育った被差別部落の様子を語った一節がある。やや時期はあとのことになるが、戦後のこの地域の実態を知る史料が限られているため、以下に記す。

（昭和）四六年、昨年の六月一日現在の調査によりますと、富士見一丁目が四〇〇戸のうち七六戸が部落の人たち（かっての菅原四丁目をさす）といわれております。これは行政の調査で明らかにされています。人口が四七〇（中略）。で、とくに私が目を向けなければならないのは、生活保護率の問題であります。富士見一丁目全体の生活保護率は三・七パーセントで、富士見一丁目の部落の人たちの生活保護率は去年の調査でみますと八・四パーセント、倍以上の生活保護率を示しております。

高度経済成長も後半に入ってなお、被差別部落外との格差が厳然と存在していたことがわかる。また野本は、仕事の内容についても語っている。

埼玉県の部落は茨城県の一部と千葉県の一部、群馬県の一部を中心として関東特産のしゅろ表という草履を作っております。〔中略〕これを南部表という名前で呼びますが、これが埼玉県の部落産業としての唯一の職業であったのです。で、菅原四丁目の人たちのなかにもその問屋というものがあるわけです。で、問屋というのは下請といいましょうか、あみことという者がいまして、あみことというのは女の人が草履をあむわけです。これは機械でできないわけです。そういう草履をあむ人たちがその問屋の下にいて、そしてそれを中心としての職業であったというわけです（野間宏『狭山裁判（上）』）。

〝外〟にあった戦争

一雄は、日本の敗戦が間近となった一九四五年四月に入間川国民学校に入学する。

しかし、一年生の一雄には、日本が戦争をしていたという認識はほとんどなかった。そのなかで、学校から帰るときにB29が空を飛んでいるのを目にしたり、またB29がやってくるというのでラジオでも注意喚起があり、電気を消したりあるいは明かりを暗くして裸電球を黒い布で巻いたりしたことはよく覚えているという。「怖い思い出はない」が、一雄の前の家の壁に弾が貫通した痕があり、あとで父からそのことを教えられた。また、「敵は南方、北北西なり」といっていたラジオの東部軍管区情報の記憶はあるという。大量の焼夷弾が落とされた水富村笹井地区の被害はもとより、柏原村、そして入間川村でもP51戦闘機の放ったロケット弾によって被災している(『狭山市史　通史編Ⅱ』)。しかし、幼かった一雄は、そうしたこととはほとんど無縁であった。

のちにも明らかなように、一雄の記憶は驚くほどに正確で、自身が認識したことは実に詳細に脳裏に刻まれている。しかし、戦争が行われていたという認識は、彼のなかにほとんどない。そもそも戦争が終わったという話も誰からも聞かされていなかった。以下に述べるように、一雄は小学校にほとんど通っていなかったし、入学式の記憶も残されていない。生きることに精一杯だった一雄の一家には、戦争さえも直接の被害が及ばないかぎり関心の外だったのかもしれない。

小学校時代

入間川小学校(一九四七年四月一日に国民学校初等科を改組)は、全校生一二〇〇人ぐらいの狭山市内で一番大きな学校で、一雄の学級は四三人、一年生は六クラスあった。一雄の住む被差別部落からは、同級生だけでも一一人、そのうち女の子は二人だった。なかには学校に赤ん坊を背負ってきていた子もいた。一雄が出獄してから、そのなかの六人が亡くなったという。一雄は、今もその一一人の名前はもとより、情報を得ているかぎりその消息までしっかりと記憶している。*

＊一雄の小学校時代のことは、「おいたち」（部落解放同盟中央本部中央狭山闘争本部編『無実の獄25年』）にも手際よくまとめられているが、改めて今の記憶をたどっての一雄の話を、できるだけ忠実に再現した。

父富造の後年の語りによれば、富造は小作人として高い地代を払いながら生活してきたが、その土地も軍隊にとられ、さらに戦後の農地改革では、「良い所は一般にとられ」、富造が手にできたのはわずか三反ばかりだった。しかも家を建てるためにその土地をも手放さなければならなかったため、それ以後また小作を続けてきたという（『解放新聞』第四八四号、一九七〇年五月五日）。

義務教育学校の教科書が無償になるのは、一九六一年からはじまった高知県長浜の被差別部落による闘争を経た一九六四年からであり、このときはまだ教科書は購入せねばならなかったため、一雄は教科書も持っていなかった。二、三年生のころに、上級生のお下がりの一年生用のボロボロの教科書をようやくもらった。ムラのほかの子どもたちも、だいたいそのようにして入手していたという。

学校に行けばグラウンドで大勢で遊ぶこともでき、それが一番の楽しみでもあったから、学校へは行きたかったが、二年生にもなれば、薪拾いをしなければならないというノルマを父から課せられていたので、ほとんど学校には行っていない。

かたや兄の六造は、薪拾いを命じられなかった。長男ゆえに大事にされ、あとのきょうだいはサツマイモやジャガイモを食べていても、兄は、どこで手に入れたかは一雄にはわからないが米飯を食べていて、風呂に入るのも一番先だった。兄は三歳上で、学校には通っていたがけんかばかりしていた。けんかは強く「度胸がよかった」。一雄は、自分のことをいじめる兄が苦手だったが、あるとき自分の同級生の仲間に、兄にひどい目に遭っているから懲らしめるのを手伝ってくれと頼み、兄を一緒に「攻撃」した。そうしたら兄は、勘弁してくれ、もう弟をいじめることはしない、悪かったといって、それからいじめられることはなかったという。

ムラの同級生はみんなお弁当を持っていけなかったから、昼休みは近くの八幡神社で遊んでいた。空腹ではあったが、家に食べに帰ったとしてもサツマイモかジャガイモしか口にできるものはなかったから、小学生の一雄には、「八幡様でみんなとかくれんぼうをした方がおもしろかった」のである。部落外にも、お弁当を持ってくることができずその神社で遊んでいる子たちもいたが、一緒に遊ぶことはなかった。「たぶん親が言ったんでしょうね、ああいう人と遊ぶなって」と一雄はふり返る。

一雄は背が一番低かったため、いつも教室では最前列の席だった。父に連れられて草刈りの仕事に行った日の翌日は、学校に行っても疲れて寝ていた。「ふと目が覚めたらみんなご飯を食べていた」ので、教室から「びっくりして飛び出した」こともある。教師は授業中、そして昼食の時間になっても、寝ている一雄を放置していた。しかし一雄は今も、「まあ、何も言わなかったからよかったんだよね。私はよかったと思うよ、逆に」という。それは現在の一雄の本心であり、注意されたところでどうにもならないのに、中途半端に手を差し伸べるようなことはかえって迷惑以外のなにものでもないということなのであろう。

しかし、獄中で語ったなかにこのような一節もある。「いま考えてみると、先生は私などまったく放ったらかしていたと思えるのです。少しも字がわからないのに、助言はもちろんのこと、文句も言いませんし、勉強しなさいとも言われたことすらありません。それなのに、ふしぎなことですが、どうして「ノートを買ってきなさい」などと注意したのでしょうか。まったくおかしいことだし、無責任すぎるものだったと思います」(「狭山事件にみる教育――問われているものは一体何か」『解放新聞』号外、一九七八年一二月二日)。一雄が現在、「よかった」というのは、そういう怒りを乗りこえて到達した境地として受けとめねばなるまい。

一雄は、のちに事件に巻き込まれて逮捕されるまで、自分の生まれたところが被差別部落であることは知らないままだったが、今から思えば差別されていたと思い当たることがある。一雄が住む部落のすぐそばの踏切をわたるとそこは被差別部落の外で、一雄たち部落の子どもが通学の際に通ると、〝外〟の住人から石を投げられたため、わざわざ遠回りをして学校に通った。しかし、「学校の先生は、当然そういうことにいちいち気にかけたりしませんし」、それが差別だとは思わなかった。一雄は、「私は怒ったら行かなかった(だろう)からね。怒らなかったことによかったなって、私、今でも思いますよ、そういう学校で」という。

なお、やはりのちに獄中で自らの被差別の立場に目覚めるなかで、子ども時代の差別を思い起こして述べた一文があるので、それをここで紹介する。

ここで、私が屈辱をうけたなかで、最も激烈に脳裏に焼きついている一例をあげてみますと、菅原四丁目で、よくかかっていたT理髪店(中略)の夫婦でさえも、私が散髪にいっても、いらっしゃいと世辞をいうわけでもなく、頭髪を刈る段になると、必ずといっていい程、「耳の穴が汚ない」とか、「首のまわりが垢だらけだ」などといわれていたのでありましたが、近所に床屋がなかったこともあって、仕方なく同店に行かざるを得ませんでした。しかし、このT夫婦に輪をかけたのが、小僧さんで、「汚ないのはしようがないよ、カズボウ《私のこと》は、うえしんでんのカワダンボウだからな」などといわれ、当時の私は、なんのことだか判らず、ただ笑っていましたが、余りにも「きたない」といわれることにいやになり、私は〔中略〕約二千メートルも遠い床屋《入間座と映画館の側》まで、足を運ばねばならなかったのです。

一雄はのちに拘置所に面会に来た父母にそのことの意味を尋ね、それらのことばの意味を知って「余りのことに、怒りで全身がふるえ、獄中にある私は、拳をふりあげることも出来ず、にえたぎる心をとどめることが出来ない程でした」と記している＊（「石川一雄君の手紙——地元の兄弟・姉妹へ」『解放新聞』第五六八号、一九七二年六月五日）。

＊このことは、「先輩達の苦闘を受け」（『解放新聞』第一〇六六号、一九八二年四月一二日）でも詳しく触れられている。

一雄が一年生の時に手伝った仕事の際にも、今ふり返ると明確に差別されていたと思われることがある。一雄はこのように語る。

今でも一番よく覚えているのは、山学校という武蔵野〔高等〕女学校っていうのがあったんですよ。この辺では山学校といえばわかりますけれど、武蔵野女学校って。そこに女の人ばっかりいる学校に来てるんですよ。夏になると、山の中にでっかいプールがあって、そこに仕事に行ってたんですよ。草むしりの仕事、いわゆる。日雇いですから、毎日大きなざるの中にお金を渡していた。一二〇円だったと思う、確か。直接もらうんじゃなくて、ざるに入れて渡すわけ。それは差別だって親父はわかったと思うんですよ。私はわからなかったけれど。あとになって考えてみたら。たぶん汚いなと思ったんでしょうね、直接渡すのは。だけど今考えてみると、汚い人の、たとえばお米にしろ、ほうれん草、ねぎにしろ、そういった人がつくったものを食べてたんだから矛盾するなと、今だからそう思いますよね。

被差別部落の人びとに対してお金の受け渡しをざるで行うというのは当該地域に限らずしばしば見られた光景だが、一雄は、そうしながら部落の人に作物を作らせるのは矛盾していると今もって語る。それだけではなく、父は武蔵野女学校の校長の所有する畑の仕事もしており、一雄はそれにもついていった。

二年生からは父の畑で一緒に草むしりをしていたが、雨が降ると農家は仕事がなかったので父は学校に行けといった。しかし、長靴も傘も持っていなかったので学校には行けなかった。そもそもふだんも通学は裸足だった。下駄はあったが、寒い冬に裸足で行くわけにはいかないから、寒くなるまでは、冬の到来に備えて下駄の歯が減らないようにあえて裸足で通ったのである。

雨の日に加えて、集金の日も学校を休んだ。たまに行くと、何百円かの学級費を督促されたので、父から集金のある日は学校に行くなと言われていた。

二年生からは、父に命じられ、家から少し離れた雑木林の山で薪拾いをするようになった。学校を休んで、近所の同級生の仲間五人ぐらいと行っていた。薪拾い自体はそれほど時間がかからないので、朝出かけてそのあと持っていった縄を使って探検をしたり、また六月ごろになると桑の実がなるので、赤から黒に変わった「どろのめ」と呼んでいたその実を食べたりするのも楽しみであった。とにかく「どろのめ」が甘くて美味しく、薪拾いをサボってしょっちゅう食べていたが、それを食べると口が真っ青に染まるため、しばしば、仕事をしないで遊んでいたことが父にばれて叱られたという。

畑からスコップで掘り出して盗んだ長芋を持って行って、山のなかで焼いて食べるという楽しみもあった。夏はキュウリ、トマト、スイカ、マクワウリだった。スイカも畑から一人が一玉盗んできて落として割って食べた。食べきれなかったから、スイカの汁で体を洗ったこともあるという。

もう一つ、一雄の現在の語りからは出てこなかった「父の家出」という一件が、一雄が獄中で書いた文章のなかから見つかった。

一九五〇年ごろのこと、近所の子どもたちが飼っているハトが欲しくて、一雄たち兄弟で四五〇円でハトを買ったことが父の怒りをかい、父は「もうとうちゃんは家に帰ってこないから、お前らの好きなようにするがいい」というような言葉を残して出て行ってしまったのである。その金は兄弟たちが拾い集めた茶の実を売って得たものだったが、「三度の食事もこと欠く貧困家庭の父にすれば、たとえ私達兄弟が苦労して集めた茶の実の代金であろうともあてにしてたのかもしれないのです」と一雄はいう。「父が精一杯働いた一日の賃金が百円に充たないですから、いかに当時の四五〇円の金の値打ちがあったか」明らかだと記す。結局父は、ヨネの夫の仙吉に説得されて帰宅したのであった*

（「小名木新証言武器に再審開始へ」『解放新聞』第一〇六七号、一九八二年四月一八日）。

＊一雄が小学校時代を語った次のような文章もある。

「昭和二〇年頃から三〇年頃までの私方はまさに「乞食」の生活よりも劣るくらい、その日の食事に事欠く程の貧困家庭だったのです。そういう生活環境下の父母にすれば、学校は金がかかるばかりですが、働きに出せば、僅《わずか》でも金を貰ってくるので、きっと父についていかせたのかもしれませんが、正直いって父と一緒に行くものの、八・九歳頃から十一歳頃迄の私は満足な手助けはできませんでした。その頃私ができた仕事といえば、刈入れ時の陸稲、麦を寄せ集めるとか、父が堀〔ママ〕り出した薩摩芋とか、馬鈴薯を笊《ざる》に入れて一個所に集めるとか、或は草取り位が関の山で、それだって農繁期は何処も一緒ですから働く期間も知れたもの、然も外の仕事であってみれば、雨の日は休みとなり、そんな日に学校にいけそうですが、ドン底の生活状態では、傘を買う金があろう筈がなく、結局降雨の日は家に居るより他になかったのです。

それに貧乏暇なしと申しまして、私には農閑期となっても殆ど暇はなかったのです。それは私方は高地にあった関係で、井戸の渇水がひどく、その都度遠方へ貰い水に行かねばなりませんでしたし、また飯を炊く燃料もないことから市内の山へ薪を拾いに行くのも私の仕事で、それが日課のようなものでしたから、学校へ行ける日は限られていたのです」（「マグマのようなエネルギーで」『解放新聞』第一〇八六号、一九八二年九月六日）。

一雄が一〇歳ごろの一九四九年当時、父の日給は日雇百姓で一二〇円ぐらい、父の仕事を手伝う一雄の日給は三〇〜五〇円だったという。父もその当時の一雄の仕事について、「夜、お茶をつくるんですよ。昼間も働いて夜も働くんです。」「麦もかったり、米つくってかったり、そして、こんどは、そのあとへ、麦まくようにしたり、じきには、じゃがいも、とりこむのは、おれがとりこんでやって……」といい、その一雄の一日の報酬は、「いくらももらえないですよ。五十円か六十円だったね、あの時分は……」と語っている（「狭山現地で聞く②　石川の両親に聞く」（文・土方鉄）『解放新聞』第九二八号、一九七九年七月一六日）。

子守奉公

父の仕事を手伝いながらも仲間たちと遊びもする、そんな長閑《のどか》な日々は、長くは続かなかった。一雄の家族と離れての年季奉公の日々は、小学校卒業を待たずに始まる。一雄が奉公に出たのは一九四九年六月、小学校五年生一〇歳のときで、一八歳で帰ってくるまで続いた。

子どもが小学生から年季奉公に行くことは、戦後の当時にあっても一雄のまわりではめずらしいことではなかった。一九四七年には児童福祉法が制定され、一九五一年にできた児童憲章では、家庭に恵まれない児童にそれに代わる環境が与えられることが謳われていたが、その子たちには法の効力は及ばなかった。父富造の生まれた家、いわゆる本家の子どもの〝せいちゃん〟こと石川せいいちは一雄の二年上で、六年生で奉公に行ったことを知っていたから、「当然とは思わない」が自分も行くのだろうとは思っていたという。被差別部落の同級生たちは、一雄が部落を離れるときまではまだ一緒に遊んでおり、その後どうしたかははっきりとはわからないが、おそらく奉公に行った子どももいたのではないかという。*

＊一雄はのちに、「近所といっても範囲を共同井戸を使ってた一四軒に限定してみますと、昭和五年頃から

同一五年頃迄に生まれた人は男女三二人程居りますが、その内中学校を卒業した者は、たったの二人だけのようです」と記している（「真実と社会正義の声を」『解放新聞』第一一五一号、一九八三年一二月一九日）。

一雄の最初の奉公は、所沢の十四軒《じゅうしけん》の家に住み込んで子守をすることであった。後述する植木屋の〝えいちゃん〟の斡旋で、一〇月か一一月ごろに行った。その一家は、祖父母もいて子どもも含め一〇人ぐらいの大家族だった。上の子どもが中学二、三年生で、一番下の男の子の子守をするのが仕事だった。朝四時に起きて赤ん坊のおしめも洗った。そして、牛乳をもって赤ん坊を背負って出かけ、雑木林をぐるぐる回っていた。女の子が子守奉公に行った話はよく知られているが、子守は女の子だけの仕事ではなかったのである。

子守は一日仕事で、朝に昼のお弁当を持って出かけた。分厚い弁当箱で、そのなかには、梅干しとたくあん、そしてご飯がたっぷりと入っていた。「昔は昼になるとサイレンが鳴ったんですね。わかったんです、お昼だなって」。周りはみんな農家だから、出かけた先でどこでも時間を聞くことができた。「たとえばね、一〇時に一回ミルクをやって、一二時に一回やって、三時に一回やって。夕方になって帰ってこいといわれてたから、夕方まで帰らなかった」。おぶっていると「赤ちゃんがおしっこしたのがわかるから、よその農家に行って、すみませんけれども〔おしめをとり換える〕廊下を貸してくださいっていうと、お子さんのおしめを交換するの、私がしてやるわって、農家の全然知らない奥さんが交換してくれたんです」。

そんな周囲の親切にも助けられていたが、この経験によって、一九五一年に美空ひばりが歌った「越後獅子の唄」に共感し、のちのちこの思い出と重ね合わせてそれを繰り返し口ずさむことになった。レコードも買ったという。一雄はこのようにいう。「自分は越後獅子だと思った。かわいそうになって。「俺、笛に吹かれて、逆立ち、親方に殴られる」っていう歌がある。かわいそうだなって自分でも思った」。ふるさとに思いを馳せて夜空を見上げながら親方のしごきに耐える越後獅子の唄に、自分の境遇を重ねて思い起こしたのである。

一雄の獄中の歌に、「子守歌　独り淋しく　ハミングし　涙湧き来て　獄に母恋う」がある。一雄は「越後獅子の唄」を死刑囚として獄中でハミングしていたことをこのように語る。

「美空ひばりさんのこの歌が好きでね。独房で、外を眺めながらハミングしていると、知らず知らずに涙がこぼれてくる。独房にたった一人で何年もいると、この歌詞が胸に響くんだよね。〔中略〕おれは、何回もハミングした。おれの子守歌だから」。そして一雄は、その歌をハミングしながら浪花節が大好きだった母を思い起こしていた。「かあちゃんが恋しかった。かあちゃんは浪花節が大好きでね。チャンネルをひねっては、浪花節を聴いて、泣いていた。短気なおやじにいつも遠慮していたなあ。親父が怒鳴っても我慢していた。子どもたちには優しかった。おれはね、一回も叱られた記憶がない。とにかく優しかった、かあちゃんは」(「短歌に託して(一二)」『解放新聞埼玉』第一一三一号、二〇二二年一一月一五日)。

一雄は、母から離れている寂しさに耐えながら、家を離れて子守に明け暮れる日々を続けた。やがて冬がやってきたが、「ねんねこを背負っているとあったかかった」。夜は奉公先の家族と一緒にご飯を食べた。仕事は厳しかったが、その家族は自分のことを大事にしてくれた。しかし、まだ一〇歳の一雄には、やはり親が恋しかった。「飲まず食わずでもやっぱり家は恋しいね」。その年の一〇月か一一月のことだった。一雄は耐えきれなくなって、大谷くにみちのもとで働いていた父のところに逃げた。父は怒りはしたが、五円で飴を二つ買ってくれたことを一雄は鮮明に記憶している。翌日、奉公先の〝おかあさん〟に連れられてその家に戻った。

そこには半年か一年ほどいたが、またある日の夜に逃げ出して、家の側にあった大正堂の塔が光を放っていたのを目当てに、約一〇キロの道のりを歩いて家に帰ってきた。

続く年季奉公

親は怒らなかったが、家に二カ月ぐらいいて、今度は東京・国分寺の修繕を専門にする靴屋に奉公に行かされた。主人は石川しげるといい、親戚だったため、三度の食事も風呂も家族と一緒で待遇は悪くなく、そこで一年ぐらい働いた。その集落も被差別部落で、靴屋が他にも何軒かあった。

靴屋の仕事は、靴を預けた客の名前を書いておかなくてはならないが、親から知らせてあったらしく主人は一雄が読み書きができないことを承知していた。新品の靴も売っていたが修繕が主であり、一雄に与えられた仕事は修繕の手伝いで、預かった靴を洗ったり磨いたりすることだった。多いときは一日一〇〜一五足をこなした。客を見て、「よそ者」とわかると、靴底に段ボールのようなものを貼りその上にボンドを塗って革を貼ったようにみせかけることもあった。そうするとすぐに修理が必要になるのでまた持ってきてくれるというわけである。修理代は一五〇円だった。

しげるが、一雄の一三歳の誕生日を祝ってくれた。別の日には、靴屋の近くの映画館に、鶴田浩二主演の『薔薇と拳銃』を観に行った。力道山も出演者の一人だった。鶴田が歌っていた「赤と黒のブルース」(一九五五年)の記憶もよみがえる。

次の奉公先は、狭山の市議会議員宮岡長三の経営する製茶工場で、そこに住み込みで働いた。一五歳のときであった。蒸しているお茶が熱くなりすぎないようにひっくり返す仕事を夜遅くまでしなければならないため、「結構厳しかった」という。文字で記された仕事の順番の指示が読めないといったハンディはあったが、それで咎められたことはなかった。あのころは疲れということを知らず、「他の人よりも、私の方が積極的に仕事をやったかな、一生懸命に」とふり返る。「つらい」ということはなく、「一生懸命やれば飯が食えるんだと、これが私の生活なんだと思って」「一日一日大事に」と思いながら仕事に励む日々であった。宮岡の家は農家でもあったからお腹いっぱい食べられた。そしてそこにいるときに一五歳になったので、たばこを吸えといわれて吸うようになった。たばこは買ってくれた。

そんなふうに懸命に働いたため一雄の存在は「重宝」され、当初の契約よりさらにもう二、三カ月いてほしいといわれて、結局一年半ぐらいいた。

そうして次にまた別の奉公先に行くことになるのだが、そうした被差別部落の子どもたちの年季奉公を斡旋していたのが、同じ部落にある植木屋の〝えいちゃん〟であった。賃金は前払いで、父に手渡されていた。

今度の奉公先は、東京・保谷の名古屋万平が営む漬物屋であった。朝早くから梯子をかけて大きな樽のなかに入り、大根や人参を漬けた。牛も飼っていて、毎朝に牛の乳を絞った。一雄は、乳の出がよくなるように熱いタオルで乳を温めるなど「積極的に仕事をしていた」ことを、雇い主は評価してくれていたという。乳を温めるための薪のくべ方を教えてくれたのは、そこで働いている二〇歳ぐらいの女性だった。

「お父さん」こと〝万平さん〟はとてもいい人だった。年季の一周年の金が出ても父にとられてしまって使えるお金が一銭もなかった一雄をみた「お父さん」が、「お母さん(奥さん)」に内緒で、「こいつはなかなか一生懸命仕事をするやつだからって」五〇〇円とか三〇〇円とかお小遣いをくれたりした。盆踊りなどの行事のときには、それで屋台で食べ物を買うことができるようになった。屋台で買うもののなかで、綿菓子が一番好きだった。

食事は母屋でみんなと一緒にとった。その家には一雄と同級の子どもがいたが、夕方になると遊びに出かけていったのでほとんど話をすることはなかった。最初はそこで働いているのは一雄ひとりだけだったが、やがて同じ部落の金子茂が奉公人としてやってきたので、同じ部屋で寝ていた。朝早くから夜遅くまで仕事をしているためほかの友達はできなかった。

年季が明けてもうちょっといてくれといわれ、延期して一年一〇カ月いたという。「そこが一番よかった」と一雄はいい、後述の東鳩製菓を辞めてから万平さんのところに遊びに行った。しかし、息子には会えたが、親切にしてくれた〝お父さん〟はすでに亡くなっていた。

日当の仕事へ

一雄は、その漬物屋を最後に約六年間にわたる年季奉公を終え、日当をもらう仕事に出る。一雄は後年、年季奉公に行かなければならなかったことが「私が社会勉強できなかった最大の原因」と語っているが、それにようやく終止符が打たれたのである。

勤めの最初が保谷のプレス工場で、自宅から通った。しかしあやまって機械で右手の人差し指を落としてしまったので、一年二カ月で辞めることになった。

その次の仕事先は、江東区東雲《しののめ》にあるゴルフ場で、子ども時代に近所で一番仲良く遊んでいたしょうちゃんこと水村しょういちと二人で住み込みで働いた。クラブでボールを打つと芝に穴が空いたりするので、そのへこんだところに土をいれて芝を貼って平らに直すのが仕事だった。一雄たちはすでに一七歳か一八歳になっていた。

ゴルフ場の監督はたばこを毎日、まだ前日までの分が残っていてもくれた。そして給料も、当然あとから支払われるものと信じていた。ところが三カ月ぐらい働いたあと、その監督が一雄たちの給料を持ち逃げしてしまったのである。しょうちゃんと二人で東雲一丁目の交番に行き事情を話し、金を持って逃げられたので狭山に帰れないと訴えたが、警察は、「これを持っていけばただで狭山まで帰れるから」と電車に乗るための証明をくれただけだった。二人は電車で入間川の駅に着き狭山の自宅に帰った。その仕事を斡旋した人——被差別部落の外の人だった——にそのことを話したがとりあってはくれず、「当時はそういうもんなんだ」と思ったのであった。

就職先として次に考えたのが、シチズンの時計の組み立てをする山本製作所保谷工場であった。以前のプレス工場と隣接していたが、こちらは危険な仕事ではないと考え、採用試験を受けに行った。ところが面接だけのつもりが筆記試験のための紙が配られた。読み書きのできない一雄は驚いて、トイレに行くといって試験会場から抜け出した。そうして自転車で五分ぐらいの、義兄の石川仙吉のところに駆けつけてその紙に書いてもらった。「もう仙吉さんはすっすっと書いちゃったもんな」。それを受け取って大急ぎで自転車で試験会場に戻り、こっそり裏口から入ろうと思ったが、すでに試験は終わっていた。「遅いなあ、トイレで何をしていたんだ?」と教官に言われながら答案を渡したところ、ペンで解答しなければいけないのに鉛筆書きであることを指摘されてしまう。「正直に言ったわけです。自分は字が書けないので、家の親戚の人に書いてもらいましたって」。咎められることはなく、むしろ「しょうがないなって思ったんじゃないですか」と一雄はいう。自宅からも近く、また保険などもしっかりしている会社なので、一雄はぜひともそこに勤めたかったが、不合格となった。そこに立ちはだかったのが、読み書きができないことの壁であった。

結果には結びつかなかったが、こうした一雄の求職活動も、戦後復興から高度経済成長にさしかかりつつあるなかで狭山地区にも工場が増えてきたことを背景に可能となったものではあった。

ビクターオートに勤める

敗戦からまもない一九四五年九月、入間川町と入間村に接する陸軍航空士官学校がアメリカ第五空軍司令部となることが決定し、翌四六年二月、ジョンソン空軍基地と名称が改められた。一九五二年、サンフランシスコ講和条約発効後も基地は存続し、滑走路が拡張された。現在は返還され、航空自衛隊入間基地となっている。基地は、周辺市町村に割り当てを行って労働者を動員し、戦後増大した失業者の受け皿的な役割を果たしたが、働く人びとの身分は不安定で多くの問題を抱えていた(『狭山市史　通史編Ⅱ』)。

一雄が次に挑んだのは、この米軍基地内の飛行機部品工場であるビクターオートという会社であった。一雄の仕事も、基地の存続と密接に関わっていた。

一雄は、「外国の仕事をするので簡単だから、紹介があれば誰でもできる」と聞き、所沢の職業安定所を介して出向いた。ところがここでも筆記試験があった。試験場は三人掛けで座ることとなっており、幸運にも隣に座った人から、字が読めないのかと尋ねられてそうだと答えると、自分の試験が終わるなり解答用紙を交換して代わりに解答してくれた。その結果一雄は晴れて合格した。一九五七年、一八歳のころのことである。

基地の回りにはＭＰ(Military Police)も立っていて、帰りには厳しい身体検査もあった。一日四五〇円で月給にして一万円ぐらいだった。黄色い給料袋に入ったお金は「親父に全部渡した」。そしてそのなかから一〇〇〇円ほどの小遣いをもらっていた。
友達はいなかった。試験問題を代わりに解いてくれた落合しんぞうという人は、所沢から通ってい
たから、狭山から通勤する一雄とは帰りのゲートが逆で、出会うこともなかった。
一雄に与えられたのは、倉庫のそれぞれの棚においてある部品のなかから、台帳で指示されたもの
を集めてもってくる仕事で、それには一五〜二〇人ぐらいが従事していた。倉庫に置かれている部品
のなかにはヤスリやペンチのほかに、ピストルもあった。勤務は朝九時から夕方四時半までで、「お
袋や妹がつくってくれた」弁当を持っていき、それを食堂で食べた。「楽な仕事だったからね。やり
たかったなと思った」が、「半年間で整理されちゃった」。それはこのような理由だった。
いろいろな飛行機の部品やなんかが各部屋にあるんですけれども、たとえば、石川一雄は何と何
を倉庫から持って来なくてはならないって書いてある。部品の名前と、例えばね、自動車の輪っ
かってなったら、自動車の輪っかと番号が書いてある。どこの倉庫かってことも書いてある。私
は読めないから、番号で見なくちゃダメ。倉庫では日本語で書いてあるからすぐにわかるだろう
と思うけれども、私は読めないから番号を探してしまう。だからいつも一番うしろ。一番最初に
駆けていって、一番あとになる。
そのため、怠けていると思われて、解雇されることになったのである。ここでも字が読めないことが
壁となった。

〝青春〟の到来

その次の仕事先は、東鳩製菓であった。ムラのなかの二つ年下の樋口旭が、求人があることを教えてくれて職業安定所にも一緒に行ってくれた。入社試験はなく、今までしてきた仕事を聞かれただけだった。「私は農家なので、畑仕事をやめちゃったから、たまたまここの会社を紹介されましたっていうようなことを言ったんですね」と一雄はいう。ビクターオートは「首になっちゃったから、まずいかな」と思い、また子守奉公や東雲のゴルフ場の話も一切しなかった。「手を見ればわかるのね、ごつい仕事している人とか。ザラザラの手をしてるから、この人は農家の仕事だなってことがわかるよね」。

一雄は無事採用が決まり、それから三年一〇カ月働いた。採用されたのは一九歳のときであった。一雄の配属は保谷工場で、男性が四、五〇人、女性が六、七〇〇人の職場であった。

まず就いたのは「ひめあられ」の製造で、牛乳・練乳・砂糖などの材料を運ぶことであった。それを八カ月ぐらいしたあとは、「メリークラッカー」をつくるための油の調合を二年近くやっていた。その次はビスケットの部門で、そこでは一年ほど仕事をした。

父に給料を渡してしまうと手元にお金が残らず、デートなどのためにも自分の小遣いが必要になるので、五時の終業のあと毎日三時間残業した。一万円の給料だったが、残業代を合わせて一万三〇〇〇円を得ることができた。

一雄はこのかんに野球チームにも入ってようやく青春を謳歌することができた。

この職場で一雄は、恋人となる海老沢菊江にも出会う。菊江ら女性の仕事は、材料を混ぜてローラーに入れて形にしたものをボイラーに入れることと、そこから出てきたクラッカーやビスケットの箱詰めであり、一雄も菊江の存在は知っていた。

菊江からのラブレターは人を介して仕事中に届けられた。すぐに返事がほしいということだったので、たまたまそこにやってきた同じ職場の高橋かずえにその手紙を読んでもらったところ、「あなたとおつきあいしたい」と書いてあった。高橋にすぐ返事を書いてもらい、菊江は「仕事が終わったら屋上で待っているから」ということだったので屋上に行き、そこで「もしよかったら、次の日曜日遊びに行きましょう」といわれて交際がはじまった。

デートでは、西武新宿線の新宿駅で降りて歌舞伎町方面を歩き、ポップコーンなどを食べた。菊江の家は西武新宿線沿線の田無(現西東京市)にあり、初めてのデートの日に自宅に送って菊江の兄とも会ったという。「私の場合はね、無学だけど、向こうの両親の承諾を得なければ女性とつき合っちゃいけないって、自分で思っていた」からである。それからも頻繁に菊江の家にも行った。

菊江は映画、なかんずく洋画が好きで、新宿のミラノ座に二〇回以上一緒に観に行った。しかし、一雄はタイトルすらも読めないので、何の映画を観たかわかっていない。「どこか草原で、農家みたいな村みたいな家族構成でやっているとこが一番多かったかな」。字幕が読めないため、会話のブラックユーモアに一緒に笑えずつらかったという。字が読めないということは菊江にも「言わなかったね。恥ずかしいから」。しかし、菊江は薄々わかっていたのではないかという。映画のあとは、うどんをよく食べた。そのほかにも上野動物園や所沢の西武園などにも出かけた。

菊江とは結婚するつもりだった。一雄の家にも一〇回ぐらい来て、両親や六造、ヨネらのきょうだいにも会った。菊江は一雄と結婚したいといい、みんなそれに賛成していた。義兄の仙吉にも会ってもらい、仙吉は菊江に結婚とはどういうものかという話もしたという。被差別部落出身であることは一雄も知らなかったから、もちろん話してはいない。仙吉の胸の内には、結婚差別を受けることへの不安もよぎったにちがいない。

デートの折には持ってきたお弁当を交換して食べていた。このようなエピソードもある。「私、麦飯が大好きだったんです。お袋が麦飯を炊いて、その麦飯を弁当として詰めてくれた」。そうしたら菊江は「驚いたね。「石川さんは私をわざわざ驚かすために、この麦飯を詰めたんですか」っていった」。一雄は、麦飯が好きで常食しているということをいえず、そうだという返事をした。「私は家に帰ってお袋に怒った。なんでね、麦飯を弁当に詰めた？　別に炊けばよかったんじゃあないかって」。

一雄が、後述するように東鳩製菓を辞めて石田養豚場の仕事をするようになってからも、二人の恋愛は変わることなく続いていたが、その後、菊江も病気で退社を余儀なくされた。そして一九六三年一月、菊江が亡くなり、結婚の夢は潰えてしまった。病名はわからないが、「黄疸《おうだん》って言ってたかな」。菊江が入院した、同じ名前の海老沢病院は田無駅前にあり、一雄の兄六造が仕事に行く際の通り道だった。「私はわからなかったけれど、うちの兄貴は、入院している人は物をくれるよりも退屈するからと週刊誌を買っていったみたいですね。私は食べ物とか花を持って行ったりしたけれど」。六造も菊江が一雄の妻になることを歓迎していたのであろう。六造も一雄も何度も見舞いに行ったが、その甲斐なく一年ほどの入院期間を経て、菊江の父から菊江が亡くなったことを知らせる電話があった。そのあと菊江の兄から葉書も届いた。一雄はいう。「若いのに残念だと思った。自分としては、一緒になれると思ってたからね、残念だなと思った」。一雄は複数の女性から好意を寄せられていたが、「おとなしいし、一緒になるのは菊江さんでした」という。

菊江との幸福な一時を詠んだ歌がある。「過ぎし日の　儚《はかな》い恋の　想い出に　時折ふれし　心うずくも」。そしてこのように述べている。「彼女はともかく優しい人でねえ」「彼女と一緒にいることが嬉しかったし、楽しかった」(「短歌に託して(九)」『解放新聞埼玉』第一一二八号、二〇二二年一〇月一日)。

のちに一雄の妻となった石川早智子によれば、二〇〇五年、たまたま学校で狭山事件のことを習っていた菊江の姪から連絡があったという。本屋で、一雄と菊江が一緒にボートに乗っている写真(鎌田慧『狭山事件の真実』)を見て、そこには名前も出ていたためそれが自分の叔母だとわかって、早智子にメールを送ってきたのであった。

事件があったときに、彼女の家にたくさんマスコミが来たらしい。そしたらね、彼女の家族は悪くいってないんですよ、全然悪いことを聞いてないの、一雄さんのこと。だから本当にこの家族はすばらしい人だったと思う。部落だとわかったうえに、さぞ当時は殺人犯だと思わされて。でも悪いことをいってないんですよ。だから、その姪とは今もつき合っているけれど、私たちを本当に心配してくれ応援してくれているの。(部落解放同盟埼玉県連合会)委員長(片岡明幸)と会ったりして集会にも来てくれたり。最近は集会に来れんのやけど。そんな本当に素敵な家族がいて、今もうちのおばちゃんが好きだった人ってことで、毎年結婚の記念日とかにプレゼントを贈ってくるんよ。

またもや立ちはだかる文字の壁

恋人もできて順風満帆だった一雄が東鳩製菓を辞めることになったのは、またしても読み書きができないという壁にぶつかったからであった。ビスケット工場の責任者となった一雄は、「日報」を書かなければならなくなった。最初は「竹内さん」に書いてもらっていたが、その日は竹内さんがたまたま休んだので前日のものを写して提出した。すると小林課長から呼び出しを受け、昨日と同じなのはどういうわけかと問われた。そのときのことをこのように語る。

そこで正直に言ったんです。今まで竹内さんって方に書いてもらっていました。何でかっていうと、読み書きができない。そうしたら、自分のね、会社に入った時に必要な仙吉さんに書いてもらった書類ではこんな素晴らしい字を書いて、お前は書けないのかって。「これも書いてもらっていました。実は私は全く読み書きができません。申し訳ありませんでした」って謝ったんです。「いいよ、これから気をつけろ」ってことで帰されたんです。女の事務員が一〇人ぐらいいたんですけれども、翌日になったら私の顔をみんなじろじろ見てるんですよ。字が書けないことがばれたため、恥ずかしくなって、翌日から行かなくなっちゃった。それで辞めざるをえなくなってしまった。

勤めたのは三年一〇カ月だった。東鳩製菓には何も告げずに行かなくなったのである。

石田養豚場をやめて兄の仕事の手伝いへ

そのあとは、藤沢(入間郡武蔵町)にある西川土建で半年間働いた。そこには自転車で通った。水道管を埋めるといった仕事で、給料ももらえたがその給料は父に渡していた。しかし、そこで働けるのは、週に四、五日程度の、仕事があるときに限られるものであったため、もっとお金のもらえる石田養豚場に移った。

石田養豚場の仕事は、朝昼晩の三回、ジョンソン基地に米兵の残飯をとりにいってそれを豚の餌にするというものであった。手伝いに来てくれといわれて行くようになり、一カ月八〇〇〇円というかなり高額の給料をもらった。経営者は、兄六造の同級生の石田一義で、自宅は一雄の家の隣だった。

石田養豚場は豚を三〇〇頭ぐらい飼っていて、一雄たちがもってきた残飯を、自分の養豚場で使うだけではなく、ほかにも豚を飼っているところに売っていた。「その残飯を水混ぜて増やして売るんですよ」。残飯は肉の切れ端が多かった。多いときはドラム缶に五本ぐらいあったという。石田一義の弟の義男の運転で、東島明と三人でジョンソン基地にとりに行っていた。

義男は一雄の三歳下、東島は二歳下で柏原に住んでいた。ときに石田義男の兄の登利蔵もきた。たまに来るメンバーには、同級生の荻野清や高橋良平もいた。「夜はみんなでわいわい騒いで酒飲んでたね。で、私たちは寝るのは豚小屋だから、家へ帰らなかったです。豚の留守番しなくちゃいけないから。畑の中にあるから」。そんななかで一度だけ、豚小屋の隣で飼われている鶏を盗んで、酒の肴にして食べたこともあった。「東島明は、若いころ調理師をやってたみたいなんですね。彼が全部さばいたんです」。焼き鳥にして食べて「うまかったね。みんなでわいわい騒ぎながら飲んだ」。しかし、「あんなに鶏の毛がいっぱいあったからわかっちゃったと思うよ。しかも隣だからね。隣の鶏を盗んだんだから」。その件も、のちの別件逮捕の要件の一つとなっている。

その養豚場に出入りしている者たちが「何か悪事を働く」ということではなかったのだが、「ただ夜になるとね、あちこち養豚場で働いている若い人達、二〇代ぐらいの同世代の若者が集まるわけで、義男の家や〔石田〕きよしさんの豚屋に。これから酒飲もうかってことで酒を飲む」。そこには被差別部落外の養豚場で働く若者も混じっていた。飲んだのは焼酎で、一雄も含めてみんな酒は強かった。

石田養豚場は毎月一五日に支払われる月給制で、「多いときは二万ぐらいもらったかな。ところが半年経って、兄貴が時たま来て、ここは評判が悪いから帰ってこいって言ってたんです。いるんじゃないって、家に帰ってこい、俺と一緒に仕事をしようってことで。帰ってこいってしょっちゅう言われた。何か評判が悪かったらしいですね。養豚場の評判が」。

なお石田養豚場は、一雄たちのムラのずっと東の、堀兼という、のちに事件の被害者となる中田善枝の家の近くにあった。

一雄は兄の説得で石田養豚場をやめ、家に戻って寝泊まりし、兄の仕事を手伝うようになった。兄は「かなりの高額をくれたんです、毎日。私は一部取って、親父に大半をやった」。兄から依頼される仕事は、「最初は土木が多かったですかね。家の土台をつくるとか、家を壊すとか」。六造のもとで、四、五人が働いており、その一人として仕事を手伝っていた。

忙しかったね、兄貴に頭から怒られて。しょっちゅう怒られていた。〔仕事が〕わからなかったからね。このバカヤローって毎日何回もいわれているよね。兄貴は名前なんていわない。今でも恐ろしかったのは、西武新宿の新井薬師に兄貴が映画館をつくったの。屋根上がれっていって、屋根上がったんですけれど、下見たら震えちゃってね、動けなかった。兄貴なんて、ポンポンポンポン歩いていたけれど、私は下見たら、うんと高いから全然動けなくて、お前降りろって、仕事になんないから。下仕事しろってことで、下仕事をした。材木なんかを上げて。

逮捕直前の1963年5月22日にマスコミに撮影された写真（『無実の獄25年』）

それは、事件が起こる前年、一九六二年のことである。

逮捕の際に、向かいの水村くにぞうの家の前でスコップをもつ写真が新聞に出たが、それがこの兄と一緒に家の土台をつくる仕事をしていたときのものであった。「細かくいうと、〔四月〕三〇日にこの家を建てるのに土台をつくっていた。パネルを外さなければならず、〔五月〕四日にパネルを外すってことだった。ところが大工さんの都合で午前中はダメだっていわれたんですけどね、午後からやるからっていうことで、午前中は何もないからどこに行ってもいいよっていうことで、しょうちゃん（同級生の水村しょういち）なんかと入間川に魚釣りに行った」。

一雄は、事件の前後はこの仕事をしていたのである。写真は、犯人が「土工」であることを強調するために、マスコミがわざわざ一雄にスコップを持たせて撮影したものであった。

なお、のちに妹の美智子の回想によれば、「事件のおこる直前の頃の、家庭が一番たのしかったとつくづくいう。上の姉さんが結婚していなかったが、六造さん以下、五人のきょうだいが、両親とともに生活していた。豊かとはいえないまでも、家族が支えあって、暮らしをたてていたのである」。そして一雄は、「『思いやりがあって』『こづかいなんかもくれたり』して、いい兄さんだった」という（「狭山現地で聞く①　一家の苦難は不当逮捕から」（文・土方鉄）『解放新聞』第九二六号、一九七九年七月二日）。

その「いい兄さん」が突然奪われ、「たのしかった」ときが壊されてしまったのである。

第2章　つくりあげられた「犯人」

突然の逮捕

一九六三年五月二三日、一雄は、早朝にいきなり自宅にやってきた警察に逮捕される。一雄は、それより前に父から、「石田養豚場で一緒に働いていた石田義男がうさまという饅頭屋で警察に取り調べられて聞かれているが、お前も養豚場で何か悪いことをしたのか」と尋ねられていた。一雄は父に「やってないよ」と答えたが、警察が来たのはそのことだと思った。

一雄は、手錠をはめられて連行されるときに、「おらぁやっちゃいねえから、すぐ帰るからな、おっかさん」といっていた。一雄は肌着一枚だったので、母のリイ*は「どこへも逃げかくれもしないから、きるものだけきさしてやってくれ」と警察官をどなりつけたという（「一雄は絶対犯人じゃない——石川両親にきく」『解放新聞』第一一二五号、一九八三年八月一六日）。

　＊一雄の証言によれば、母ではなく兄六造であった。

一雄の逮捕を告げる新聞が残されている。『朝日新聞』埼玉版（五月二四日）は、「「底知れず不気味な」石川　善枝さん殺し」との見出しで一雄逮捕を書き立てており、『東京新聞』も、「犯罪の温床四丁目部落――善枝さん殺しの背景」「善枝さんの死体が、四丁目に近い麦畑で見つかったとき、狭山の人たちは異口同音に「犯人はあの区域だ」と断言した」と記す。

被差別部落は犯罪の温床であるとの偏見を根底に持った一連の新聞報道は、一雄を即座に犯人と結びつけ、さらに人びとの被差別部落に対する差別意識、恐怖意識を煽り立てていった。以下は、当時の『埼玉新聞』（一九六三年五月二六日）の記事であり、こうしたものは枚挙に暇がない。

石川の住む「特殊地区／環境のゆがみが生んだ犯罪――用意された悪の温床」

石川の住む〝特殊地区〟には、毎年学校からも放任されている生徒が一〇人ぐらいいる（中略）こんどの事件の捜査の過程で、同じような犯罪を犯す危険性を持つ多数の若者達の存在が浮き彫りにされた（『埼玉新聞』一九六三年五月二六日、『狭山差別裁判』第三九五号、二〇〇六年一一月）。

「狭山事件」

一雄が突如巻き込まれ、その犯人に仕立て上げられていったその「狭山事件」とは、以下のようなものであった。

一九六三年五月一日、狭山市で埼玉県立川越高等学校入間川分校一年生であった中田善枝が下校後行方不明となり、その夜身代金を要求する脅迫状が届けられた。ところが、翌二日午後一一時五〇分過ぎに、警察は現れた犯人を取り逃がしたため、同年三月三一日の村越吉展《よしのぶ》ちゃん誘拐事件に続いての犯人取り逃がし失態で世論の非難を浴びた。当時の新聞は、「犯人また取逃がす――身代金の指定場所　警官、目と鼻の先で」といった見出しでこのように書き立てた。

吉展ちゃん誘かい事件の捜査が難航している矢先、こんどは女子高校生を誘かい、身代金二十万円を要求するという事件が埼玉県下で起った。三日午前零時、犯人は指定した場所に現れ、十数メートル離れて被害者の姉と約十分間問答したが、金はとらずに私服警官の張込み罠をくぐって逃げた。吉展ちゃん事件についで捜査当局はまた誘かい犯を取逃がしてしまった(『朝日新聞』一九六三年五月四日)。

ほかにも「だらしのない警戒陣――「吉展ちゃん事件」での教訓はどこへ」、「国民に警察不信感」といった見出しの記事が相次いだ(「警察の大失態――犯人取り逃がし」『狭山差別裁判』第三九五号、二〇〇六年一一月)。

新聞記事が記すように、吉展ちゃん誘拐事件で警察は脅迫通りに身代金を用意しながら身代金を奪われて犯人に逃げられてしまった。まもなく狭山事件が起こったことにより、警察の威信は失墜し、警察に対する怒りや不信が全国に広がっていた。失われた威信の回復をはかることに加えて、政府は、翌年に東京オリンピックをひかえ、経済成長を遂げた先進国日本を世界に印象づける必要があった。

窮地に陥った埼玉県警は、五月三日、特別捜査本部を発足させ、大がかりな山狩り捜査を開始、五月四日に被害者の遺体が発見された。五月八日の参議院本会議で事件の報告を迫られていた篠田弘作国家公安委員長は、八日までに犯人を捕まえるようにと警察に指示した。五月一一日、死体発見現場

手錠をはめられて連行される一雄(1963 年 5 月 23 日.『無実の獄 25 年』)

近くの畑でスコップが発見され、それが石田養豚場のものであると発表された[*]。警察は石田養豚場関係者を中心に、狭山市内の二つの被差別部落に捜査を集中させていったとされる。

*弁護団が提出した鑑定書では、スコップ付着の土と死体発見現場付近の土の類似をいうのでは適格性を欠き、また付着物の油肥の石田養豚場のものとの同一性の検証も行われていないことを指摘している(『狭山差別裁判』第五二九号、二〇二二年六月)。

そして五月二三日、二月まで石田養豚場で働いていた当時二四歳の石川一雄逮捕となった。殺害事件と結びつける証拠がなかったため、別件の逮捕であった。当日の夕刊は、「善枝さん殺し　有力容疑者を逮捕　現場遺留品と一致――押収されたゴムひも」との見出しで、突然のことでランニングシャツ姿のまま手錠をかけられ警察官に両腕をつかまれる「連行される石川」の写真が掲載されている。また、「確信はある　埼玉県刑事部長談」も載せられている(『朝日新聞』一九六三年五月二三日夕刊)。

一雄は狭山署に勾留されて殺害の追及を受けるも否認を続け、警察は新たな証拠を得られないまま勾留期限の六月一七日を迎える。しかし、警察は、一雄を保釈すると同時にその場で再逮捕し、川越警察署分室に移して取調べを続けた。このかん弁護士との接見がほとんどできず[*]、一雄は弁護士不信に陥り、六月二〇日、誘導されるままに「自白」をはじめる。最初は「三人犯行」、二一日から二五日まで接見が禁止されるなかで六月二三日、「単独犯行」に転じた。七月九日、一雄は中田善枝殺しで起訴され、浦和拘置所に移された。

＊六月一七日から二五日までの間、弁護士との接見が極度に制限されていたことは、「弁護士の接見状況」(『狭山差別裁判』第三九五号、二〇〇六年一一月)に示されている。

一九六三年九月四日に一審の裁判が始まり、一雄は第一回公判で起訴事実を認め、翌六四年三月一一日、第一二回公判において浦和地裁(内田武文裁判長)は死刑判決を言い渡した。これを受けて一雄は、六四年四月三〇日、浦和拘置所から東京拘置所に移された。ここで一雄の文字を学ぶ日々がはじまる。

同年九月一〇日、第二審第一回公判で、一雄は一転して殺害を否認し、無実を訴えるにいたる。しかし、一九七四年一〇月三一日、第二審東京高裁(寺尾正二裁判長)から無期懲役の判決が言い渡され、一九七七年八月九日、最高裁第二小法廷で上告棄却が決定されて、九月八日、一雄は東京拘置所から千葉刑務所に移ることとなった。その後三一年七カ月の歳月を経て、一雄は一九九四年一二月二一日、仮出獄となった。そして今までに、東京高裁に三次にわたる再審請求が行われてきた＊。

＊事件の経過は、『無実の獄25年』、『狭山差別裁判』(第三九五号)、「えん罪・狭山事件　年表」(『解放新聞』号外、二〇一一年九月二一日)等を参照。

「犯罪の温床」

ここで改めて強調しておきたいことは、一雄の自宅のある地域に、終始「犯罪の温床」というまなざしが向けられてきたことである。

一雄の突然の逮捕からまもない一九六三年五月二五日、『埼玉新聞』は、「環境のゆがみが生んだ犯罪――いまだに残る〝夜ばい〟用意された悪の温床」と題して記す。狭山市はベッドタウンとしての発展を約束されているが、市内の中学生の半数は、中学を卒業して東京や付近の工場の工員として実社会に出ていく。そのようななかで市内の農村部には「夜ばい」の習慣も残っていて「通りがかりの女の子をひやかしたりするのは日常のこと」だとその異様さを書き立てる。「さびれゆく基地〔米軍ジョンソン基地〕の町のスラム地区とその周辺にひろがる〝茶どころ〟の豊かだが閉鎖てきな農村」という対照的な二つの被差別部落がこの事件を生んだ土壌だというのである。

再逮捕後の『東京新聞』(一九六三年六月二四日)も、「犯罪の温床「四丁目部落」善枝さん殺しの背景　捜査遅らす強い団結　復讐を恐れ一般人の協力得られず」と、横行する被差別部落に対する偏見を堂々と見出しに掲げた。そして次のようにいう。「石川を通して農村の下層階級の貧しさが大きな社会問題として浮き彫りされた。「親族で固まった〝農村スラム街〟との闘いが、善枝さん殺し捜査のすべてだった」と、竹村狭山署長がいうように、捜査難航のカベと、そして犯罪の温床はこのスラム街にあった」「ゆがんだ環境のなかで育った若者が、金に困り周囲の好景気に反抗し、刺激されて、雪ダルマ式に身のしろ金要求――婦女暴行――殺人と犯罪を重ねたのが、この善枝さん殺人事件だという人もいる。そうだとすれば第二、第三の石川を生む悪の温床は狭山にはまだ残っているともいえよう」と報じられている。

同紙はさらに、「異常性格の持ち主　石川とはこんな男」と題して、このように記す。「学校にはほとんど行かず、チンピラ仲間と狭山、所沢の盛り場を遊び歩き、二十九年には「義務年限終了」という理由で学校から除籍されている。このため中学での成績の記録はひとつもないが、小学校では全教科マイナス三の劣等生という記録がある」。そして家庭訪問をしても親もとりあわず「お手上げでした」という中学校担任の言葉を載せ、人びとに犯罪者と思わせるに十分な像がつくり出されているのである。ところが、近所ではよく仕事をして愛想もよいという評判もあることに触れないわけにはゆかず、そのことをもって「やはり常識では考えられない異常性格の持ち主」に仕立て上げてしまう（同、一九六三年六月二四日）。

冤罪を晴らすためには被差別部落に向けられたこのような偏見と立ち向かわねばならず、狭山事件には、通常の冤罪事件に加えてもう一つの乗りこえなければならない壁が存在していたのである。

以下に、主に現在の一雄の語りによりながら、一雄がどのようにして「犯人」に仕立て上げられていったのか、そしてその権力による非道な手段を一雄がどのように受けとめたのかを追ってゆきたい。警察が出した「証拠」の矛盾を明らかにしたものは数多く存在しているが、以下はあくまで一雄の語りを中心に記していく。そうすることによって、また新たな角度からそれらの検証を補強することにもつながると考えるからである。

関源三という存在

前述のとおり一雄は、狭山署での約一カ月間の取り調べのなかで別件(のちに述べる九件の微罪がそれである)の容疑については認めたが、中田善枝の殺人容疑については否認を通していた。*

＊このかん一雄は二、三食のハンストを行い、医者を自分で呼んだことが、高裁の一九七一年七月二二日に行われた第五一回公判で警察側の証人によって明らかにされているが、一雄はそれに「もっと長かった」と反論している(『解放新聞』第五二九号、一九七一年八月二五日)。

警察は勾留期限が迫った六月一七日、保釈となった一雄が狭山署を出る直前に再逮捕するという挙に出た。一雄は、再逮捕されてすぐに、川越警察署分室の特設留置場に移された。取調べはそこで、長谷部梅吉警視の指揮の下に行われた。これはまさしく日常は使われていない「特設」の取調べ室で、「石川の〝自白〟をひきだす目的でつくられた拷問の場」であった(『狭山差別裁判 第三版』)。関は、一九六〇年四月に所沢署から狭山署に転勤になり、一雄の自宅の近くの駐在所に住んでいて一雄と顔見知りであったことが、一雄の「自白」をつくり出すことを可能にした要因とされていた。

一雄たち菅原四丁目の青年は、その地名から名づけた「菅四《すがよん》ジャイアンツ」という野球チームをつくったが、被差別部落ゆえに対戦相手が得られず、そんななかで関は彼らに対戦相手をみつけてきたり、また試合をするグラウンドを用意したり、ときには審判をしてくれたりもした、頼るべき存在であった。対戦相手がいなかったことが部落差別によるものだということは、「私達はそういうの全然わからなかった。親が教えなかった」と一雄はいう。そして次のように述べる。
私たちは汚いし、貧乏だからってことで。（刑務所の）なかに入って、いろいろなことを勉強してわかったんですけどね。町の人は親から聞いていたんでしょ。あそこの人とはやっちゃだめ、部落の人だからと。言葉では言わなかったけどね。対戦してくれっていったら、いやダメだっていったらしいから。うちのこのムラにも監督がいるわけでね、監督が対戦をしてくれるかどうか聞きに行くわけですよ。断られたっていってましたから。理由はいわなかった。多分、それで関さんに話したんじゃないか。関さんが「じゃあ」ってことで、いろんなところと契約してくれて、私たちに「野球をやろう」ってことで。関さん自身は（一雄たちの住んでいるところが）部落だっていうことは知っていたと思うんです。

被差別部落に駐在していた関のこのような関わりは、全国的に日露戦争後に開始された部落改善政策のなかで警察官が大きな役割を果たしたのと同様に（拙著『被差別部落認識の歴史』第三章）、被差別部落の住民を監視し指導するという役割を与えられていたことによるものであろう。しかし、一雄たちにすれば関は〝ありがたい〟存在であった。

それゆえ一雄が「自白」したのは、川越警察署分室に移されてから三日目の六月二〇日、関に対してであった。関は、交通係でありながら、一雄の取調べの時にしょっちゅう入ってきたという。一雄は、関について、今もある種の思いを込めて語る。「食べ物を買ってきてね、差し入れてくれた。大丈夫か、元気かって。お金も差し入れてくれた」「そんなことさえなかったら自白しなかったと思う、私は」。

関は、一雄の逮捕後、留置所の夜勤の係となって一雄のところにやってきた。「中で内緒でたばこをくれたり、食べ物をくれたり。そこで誰にもいうなってことで、中でたばこも吸わしてくれた」「物をくれてね、誰にも言うなよ、内緒で食べろって小さい声で言って」「私はたばこ好きだから、当時は「しんせい」だったんだけど」。

ちなみに、たばこは刑務所の中では吸えなかったが拘置所では吸えた。「拾ってくるんですよね、外掃の人が。外掃って外を掃除する人。たばこを拾ってきて、マッチを拾ってくるんですよ」。一雄は今も、「外に出ると二、三本ぐらい吸いますけれど。家にいると二本」「私も一回ね、連れ合いに宣言したんですよ、今日からやめるって。ところが三カ月ぐらい我慢したんだけれども、どうしても我慢しきれなくてトイレで吸ったんですよ。わかっちゃってしまって」。たばこ愛好者の一雄にとって、留置所でたばこをくれた関は、ありがたい存在として映ったであろう。

このかん、ほかにも数名が容疑者として取調べを受けていたが、六月一七日に一雄ひとりだけ川越警察署分室に移されてからも、関は弁当を渡す役割でやってきた。取調べで関が来たのは二回だけだという。

「自白」後の関との会話についてこのようにいう。「関さんに言ったんですよ、やってないって」。それは一雄が関に託す思いだったのであろう。一雄は、関から本当にやったのかという問いを発せられたことはなかったとも語っている。「犯人だとは思っていなかったでしょうね」と。

以下は、一雄が一貫して関を頼りにしていたことを示すものである。「私が自白しちゃっているから、刑事さんが来ました。いろいろいわれているけれどわからないから、関さん、わかったら教えてくれないかって〔関さんに〕聞いたんです。関さんは交通係の人だから、そういうことに対してはわからないので、長谷部警視、一番偉い人、その人に言うことにまちがいはないから、その人の言いなりになった方がいいんじゃないかっていうようなことをアドバイスした」。

一雄は「自白」はしたが、実際には犯人ではないから刑事から問われることには答えられない。そんななかで自分の理解者であるはずの関に尋ねるが、関はもっぱら長谷部に聞けというのみだった。一雄は「言う通りにした」という。「言う通りにしたほうがいいんじゃないかっていうようなことを関さんは言いました。ただ、高裁になって関さんは証人に立ったんですね。そのときに、長谷部さんは私のことを知っているから、「長谷部さんの言うとおりにしなさい」と言ったと、関さんが指示したと私が言ったら、「私はそういうことは言ってない」と。長谷部さんの言うことをきちっと聞きなさいということは言ったけど、そういうことは言ってないと。私には言うとおりにしたほうがいいよって言ったんですけどね」「まぁ、上司の言いなりになったってことでしょうね、関さんは」。

一雄が死刑判決を受けて東京拘置所に移ってからも、関は何回か面会に来た。「最初に食べ物の差し入れ。関さんも高裁で認めていますよね。浦和から東京に行っても、何回か差し入れをしている。お金差し入れてくれたりしました」。しかし「私が高裁で無実を訴えてからは、関さんからいっさい声がかからなくなった。それまではしょっちゅう来ていたけどね」。

関は、一雄が仮出獄となる七年前に死んだ。「本当は関さんと会いたかった」と語る。関に会いたかったというのは恩人だという思いもあるのかと尋ねると、一雄は「ありましたね」と答えている。そしていう。「本当のことを言ってもらいたかった、ってことを直接関さんに言おうと思っていたんですよ。言いたかった。高裁で証言したときに「なぜ正直に言わなかったのか」ってことを当然言おうと思ってた」。

「自白」――「男同志の約束」

一雄が「自白」にいたったのは、別件を突きつけられた上で、本来なら二〇年の刑に相当するが、いうとおりに自白したら一〇年で出してやるからとの「弱み」と無知につけ込んでの「甘言」に応じてしまったことによるが、加えての決定的要因は、兄の六造が犯人だから逮捕すると取り調べの際にいわれたことであった。身代金を取りに来たときに犯人が履いていた地下足袋《じかたび》が、兄のものと一致するというのである。

この件をめぐっては、身代金を取りに来た犯人が残したとされる足跡が、一雄の家の地下足袋でできたものとして有罪証拠の一つとされたが、弁護側の提出した鑑定により、現場の足跡はそれよりサイズが大きいものであることが明らかにされている（「現場足跡は押収地下足袋と一致しない」『狭山差別裁判』三九五号、二〇〇六年一一月）。一雄に「自白」を迫る段階では、警察はそれが兄のものであると嘘をいい、一雄を追い詰めたのである。

一雄はそのときのことをこのように説明する。

地下足袋を履いてみて、これが間違いなく犯人が身代金を取りに行って、逃げられたときの足型だって言われた。この足型とお兄さんの足型は同じだと。それで私、履いてみろって言われて、背は小っちゃいけれど足が大きいから、兄貴の足袋だと履きづらいですね、痛くて。だから、もうまちがいなくあんちゃんが犯人なんだなって。警察官、嘘つくはずがないから〔と思って〕。

一雄が、もしかしたら兄が犯人かも知れないと思ってしまったのは、たまたま、次のようなことも重なっていたためであった。

事件が起きた当夜、深夜、バイクで帰ってきた。私のところを通らないと兄貴の部屋に行けないようになっていたので、当日は雨が降っていたので、びしょ濡れになった衣服をお風呂場で脱いで、裸で私の部屋をまたいでいった。それを知っていた、たまたま。足袋がそうだし、深夜に帰ってきたし、多分、兄貴が犯人だろうって直観的に思った。

「兄貴だけ家に居なかったんですよ、兄貴だけ」「その兄貴が夜中に帰ってきたんで」、一雄は、警察官のいうとおり兄が犯人だと思ってしまったのであった。早智子はこのように説明する。「結局、お兄さんのアリバイあるのを知ってたのに、*一雄さんに自白させるために、そうやって一雄さんを簡単にだましたわけよな。お兄さんはアリバイがあって、いろいろなところを渡り歩いていろいろなことを経験しているから、お兄さんはアリバイをつぶせない。〔それに対して〕石川一雄は世間知らずで素直だから、これはつぶせるぞってことで一雄さんに的を絞られた。お兄さんが犯人と思ってなかったと思うよ。でもそうやって言えば、石川一雄が自白するだろうと思って、相手の手練手管だっていうか、それに乗せられてしまったわけやな。やっぱり、無知とか無学はすごく大きいわな」。背後の事情がよくわかる説明である。

＊六造も嫌疑をかけられた。後年の座談会のなかで六造は、自分のアリバイを警察が何回も調べに来たことを周囲から聞いており、兄弟の「どっちかがおちるってもんでしょ」「アリバイがなきゃ吊し上げられたスよ」と語っている（「石川家族座談会　イスを提供した新事実うかぶ！」『解放新聞』第七五二号、一九七六年一月五日）。

六造は当時、鳶職の親方をしており、それなりに羽振りもよく兄の収入が一家を支えていた。一雄の家にテレビが入ったのもひとえに兄の稼ぎのおかげであった。一雄はいう。

警察は兄貴がやったというふうに言ったわけ。これはお兄さんの地下足袋だっていうの。だから、お前が自白しなかったら、お兄さんを逮捕しなくちゃならないなって言われたんです。犯人だとは言わないよ。だけど兄貴を逮捕するって言われた。あんちゃんが逮捕されるんだったら〔家族が路頭に迷うことになる。それを避けるため〕、私が〔犯人に〕なっちゃおうかって。

加えて、一雄は九件の犯罪（後述）をあげられていた。家を建てるための材木を盗んだことだけでも懲役七年の刑だが、「善枝ちゃん殺し」を自白すればそうした別件逮捕があっても一〇年で獄から出してやるといわれた。一雄は、兄を救うためにも一〇年後ならまだ三四歳で人生をとり返せるからそれに応じようと考えたのであった。一雄は、長谷部警視がいちばん偉いと思っていた。その長谷部が一〇年で出すというのは「男同士の約束」だといい、それを固く信じた。

長谷部は一雄に、関が来たら話すように指示した。関はやってきたが、一雄はすぐには話さなかった。すると関が席を立って出ていこうとしたため、一雄は待ってくれと泣いて関を引き留めた。一雄にとってはそれほどに、関は自分の心の支えとなる存在であった。

そこで「自白」を行うが、当然ながら実際に手を下していないがゆえに殺し方がわからず、それを関に教えてくれと言った。すると関は、前述したように、自分は交通係だからわからないので長谷部に聞くように指示した。青木と遠藤という二人の刑事が残り、長谷部のもとで「自白」が行われた。

当初、死体解剖に当たった五十嵐鑑定は、首にあった蒼白帯や線状痕の扼殺痕を見逃しており、手で被害者の首を押さえて殺した(扼殺《やくさつ》)という筋書きで一雄の「自白」をつくり出した。しかし、弁護側の法医学鑑定は、被害者の首に残された痕跡にもとづき絞殺であることを明らかにしたため、*その鑑定にもとづいて紐による絞殺と「自白」を修正させられ、最終的にはやわらかな幅広い布等で首を絞めた絞殺であるとされた(「殺害方法は自白とちがう」『狭山差別裁判』第三九五号、二〇〇六年一一月)。

一雄が語っているのは、そのことの虚偽である。

＊一九八三年一一月、獨協医大上山教授による鑑定結果を弁護団が提出し、絞殺によるものであることを明らかにした(「真実と社会正義の声を」『解放新聞』第一一五一号、一九八三年一二月一九日)。

長谷部は自分に畏怖の念を抱かせるために、尋問調書を取る際にも、四つの湯飲み茶碗を置きそのなかで一雄が口をつけたものを当てて見せるという芝居まで演じた。長谷部が当てたのは、一雄が口をつけるときにいた刑事が目配せをして長谷部に教えていたためであるということはあとでわかった。*まさに「目は口ほどにものをいう」だったのだと一雄は語る。

*この件は一九七一年七月二二日の高裁第五一回公判で、弁護団の山上益朗が「茶碗の手品」と称してこの件で警察側の証人を追及しており、証人は、「石川が三人共犯自供後、思いつめて自殺しかねなかったので、気分をほぐすため」の「ジョウダン」だったと述べている(『解放新聞』第五二九号、一九七一年八月二五日)。

再逮捕という〝裏切り〟

先に述べたように、一雄が警察を信じてしまった背景には、弁護士への不信があった。一雄はそもそも弁護士や検察の役割をまったく理解しておらず、自分の味方は、情をかけてくれる関でありその上司の長谷部だと思っていたのである。加えて、六月一七日の勾留期間が切れたあとに再逮捕されてしまったことが、いっそう弁護士への不信を強めた。弁護士は自分を騙したと思った。さらにはその直後、先に述べたように弁護士との接見がほとんど行われず、警察はそのかんに巧妙に一雄を「自白」に追い込んだのであった。

また一雄は、一九七四年の高裁判決を前に述べた最終陳述で、「狭山署当時、ニセ弁護士が来て中田善枝さん殺しを認めるように強い口調でなじられたことが念頭によみがえり、中田弁護士も同類ではないかと思い込んだ結果、その日をさかいに、中田先生たちとの間の相互信頼関係が急速に冷えていったのであります」とも述べている（『解放新聞』第六八九号、一九七四年一〇月七日）。

『朝日新聞』は一九六三年六月二三日「号外」を出して「別件起訴」を報じた。「善枝さん殺しの容疑者と見て恐カツ未遂についても起訴されると予想していた狭山署特捜本部には大きな打撃である」と記されている。

六月一七日、埼玉地裁川越支部の判事は弁護人中田直人、石田享、橋本紀徳の三人に一雄の釈放を告げた。地裁に駆けつけていた父富造、兄六造は保釈金を納めたあと自宅に戻り、「さすがにうれしさを隠し切れない表情」で逮捕以来締めたままだった雨戸や窓を開け、「保釈を待つ家族は明るさをとりもどしたようだった」という。六造は石田弁護士といっしょに狭山署に一雄を迎えに行くが、警察署長に「容疑事実はいえないが再逮捕します。保釈はしません」と告げられ、「もうあと数分で弟に会えると信じ込んでいただけに六造さんの落胆ぶりは痛ましいほど」であった。そして一雄の自宅は「また雨戸をしめひっそりとしずまりかえってしまった」（『朝日新聞』一九六三年六月一八日）。一雄のみならず弁護士も含めて、保釈の期待が突如裏切られたのであった。*

＊『朝日新聞』（一九六三年六月二〇日）も家族や弁護士の失望ぶりを伝えている。父は一雄の好きなせんべいと着替えをもって駆けつけたがその期待を裏切られ、「警察のやり方はひきょうだ。五万円つませてまた逮捕するなんて詐欺みたいだ。面会はできなかったので着替えだけは置いてきた」と語った。橋本紀徳弁護士も「石川君は〝再逮捕はひどい〟といっていた。取調べはきついらしく、十八日は朝七時から夜十一時まで続けられたといい、いくらかやせたようだった」と報告した。

一雄は、「その時までは弁護士は半信半疑でまだ信用していなかったのか」との問いに、「半信半疑じゃないよ、弁護士は私の味方だっていうことを全然知らなかった。嘘つきだと思っていたからな、弁護士は」と答える。「別件逮捕で逮捕された時、このことに対して六月の一七日に裁判があるって言ってたんですよ。でもそれは警察官に言わせると、最初から無いものだと。弁護士は嘘つきだから」と。弁護人は一雄の保釈を求めたが検察が反対したため、勾留理由の開示を請求して、六月一八日にはその開示公判が行われることになっていた。「裁判」とはそのことであったが、現実には六月一七日に保釈され、一雄は留置場を出て再逮捕されたので、「裁判」で裁判官に訴えるという一雄の期待は裏切られたのである。

早智子は次のように一雄の思いを説明する。「五月二三日に捕まって、六月一七日に保釈のはずだったのに、弁護士もそうやって言ってたのに、別件逮捕が本件逮捕に変わったから、保釈がなくなったのは石川一雄はわからない。だから保釈と思ったら、すぐに再逮捕で川越分室のひとりの房に入れられた。弁護士が保釈って言ったのにどうしたんだって言ったら、警察はそんなん、もとからないんだ、弁護士が嘘をついているんだ、弁護士は金儲けのためにやっているんだから、そんなん信用するなって言われて、それをそのまま受けてしまった」「だから六月一七日に川越に行ったでしょ、その時に本件逮捕になったわけでしょ、その意味が本人はわからない。だから、今日、保釈されると思ってもう嬉しくてうきうきして出たら、外に出る前に捕まって。本当に突き落とされて、そこから本人が気が弱っていったと思う。たらいまわしにされて」。一雄はいう、「知らなかったからね、弁護士っていうのがどういうもんか」。

弁護士が嘘をついていると思っていたということは、最終的には「弁護士さんに話した」と一雄はいう。「何で信用しないかって〔いうことを〕、裁判官の前で言いました。警察官にこういうふうに言われたので、それは弁護士は嘘つきだと自分からそういうふうに思い込んでしまったと。それは高裁で言ってます」「裁判官の前で言ったんですね。裁判官に制止されたんです。ダメだ、ダメだって。それでも私はしゃべっちゃった」。

さらに早智子の説明は続く。「だからここら辺のこの被害っていうのは、こうやって聞かなかったらわからない、何でそうなんだというところが。六月一七日に釈放がなくなったのは裁判官・弁護士が嘘をついたんだって、それを警察官にいわれてそのまま信じて、弁護士不信になったっていう」「日に日に夜中の二時までも三時までも、「やったんか、やったんか」って責められて責められてして、勾留期限が二三日でしょ。近づいてきたら、弁護士からも「出られますよ」っていわれたのに、それなのに再逮捕でまたたった一人の留置場に放り込まれたら、それは絶望したよな。だから、ちょっとずつ弱っていくんよな。今まで本当にやってないんだって言い続けてきたけれど、やっぱりそれは向こうの罠なんよな」。

早智子の語りは、日ごろから一雄が話してきたことの代弁の意味をもっていよう。一雄はいう、「自分では出られると思ってた。もうこれはおさらばってそういうふうに思っていた」と。それだけに失望が大きく、それが「自白」につながっていく。

兄の激怒

一家を支えるためと考えて犠牲になったとはいえ、兄を犯人と信じてしまったことは、兄を激怒させることとなる。「今でも覚えているのは、兄貴から叱られたこと。兄貴が面会に来て、怒った。暴れたんだね。面会所で。馬鹿野郎って」。浦和地裁で死刑判決が出たあと、東京拘置所に兄六造が面会にきたときのことであった。

あんちゃんが「おお、元気か」って入ってきたから、「元気だよ」って答えたあと、「あんちゃん、五月一日の夜、遅く帰ってきたから、どうだった」って聞いたら、そこでもう「馬鹿野郎」って、「俺はお前みたいに悪いことするか」って。立会官がまぁまぁって押さえたけれど、兄貴は飛び出して帰っちゃった。「あんちゃんが逮捕されたら困るから(自分が身代わりになろうと思って)」って言ったんです。そうしたらかんかんになって怒った。この馬鹿野郎って。逆だったら私の方が短気だから、面会室に椅子があるでしょ、兄貴めがけて椅子を投げたと思う。でもそこまで兄貴はしなかった。ただ怒った。この野郎って。だから、面会室からすぐ、なんかボタンがあるんだね、ボタンを押したみたいです。外から三、四人刑務官が来て、兄貴を連れ出した。

そこで初めて六造は、一雄は自分の身代わりになるつもりで自白したことを知ることとなったのだが、六造はいたたまれない思いと怒りを抱えることになったのだろう。そのあと、六造は、「怒ってて四年ぐらい面会に来なかった」。六造もまた、一雄が犯人とされてしまったことにより仕事がなくなりながらも、年老いた両親と妹や弟たちを支えていかなければならないという状況に追い込まれていった。

別件逮捕の九件の微罪

一雄は、兄が犯人であると信じたことに加えて、長谷部梅吉警視に、一〇年で出してやるといわれたことを信じた。一雄はいう。「〔出してもらえると〕思ったんですね。普通だったらね、九件もたとえ悪いことをしても、私が自分でやろうと思ったのは三件しかないからね。あとの六件は、〔石田〕養豚場にいるときに、雇い主に物を盗んで来いっていわれてやったもんだから、刑務所に行くようなことはなかったと思うね。今だったら、そういうこと考えますけれど」。取調べに際して、「悪いことしたのは何件あるかって考えて話せって言われたんですよ。そしたら、全部話したら九件あった」という。するとそれだけの罪を犯せば二〇年はかかるがそれを一〇年にしてやるともいわれ、当時の一雄には、それならばという判断も働いたのであった。*

*浦和地検が別件起訴をした容疑は、次の三件と報じられた。①一九六三年二月、乗っていた小型トラックに接触したオートバイを運転していた会社員を殴った、②同年三月、堀兼市区内の道路に止めてあった友人のトラックに入り、運転台にあった作業衣を盗んだ、③一九六二年一〇月、北入曽の建設現場から角材十数本を盗んだ(『朝日新聞』号外、一九六三年六月一八日)。

九件のうちの一つ目は、東亜電波の建築現場にある材木を盗んだことであった。警察はそれは懲役七年に相当する一番重い罪だといった。家を新築する材木が転がっているからそれを全部盗んでくるように石田一義に言われ、これもまた東島明と石田義男の三人でトラックに積んで運んできた。ちなみに石田一義は、兄六造と同級生で、外交員をしてあちこちを歩きながら養豚場の経営をしていたという。これが、一〇年で出してやるからと長谷部にいわれて「自白」に誘導されたものの一つ目である。

二つ目は、石田養豚場の見張り小屋に集まって七名ぐらいが酒を飲んだ際に、付近の鶏小屋から鶏三羽を盗んで酒の肴にした。

三つ目は、隣の養豚場の鶏を、盗んだことであった。一雄と友人と、その鶏を飼っている(ところに働いている)人の三人の仕業で、酒の肴にした。

四つ目は、高橋良平のジャンパーを返さなかったことであった。

五つ目は、養豚場の主人に命じられて、雑木林の茅を三人で車に積んで盗んできたことであった。

六つ目は、入曽《いりそ》の小学校のグラウンドで東島明が、所沢のヤクザと喧嘩になり、あとから東島に殴られたその人が、その時に腕時計を盗られたといって七人ぐらいで、石田養豚場にタクシーで乗りつけて殴り込みにくるという事件があった。東島も養豚場で働いていた一人であった。一雄たちはやってきたその人たちを打ちのめした。その時計については自分たちは盗むようなことをしないので、てっきり東島が盗ったと思った。一雄は、石田義男といっしょに、狭山市にあった二つの質屋を夜通し回り時計が入っているのを見つけた。殴られたその人は警察に届けたが、あとから質札が出てきて、自分が質に入れたことを忘れて盗まれたと勘違いしており、警察に謝りにいったという。そのことが今回の逮捕で明るみになり、喧嘩で殴ったということが「悪いこと」の一つに数えられた。

七つ目は、喧嘩の仲裁に入って相手を殴ったことである。双方とも単車に乗っており、大野という人と石田義男が、当時の入間川警察があった坂道でぶつかったことから喧嘩になり、義男の単車のうしろに乗っていた一雄は仲裁をするはずが、「短気だから、何も言わずに殴っちゃった」。結局相手に父が酒を持って謝りに行き、示談で済んだ話である。

八つ目は、バイクを九万円で買って、毎月一万円ずつ払いあと三万円ほど残ってしまったことであった。「盗んだわけではない。でも、金払ってないから事件になっちゃった」。

九つ目が、石田養豚場の雇い主石田一義から豚の餌にするキャベツを盗んでくるように命じられて、東島明と石田義男と三人で夜に出かけ、自宅近くにある畑のキャベツをトラック山盛りにして積んできたことであった。* まさに一雄がいうように、自らすすんでのことではなく、雇い主に命じられての窃盗である。石田養豚場で働いているのは悪い連中だということが周囲でも噂になっており、六造の判断で、一雄は半年で石田養豚場の仕事を辞めている。しかし、その半年間の〝悪事〟を一雄は正直に語ったのであった。ちなみに、そのときに一緒に働いているのが高橋良平、東島明、石田義男と一雄の四人であった。義男の兄でのちに電車に飛び込んで自死したとされる石田登利蔵も、たまに手伝いに来ていた。

＊六月一三日に起訴されることになった九件の「犯罪事実」は、「冒頭陳述書」のなかに記されている（部落

解放同盟中央本部編『狭山差別裁判　第三版』)。一雄の記憶とそれを照らし合わせ、明らかに誤りと思われるものは一部修正したが、ここではおおむね、現在一雄からの聞きとったとおりを記した。なお、上記の「犯罪事実」にはないが、一雄が九件の罪の一つに数えるのが、鉄のパイプをジョンソン基地から盗んだことである。盗みに行ったのは、石田登利蔵と北田おさむ、そして一雄の三人であった。登利蔵と北田には子どもがいるから逮捕されないようにという一雄の心くばりによって、その一件は語られなかったのである。鉄などの廃材は高く売れ、七〇〇円ほどの金になったので七人で飲む酒の肴代にした。入間座という映画館のあたりで忘年会と称して飲んだという。ちなみに、ジョンソン基地には、米兵の食べ残しを、豚の餌にするために朝昼晩の三回集めにいくという仕事もしていたので、登利蔵はパイプのありかを知っていたのである。石田登利蔵について、一雄はこのように語っている。「とりちゃんって怖い人だからね、うちのムラでは彼は怖い人だから、何かしたら、近所では一番怖がっていて〔彼に〕何もいわなかった。あの人が一番うちでは怖かった。私が自白したために、家のガラスなんかめちゃくちゃにされちゃったってね。雨の時、来て。〔登利蔵の〕名前出したからって」。この話をしたために登利蔵の名前も新聞に出て取り調べを受けることになった。「とりちゃんはパイプを盗んだことだけで関わっていた。他のことは関わっていない。あとは、東島と義男と私と三人でやっただけだから。パイプを盗んでいたことは関わっていた」。

一雄は、取調べを受け、こうした過去の〝罪〟を自白しながら、その間ずっと中田善枝を殺しただろうと責められていた。「やったんだろうといわれて、それでやってません、善枝ちゃんのことは、やってません、っていった」「だから、判決出る前にこういう歌を作ったんですよ。「善枝ちゃん殺しはさらりととけぬ」。解けないってことですね。三番まで歌を作ったの。最終的には警察官が持ってったけど、歌を作ったの、私は読み書きできないので」。三波春夫の「おみつ殺しは……」の替え歌を獄中でつくり、窃盗犯で同じ雑居房にいた人に書き取ってもらったということを、一雄は一審判決後の公判でも語っている(鎌田慧『狭山事件の真実』)。

一雄の以上の回想のなかから、いくつかのことが見てとれる。一つはいうまでもなく、一雄の〝無知〟につけ入って、こうした微罪の数々を責め立て、それをもって「自白」に利用したという権力の狡猾さ、悪辣さである。

もう一つは、当時の一雄たち被差別部落の人びとの、微罪を重ねつつ日々の生活を成り立たせていた暮らしぶりのありようの一端である。安定した仕事に就けないがゆえにそのような生き方をしていたことが、さらなる偏見と差別を生み、殺人犯にまで仕立て上げられていったのである。

なお、一九六八年秋に主任弁護人中田直人が『解放新聞』に書いた以下の文章もまた、このかんのことを明らかにしてくれるものであり、重要と思われるため引用する。

窃盗や傷害を口実に逮捕された石川君は、警察官から「脅迫状の筆跡はお前の字だ」「お前が兄ちゃんといっしょに殺したのだ」「嘘発見器もお前がやったといっている」と連日責められ、夜は夜で、善枝さんの幽霊の話を聞かされたり、「お前なんか殺してしまっても、誰にもわからんのだぞ」と脅かされたりしました。石川君がいったん保釈されると、その場で再逮捕し、非常なショックを与えておいて、「弁護士は嘘つきだ。窃盗、傷害でもどうせ十年はくらいこむんだ。自白さえすれば、かならず十年で出してやる。大工仕事も教えてやる」と自白を強いました。石川君が、警察官や検事に教えられたり、誘導されたりして述べた自白を、一審の間中変えなかったのは、かれらのいうとおりに聞いておれば十年で出してもらえるといちずに信じていたからです。

こうしてできあがった自白は、客観的事実にてらしてみると、あちこちに嘘がはっきりしているしろものでした。一審で石川君が自白を続けているのに、私たちが無罪を主張したのはそのためです。控訴審になって調べられた警察官や検事は、もちろん自白強制や誘導の事実を否定しました。しかし、自白が嘘か本当かは、「ことば」と「ことば」の水掛論によってではなく、なによりも「物」によって、誰にでも認識される事実によって判断することができます。

死体、巻かれていた縄、細引、手拭、タオル、脅迫状等の証拠物の状態が、自白の嘘を示しています。自白ではじめて発見されたことになっている鞄、万年筆、時計も、その「発見」じたい警察の工作によるものであることが明らかにされました。科学的装いをもたせた足跡鑑定には、資料そのものに疑惑がありますし、警察等の筆跡鑑定の非科学性は弁護側の戸谷鑑定で暴露されたばかりでなく、脅迫状は石川君の筆跡でないという十分な根拠があります(「最終弁論を終って」第四四三号、一九六九年三月五日。なお、タイトルについては最終弁論が延期となったためその訂正が第四四五号に掲載された)。

万年筆の「発見」

警察は、「自白」以外の決定的な証拠として、万年筆が一雄の家の勝手口の鴨居から見つかったことをあげた。この万年筆は、六月一七日の本件による再逮捕のときには発見されていなかったものである。五月二三日の別件逮捕当日と、本件による再逮捕の翌日の六月一八日の二度にわたる徹底した家宅捜査では見つからなかったが、六月二六日、警察は、一雄が「自白」して書いたとされる図面をもとにわずか二四分で鴨居から発見し、それをすぐに兄六造に素手でさわらせるという不可思議なことも行ったのであった（「万年筆」『無実の獄25年』）。発見場所の鴨居の高さは一七五・九センチで、けっして裁判官がいうような「見えにくい場所」「見落とすような場所」ではなかった。また、再審の段階になり、当初の家宅捜査を行った元刑事らが万年筆はなかったという証言を行っている（「警察官の証言」『無実の獄25年』、「万年筆を見落とすことはありえない」『狭山差別裁判』第三九五号、二〇〇六年一一月）。

早智子はこう述べる。

私、わかるんよ、うちも商売していたので、お巡りさんがしょっちゅう聞きに来る、元気ですか、変わりないですかって。絶対、裏口から入ったことないんよ。玄関しか入らんのに、聞いた話では、関さんはふだんは玄関からしか入らんのに、その日に限って裏から来て、お母さんが風呂場で洗濯か何かしていて聞こえんかったら、そこの裏の鴨居の入口にいたと。その後に万年筆が見つかったっていうのは事実なんよ。だから〔一雄の〕お父さんがそう言った〔狭山差別裁判の集会で関が万年筆を置いたと言っていることをさす〕のも無理はないんよ。

一雄もこのようにいう。「その家宅捜査に来た日に置いたんですよ」。狭山事件に部落解放同盟埼玉県連合会が本格的に関わるようになったころからその運動を牽引してきた片岡明幸もまた、「俺の個人的な見立て」とことわりつつ、「警察が再逮捕して、決め手になるものが必要だということで万年筆を置いたのが二六日」という。一雄の父富造も、関が置いたということを確信していたからこそ、集会のつどにそのことを訴えたのだろう。

片岡の、「万年筆が出てきたという話を最初に聞いたのは覚えている?」「万年筆がお前の家から見つかったんだというふうな話は覚えていない?」という質問に、一雄は、「覚えていない。万年筆を見せられたのは覚えている」と答えている。さらに、「万年筆をどこに隠したかということは、聞かれた覚えはない?」との問いには一雄は、「聞かれたと思うよ、それはまちがいなく」という。片岡によれば、一雄が「その段階で自白をしているということで、石川一雄に絞ると警察は判断した。そこからがらっと変わっていく」。

さらにこの万年筆のインクは、被害者が事件当日まで使っていたインク瓶に入っていたインクとは違うものであった(「万年筆を見落とすことはありえない」「インクはちがう」『無実の獄25年』、「東京高裁は一一人の鑑定人の証人尋問を!　万年筆インクについての鑑定の実施を!」『狭山差別裁判』第五二九号、二〇二二年六月)。

またこの事件には、脅迫状の筆跡――そもそもこの時点で一雄はまだ日常字を書くことはほとんどできなかった――をはじめ実に多くの矛盾点が存在しているが、被害者のカバン、教科書の発見もその一つで、自白にもとづき、六月二一日に通学カバンが、二六日には先に述べた万年筆、そして七月二日には腕時計が発見されたことになっている。

教科書の発見は五月二五日と早かった（「カバン」「教科書、ゴムひも」『無実の獄25年』）。一雄はいう。「私が逮捕されてからまもなく教科書が発見されているんだな。まだ自白する前だけど、被害者の持ち物でカバンの中にあった教科書が発見されているんですよ」。そしてその教科書は本物かどうかというのも疑わしいという。

カバン、ならびに教科書は、一九七四年に無期懲役を確定させた寺尾判決（後述）の根拠の一つで、寺尾判決は、青木警部の取調べで一雄が書いた図面にもとづいてカバンが発見されたため、それは犯人しか知りえない「秘密の暴露」であるとした。しかし、カバン発見に立ち会った警察官の捜査報告書が二〇一〇年に証拠開示された際は警察が法廷で証言していたのとは別の図面が添付されており、その図面にはカバンを棄てた場所が書かれていなかった。取調べテープでも、一雄は最初、教科書はカバンに入れたまま棄てたと答え、警察官から教科書は既に発見されているといわれると「それじゃあ知らねえよ」といい、さらにカバンは別に埋めたのかという警察官の問いに、教科書のすぐ側にあると答えている。すなわち、一雄はカバンを棄てた場所を知らず、自白が誘導されたものであることは明らかになっている（「学習資料　証拠開示で明らかに！　鞄発見は秘密の暴露といえない！」『狭山差別裁判』第五二六号、二〇二一年三月）。

『女学生の友』

教科書のこととも関わってのもう一つの問題点は、被害者善枝の姉が、善枝は五月一日に『女学生の友』（一九五〇年に創刊された雑誌。小学館発行・編集）を友だちから借りたことを知っていて、教科書が発見されたときにそこに『女学生の友』もあったかと尋ねていることであるという。姉は当日善枝が殺される前に会っていたわけではないのに何故かそれを知っていた。一雄の記憶によれば、事件の数日後（五月四日か五日）に姉が語ったことが調書に記されているという。そして『女学生の友』は見つからなかったが、それを貸したという友だちに、それを善枝に貸したという事実もあとになって確認できたのである。それについて一雄は次のようにいう。

最初の自白じゃね、教科書もカバンも一緒に捨てたってことになっている。ところが、自白する前にもう教科書なんか発見されているから。よくよくきちんと新聞なんかを読むと、被害者のお姉さんが、善枝さんが友達に五月一日の日に『女学生の友』っていうのを借りているけれど、その教科書が発見された中に入っていましたかって聞いているんですよ。でも私はちょっと思ったのが、五月一日に被害者がいなくなっちゃったんですね。その友達から『女学生の友』っていうのを借りたのかどうかわからない、普通は。だから、教科書が発見された時に、そこにあったか〔警察に〕聞くこと自体がおかしいですよ。〔中略〕借りたか借りてないか、被害者が話さなかったらわからないはず。警察の調書だったかな、私、読んだんですよね、これおかしいなと。お姉さんが被害者が殺される前に会っているんだったらそういうことが分かるんだけど。その前に死んじゃってるんだから、分かるはずがないなと。『女学生の友』はどこから耳に入ったのか。五月四日か五日に〔お姉さんが〕それをしゃべっているんだよね。

五月一日事件の日――「真実の足どり」

いまもって一雄が克明に語るのは、事件があった当日のことである。

前章で述べたように、兄の請け負った新井薬師の映画館を建てる仕事を手伝っていた一雄は、一方で、兄の同級生で、入曽駅前で鳶職人をしている田原という人の仕事も手伝っており、事件当日は田原のところに行くことになっていた。田原の下には三、四人ほど職人が雇われていた。

ところが所沢の「東莫会館」というパチンコ屋*の開店日に当たっていたため、仕事と装って弁当をつくってもらい、家族には内緒で朝七時半に家を出た。しかしパチンコ屋の開店まで時間があるため、時間を潰すために西武園に出かけた。八時過ぎに西武園に着き、駅のすぐ側の木の根っこに腰かけて、足の裏にできた魚の目が痛いため長靴のなかに入れていた新聞を取り替えていた。

＊「東莫」の所在地については、土方鉄がその店のあとを尋ねた『解放新聞』の記事が明らかにしている（第五〇五号、一九七〇年一二月五日）。

東莫に行くと、もう客が並んでいて、開店の一〇時に入った。そこでは、午前一一時ごろに隣にサージェント（軍曹）の腕章をつけた米軍の職員と思われる人に出会っている（のちに警察も確認済みで、相手方も覚えていた）。「東莫っていうパチンコ屋がなければ、この事件に巻き込まれなかった」と一雄が悔いることの一つである。

パチンコには、それ以前から入間川に三軒ほどある店にしょっちゅう行っていたが、東鳩に勤めていたときはむしろ競輪の方に移っていたという。一番やったギャンブルは競輪で、競輪場のある西武園には何度も行った。一〇〇円の車券が一万円以上になったこともあった。給料が入るようになったので、月に一度ぐらい、さきむらすすむと町田きんぺいと通った。帰りは入曽駅前の東側にある「かさや」という飲み屋に寄ったりしていた。「そこに行くとね、いつも夜、農家の人だけどほとんどが若い子で、男も女もみんな、かさやに集まるんですね。自然的に、だれが誘うってこともなくそこへ来て、誰かが居る。必ず」。

当日、パチンコは午後二時ぐらいには負けてしまったため東莫を引き上げた。母から借りた五〇〇円と合わせて二〇〇〇円持って行ったが、一〇〇円か二〇〇円残して帰った。仕事に行くふりをして持って出た弁当は、東莫の前の銀行の裏で食べた。「弁当を持って出た手前、早く帰ると親父がうるさいから、ちょっとまずいかなと思って」、入間川駅の東側三〇メートルの線路脇にあった日本通運の荷小屋で雨宿りをした。雨が降り出したのは四時ぐらいからだった。

「私がその荷小屋で雨宿りしているときに、堀兼の女子中学生が荷小屋の前を、筵《むしろ》を〔自転車の荷台に〕つけて一二、三人ぐらい通ったんですよ。覚えているんですよね、四時か五時ぐらい。普通は荷小屋の前を通るのは、だいたいそのぐらいの年の人たちだったら、私自身はよく知ってますが、全然知らない人だったんですね。筵をつけて私の家の方に行ったから、多分、入曽の人かなと私は思った」。

筵を積んでいた理由は、「後で聞いてわかった。その時はわからなかったですよ。小学校で女子のバレーボールがあったらしいですね。バレーボールが雨で中止になった。それで、中学生が東中学で野球の試合をやってるから応援しようってそちらへ行ったらしいです。後になってわかったことです」。筵は応援の際に敷くのに必要だった。「自分の筵をめいめいに持って行った」。

一雄が荷小屋で見た中学生たちが通ったのは事実として確認済みであり、そのことも一雄の重要なアリバイの一つになりうるはずである。ところがのちの法廷で裁判官は、一雄の妹も中学一年生だったので、あとになって妹から聞いたのではないかと反論したという。

東莫の玉売りの女性は、警察官から写真を見せられて、一雄のことを覚えていたことがわかっている。また、東莫にいた腕にサージェントの腕章をつけた人は確認できたが、その人は午後二時ぐらいまでしかいなかったため、午後四時以降のアリバイとはみなされなかった。

そのあと荷小屋にいたときには誰も入ってこなかったが、鳥の餌や炭などそこに積んであったものを言ったら、事実と合っていた。

さらには、裁判で証人ともなった石川次夫の存在である。一雄は、午後五時ごろ、荷小屋で石川次夫と石川義男がジョンソン基地に残飯をとりに行き、黄色いドラム缶を載せたトラックで荷小屋の前を通り過ぎたのを見ている。その日は次夫が恋人と遊びに行くためにいつもより早く四時ぐらいにジョンソン基地に入った。高裁に呼ばれた次夫は、その日はたしかにジョンソン基地に行き、夕方の三回目は残飯がなかったが早く帰ってきて彼女と出かけた旨証言しており、一雄の話と合致するのである。ただし、次夫と義男はともに、一雄が荷小屋にいたところは見ていなかった。一雄は、自分は仕事に行っているはずなのに「そんなところにいるのを見られると具合わるいから」、あえて外から見えないところにいたためであったと述べている。

一雄が家に帰ったのは午後六時過ぎであったと、妹の美智子と雪枝が証言している。美智子は、いつも五時ぐらいに勤め先の牧野製作所の仕事が終わるのだが、その日は四時半で終わって残業をしないで帰ってきた。「妹はおにいちゃんも家に居たって言いましたから。歩いて三〇分ぐらいかかるんですよ、牧野製作所から。だけど、アリバイっていっても駄目なんですよ、身内だからアリバイにならないんでね。親父もお袋もみんなで一緒に夕飯を食べたんだけれども、それもダメなんですね」。しかし、「だから両親は、自信持って無罪を信じていた」*。

*のちに両親が語った次のような記事がある。リイはいう。「とにかく気持ちのやさしい子でしたよ。私はね、とにかくもったいないほど、よくしてくれましたよ。目が悪かったからね。ごはんのときでも、〝これはかあちゃんの〟といって入れてくれるしね。あんな気持のやさしい一雄は絶対に犯人じゃない」。富造も「いくらなんだって、やってありゃあ、いくらかどこか違うもんですよ。なお、うちのようにおとなしい子はね」と語っている(「一雄は絶対犯人じゃない――石川両親にきく」『解放新聞』第一一二〇号、一九八三年五月一六日)。

なお、この一雄の証言にもとづく足どりは、「石川さんの『真実の行動』」として記録にとどめられている*(『無実の獄25年』)。

*弁護士山上益朗「新たな段階を迎えて」(『解放新聞』第五四九号、一九七二年一月二四日)のなかの「その

時、荷小屋にいた——石川君の事件当日の行動」が、一雄の足どりを詳細に伝えている。

虚偽の〝事実〟——取調べの録音テープ

一連の「自白」がそのような誘導、強要によって行われたものであることは、証拠開示された取調べテープによって明らかとなっている。逮捕直後から、字は書けない、脅迫状は書いていないと訴え続ける一雄に対して、脅迫状を書いたことを認めるように執拗に追及し、その結果、脅迫状を書いて被害者宅に届けたとする自白調書が、逮捕から一カ月後に作成されたのである。この件については、『狭山差別裁判』第五二四号（二〇二二年一月）、ならびに「学習資料　取調べテープで明らかになった自白の強要と誘導」（同、第五二六号、二〇二二年三月）に詳しいが、一雄も、「裁判官がね、一番私の無実を知ってもらうのは録音だよね。私を取り調べた録音を警察官が出してきた。これが一番裁判官に強調してよく聞いてもらいたい」と。* 続けて一雄の訴えを聞こう。

＊現在、取調べ録音テープの反訳をコンピューターを用いたテキストマイニングによって分析した鑑定書も提出されており、それにも期待が寄せられている（『狭山差別裁判』第五二九号、二〇二二年六月）。

「向こう側は自白している証拠で出している。またテープレコーダーがちょうどこんな大きなものが出始めてたところで録音していた。それが出てきた。私はまさか録音しているとは思わなかったけどね。隠れて録音していた」。

しかし早智子が、「残念なのは、そんな大きいのやのに、布川事件の桜井〔昌司〕さん* の録音テープはははっきりしているのに、一雄さんの録音テープってほんまに分かりにくいな。〔レコーダーが〕そんなに大きいのに一雄さんが知らんってことは、多分、どこか隠して遠くにした」というように、隣の部屋に置かれていた可能性が高く、聞き取りにくいのが難点ではある。

＊一九六七年八月、茨城県利根町布川で発生した強盗殺人事件で、桜井昌司と杉山卓男の無期懲役刑が確定し服役したが、二〇〇九年に再審が開始され、二〇一一年、無罪が確定した。

一雄は、「でも知らないのね、自分は。犯人じゃないから〔殺し方は〕わからないから。殺したことをどういうことか教えてくれって言われた。普通だったら〔警察官が〕そんなこと言わないよね。そういうふうに言ってるってことは、裁判官は強調してよく聞いてもらいたいなって思う」と語気を強める。片岡の解説によれば、警察側の裁判の認定としては、雑木林で殺して、その死体を一度芋穴に隠して、自転車に乗って被害者の家まで行って自転車を置いて、帰りにスコップを石田養豚場から持ってきた。そして死体を雑木林から移してもう一回穴を掘って埋めたということになっている。その録音テープの内容を、片岡は以下のように説明する。

警察は、何でお前その死体を改めて穴を掘って埋めたんだって聞くわけ。普通、遺体をその穴の中に掘り込んで、それで逃げちゃえばいいのに、戻ってきてその死体を運び出して別のところに埋めるっていうのは、そりゃあ誰だって変に思う。そんなことする必要はない。それで、その芋穴の中から死体をもう一回運び出して、移す時にどうやって運んだんだっていうことになる。それってわからない、本人は。どうやってっていわれて、脚を持って引きずったんだっていうわけ。

畑の中を脚持って引きずったら泥だらけになるじゃない。しかし死体は全然きれいなまま。着ているものも、傷もない。だから、引きずってないわけ。それで「何でお前、そんな嘘つくんだって、そこの穴に掘り込んでおけばいいんじゃないか」っていわれて、「そうですね」的なことを言ってる。全然辻褄が合わないような話ばっかり録音テープの中にはある。「知らなかった、関係ない」ってことが、逆にテープに残っている。

虚偽自白

ここに明らかなように、一雄の自白は、〝虚偽自白〟の典型である。虚偽自白が生みだされる背景を法心理学の観点から追究してきた浜田寿美男によれば、虚偽自白はこれまで一般的に、「無実の人が取調官たちの暴力的あるいはだまし討ち的な取調べで自白に落ちるもの」であり、「逆に言えば、取調べに暴力や欺瞞などの不法で危険な「要因」がないかぎり、無実の人が虚偽自白に落ちることはない」と考えられてきた。しかし現実には、「取調官たちが被疑者を犯人と思い込んで、無実の可能性を考慮せず、熱心にまた執拗に取り調べるだけで、無実の人が虚偽の自白に落ちてしまうことがある。じっさい、無実の可能性をいっさい考えてくれない取調べの下で、いくら弁明しても空しく跳ね返される状態がえんえんとつづけば、無実の人であってもやがて無力感に押しつぶされ、いつまで耐えればこの窮境を切り抜けられるかも見えないままに絶望し、自分の真実を守る気力を失って、自白に落ちてしまう」という。無実の人でもいったん自白に落ちれば、「みずから想像しながら「犯人を演じる」かたちで語る以外にな」く、そこでは実際の犯行の体験はなくとも、捜査情報を握っている取調官の追及に沿って語ることで、それなりの犯行筋書ができあがっていくのである(浜田寿美男『虚偽自白を読み解く』)。

すでに見てきたように、一雄の自白は、三人共犯からはじまり、三日後には単独犯となり、自白内容が具体的となっていくなかで、それに合わせた物的証拠もそろえられて起訴にいたる。浜田は、裁判所が一貫して自白の任意性を認め、最終的に到達した単独犯行の自白には信用性があるとし、「自白に落ちていく過程に、無実の人が虚偽の自白に落ちた可能性があったとは考えなかった」ことの問題性を指摘する。

虚偽自白に追い込んでしまう、見落としてはならない重大な危険性とは、浜田によれば、第一に、取調官が無実の可能性を念頭に置かず、有罪を確信して取り調べたことである。むしろ狭山事件の場合には、その「確信」は、実際に無実であるか否かを度外視した「有罪」という不動の前提が存在していたというべきであろう。第二に、一雄の場合、別件起訴による改めての厳しい取調べで先の見通しを失ったことであり、第三に、無力感と絶望感に苛まれているなかで、顔見知りの警察官関源三が投入されたことであった。浜田はいう。「これだけの危険要因が重なってしまえば、どれほど精神力の強固な人でも、抵抗するのはむずかしい。しかし、これまで裁判所はこれらの心理的な危険要因をまともに取り上げて検討してこなかった」。

さらに浜田は、録音テープに残されている限りにおいても、カバンの件に明らかなように、一雄の

「語れなさ」「知らない」ことが明白であり、取調べのなかで「それじゃあ」「そいじゃあ」を多用して体験ではなく推論にもとづいて答えている、すなわち「秘密の暴露」ではなく「無知の暴露」が行われていることに着目する。

もう一つは、「事後の「事実」からの逆行的構成」であり、それこそが「あり得ない不自然さ」を浮かび上がらせる「非体験者の語り」だという。なかんずく録音テープに残されている、「芋穴に死体をいったん隠した」といった死体遺棄に関する犯行筋書は、事後の事実から逆行的に構成されたものであり、一雄は、犯行否認後の公判で、「自分で考えて話した」と述べた。これについても確定判決は、それゆえに「任意性」が認められ、かつ事件後の客観的証拠とも合致していて「信用性」が高いと判断したものであり、浜田は、「裁判官が虚偽自白過程についていかに無知であるかを露呈しているようなものである」と指摘する（同上書）。

背後に存在する多くの疑義

この事件には、これまでに述べてきた明らかに虚偽とされる「証拠」も含めて、不可解な点があまりに多い。身代金受け取りの際の被害者家族との接触、複数犯罪説が存在していたこと、事件後、自殺者が相次いだことなどである。これらについては、すでに『解放新聞』の取材や同紙に弁護団が寄稿した次のような記事によって、明るみに出されている。

「惨！　四人の自殺者――ほくそ笑んでいるか真犯人」（第五〇四号、一九七〇年一月二五日）／「富美恵さんの自殺はなぜ」(第五二二号、一九七一年六月五日)／「証拠は警察の工作　四人の自殺者のナゾも」(第五四九号、一九七二年一月二四日)／佐々木哲蔵「八海事件と狭山差別裁判について」(第五五四号、一九七二年二月二八日)／山上益朗「狭山差別裁判の本質」(第五六二号、一九七二年四月二四日)

さらに、一九七二年四月に刊行された部落解放同盟中央本部編『狭山差別裁判　第三版』には、「三、事件の本質を示す客観的事実」という章を設けてそれらを集約した内容が記されている。そこにも、「刑事裁判の性格上やむを得ないことではあるが、法廷闘争そのものが警察・検察がでっち上げた証拠をめぐってだけ、その主張することが成り立たないことを立証しようとする消極的な性格をもっているため、知らず知らずのうちに、警察・検察が設けたわくの中で争われるということになってしまった」と書かれているように、今日も裁判の主要な論点となっていないが、その背後にある事実関係については、一雄の無罪を裏づけるためにも明らかにしておく必要があろう。

①相次ぐ〝自殺〟者

相次ぐ自殺者のなかの一人が、五月四日に被害者の死体が発見されたその直後の五月六日、翌日に自らの結婚式を控えているなかで自死した奥富玄二である。農薬を飲んだ上で古井戸に飛び込んで死亡した。奥富は、事件の半年前まで中田家の作男《さくおとこ》をしており、中田家との関係は深かったとされる(『狭山差別裁判　第三版』、亀井トム・栗崎ゆたか『狭山事件　無罪の新事実』、「事件の謎」『無実の獄25年』)。

『解放新聞』(第五四九号、一九七二年一月二四日)によれば、「彼の血液型はBで、被害者の体に残されていた精液から検出された血液型と一致していたにもかかわらず、なんの嫌疑もうけていな」かった。奥富の解剖は、警視庁の渡辺ゆずるが奥富を司法解剖しようとしたら警察の上司が許さなかったと、一雄は渡辺から聞いている。

奥富について、片岡は、「被害者は誰かに出会って殺されているわけだ。それが誰なんだということだけれども、被害者が乗ってた自転車を持って行って、いつもの場所、納屋の中に置いて帰ってるわけだから、家のことをよく知っている人間」といい、一雄も、「いつも駐めてあったところに自転車をちゃんと駐めてあったって言ってたからね」という。片岡が、「殺した犯人が何で被害者の自転車を家まで届ける必要があるんだ」というように、被害者が乗っていた自転車が自宅のいつもの場所に届けられたことに疑問が存在している。

奥富は、事件のあった日、午後三時四〇分ごろに勤務先を退社し、午後七時ごろに帰宅しており、その間の足どりについては不明とされている(『狭山差別裁判　第三版』)。奥富の勤め先は第一ガードのすぐ側にあり、被害者が「人待ち顔」で立っているのを見たという人(中島ゆき)の証言もある。

片岡はいう。「被害者の家に仕事を手伝いに行ってたから、奥富玄二は、彼女と仲良くなるってことは十分にあったわけだよね。それが一つ。二つ目は、埋められた場所。埋められた場所は、奥富玄二の家からすぐ近く。三つ目は、奥富玄二は五月七日が結婚式だった。自分が結婚する前日の五月六日に自殺している。家まで建てているのに」。一雄も、「五月四日に死体が発見されて、二、三日後に自殺しているからな」という。

「でも死んでしまったから、取り調べを止めちゃった」(一雄)ということについては、片岡が「その奥富が亡くなったって聞いたときに、当時の国家公安委員長の篠田(弘作)の、この事件は生きた犯人を捕まえなければばっていう発言があり、それから方針をね、転換したんだ」と補足する。

被害者が殺害された場所が犯人の家である可能性については、第七六回公判最終弁論(一九七四年九月三日)において山上益朗弁護人が、「死体の靴下がよごれておらず、着衣や毛髪がぬれていないなどから屋内犯行の可能性があることを強調した」と報じられている(『解放新聞』第六八六号、一九七四年九月一六日)。

また、当日の被害者の行動とそれに関わる疑問点については、第七六回公判最終弁論(九月五日)において、松本弁護人が、当日の被害者の行動と態度がいつもと違っていたことからはじまって、次のように述べたことを当時の『解放新聞』(第六八六号)が報じている。

中学校時代の担任教師が通学路とちがうガード下で出合い、声をかけてもウツムいてだまっていたのである。

また中田家で脅迫状が発見された状況、発見されてから警察に届けるまでの時間がわずかに五分間という短かさ＝拙速、ポケットに入れて、脅迫状がぬれておらず、しわもよっていないことなどがすべて奇異であり、警察のデッチ上げであることを明らかにした。

それればかりでなく犯人が金をとりにあらわれたさいには、すでに被害者はころされており、金をおどし取ることが目的の犯行でないことを指摘。被害者が勝気で雑木林に連れこまれるようなことは考えられないこと、奥富玄二、中田登美恵の死にざまがきわめて異常であることをするどく指摘した。

五月一一日、死体を埋めたとされるスコップが発見された日には、田中登が自殺した。彼は、事件当日の五月一日夕方、たまたま犯行現場に近い薬研坂《やげんざか》付近で、「車で通った怪しい三人の男（犯人らしい）をみた」という情報を警察にもたらした人物であるが、捜査本部は情報提供者である彼を犯人扱いにして責め立て、病人のようになって寝込んでしまい、自宅で心臓を突き刺して死んだとされている。しかし、警察は市会議員選挙に関わっての「「神経衰弱気味」による自殺」とし、当初からマスコミもこの一件をほとんどとりあげなかった。社会党の埼玉県議会議員宮岡義一は、事件からまもない六月五日、「犯人を包囲しながらとりにがした警察の責任」とともに、「事件捜査中自殺した奥富玄二と田中昇《〔ママ〕》（殺害現場とされた地点で怪しい三人づれを見たと警察に届けたが逆に容疑者あつかいされ〝自殺〟した）の問題など」も県議会で追及している（『埼玉県部落解放運動史』、『狭山差別裁判　第三版』、『解放新聞』第五四九号）。

捜査の焦点が当てられていた、石田養豚場の経営者石田一義の兄石田登利蔵も、一九六六年一〇月二四日、西武線入曽駅近くの踏切で轢死体となって翌朝発見された（野間宏『狭山裁判（下）』）。泥酔して電車に轢かれたとされたが、自殺・他殺の可能性があるにもかかわらず、警察は背景も含めて何も調べなかった。

そして先の『解放新聞』(第六八六号)の記事でも言及のあった、被害者の姉中田登美恵である。登美恵は、一雄の一審判決が出たあと部屋にこもりがちになり、その約四カ月後の一九六四年七月一四日、自宅で亡くなった。兄の建治が最初に発見し、自殺として近くの堀兼診療所医師に連絡した。登美恵を診察した近所の医師の診断は死因不明で、警察医が診たところ農薬自殺ということになった。*

＊第二審第六四回公判調書に記された診療所医師鈴木将の証言が明らかになっている(野間宏『狭山裁判(下)』)。また、『狭山差別裁判 第三版』は、登美恵の検死に当たった堀兼診療所の医師への、山上益朗弁護士、堀岡礼子、亀井兎夢(トム)によって行われたインタビューの記録を掲載している。

被害者の家族について、早智子はこのようにいう。

被害者の家族に鞭打つわけじゃないけれど、私がどうしても腑に落ちないのは、被害者が行方不明になっているでしょ。警察に届けたのはいいんですよ、四日に死体が発見されたでしょ。そしたらお兄さんは、すぐにカメラを持って現場まで行って、その現場の残土が平らなんだって。それを見て、「普通だったら五〇キロの人を埋めたらちょっと土が残ったりするはず。なのにスコップで埋めるのに残土が全然ないから、プロの人がした仕業だ」とかそんなこと言ったと聞いてる。

普通の家族だったら、たとえば被害者のお姉さんが身代金を持って行って、その身代金を渡そうとするときに、一〇分ぐらい真犯人とやり取りしたのに、その中で一言も「妹は生きてますか、助けて、どうやってますか」ってことを言ってないんやな。「出てきなさいよ」とか、そんな冷静な話。いくらどんなに気が動転しても、一番に言うのは妹を生きて助けてって〔いうことのはずなのに〕それがないってこともあるし、お兄さんもカメラ持って行って、これは残土がないからプロの仕業だとかいえる冷静さが、やっぱり腑に落ちんところがある。

片岡もまたこのように語る。

俺が大事だと思うのは、犯人とお姉さんは佐野屋で夜会っている。声掛けている。金持って来たかっていうふうにして。顔はよく見えなかった。刑事が隣にいる。だけども、声はわかるじゃない、知っている人だったら。たとえば顔が見えなくても俺が何か言ったら片岡委員長の声だって知っている人だったらわかる。人間の声ってやっぱり特徴があるから。だから俺は、もしかしたら、お姉さんはその声の主が誰だかわかったんだと思う。お姉さんは自殺するんだよ。もしかしたら声の主が、あの人だと〔思ったかもしれない〕。お姉さんは何かの事情で表に出せないでそのまま自分も死ぬってことになったいうふうに俺は思った。何でお姉さんが自殺したのか、変でしょ、しかも死刑判決が出たすぐあと。だから推測だけど、犯人はわかっていて、それは身近な人であるから、それで言えないまま、まちがった〔真犯人でない〕石川さんが逮捕され死刑判決になって、行き詰まっちゃって死んだというようなことも考えられる。だから、お姉さんが死んだのもひじょうに不思議な死に方。

なお、この件は一雄自身も、一九七一年に提出した上申書のなかで述べている（第３章参照）。一九七二年、弁護団の一人であった佐々木哲蔵も、このように語っている。

私はこういう〔自殺した〕人達が犯人だなんてことはいいませんよ。しかしね、ひじょうに善枝ちゃんの死とこの事件との関連性を考えるのは、これは常識です。それから善枝ちゃんの姉さんという人が、石川君のために、一審で証言しているいろいろ不利なことをいった人ですけれど、この人が、石川君の判決があってから、死刑の判決を受けてから、四カ月ぐらい悶々として家にとじこもっている。その結果、この人も農薬を飲んで自殺をしている。善枝ちゃんの姉さんですよ。それから田中という人が、真犯人らしいものを見たという情報を警察に提供してきている人が、それが包丁で自殺をしている。また、一番捜査の中心になった石田豚屋のお兄さんが轢死体で電車にひかれて死んでいる。これは偶然といえますでしょうか。私は余り経験はありませんけれども、私がいろいろやった事件の中で、これほど不可思議な、不可解な自殺者というものはありません。これは偶然といういう〔ママ〕に考えるのは、社会の常識に反するのではありませんでしょうか。

この点の解明は、これはぜひ必要だと思う（「八海事件と狭山差別裁判について」）。

また四名の〝自殺〟者が出たことについて、中田直人弁護人も第二審で指摘し、「本件糾明の重要な鍵」と述べている（『狭山差別裁判　第三版』）。

②被害者家族との関係

身代金の授受についても疑問点は多い。

一つは、兄中田建治が、妹である被害者の生死が明らかになっていない段階で、身代金を要求する犯人の指定場所に登美恵に持って行かせたのが偽札だったという点である。それは大きな危険を孕む選択である。

二つ目に、登美恵は五月一日につづいて二日夜、指定場所の佐野屋の脇に立ち、犯人と一〇分にわたって会話をするが、犯人は警察が張り込んでいることをすでに知っていたと思われることである。警察は、犯人との接触を怖がる登美恵を安心させるために、張り込み状況の詳細を家族に伝えており、その情報が犯人にも漏れていたと考えられる。

また、脅迫状を届けた目撃者はおらず、建治が脅迫状の入った封筒をわざわざ弟に言いつけて確認させているなど、一連の行動・発言のなかに不自然な点が多い。被害者が乗っていた自転車が一日の夜には自宅に返されていたこと、犯罪が行われたのは被害者の誕生日であり、そのことを意識して、死体の埋葬には葬式用の「犬はじき」（死体を動物から守るまじない）の代用としての棍棒と「寿」の字のある祝い用のビニール風呂敷が用いられ、そこには憎悪と「ホトケ心」が混在していたことも指摘されている。

奥富が自殺するまで警察は認識していなかったが、先に述べたように彼が中田家の元作男であったという事実も重要である（詳しくは『狭山差別裁判　第三版』を参照）。

③複数犯人説

この事件には当初から複数犯説が存在していた。一雄の「三人でやった」という嘘の自白にもとづいて、石田養豚場関係者が対象となり、六月四日には石田一義、石田義男、東島明が逮捕された（野間宏『狭山裁判（下）』）。東島は六月一五日に川越署に移送され、取り調べを受けた。「東島明もアリバイがなかったけれど、苦しかったってね、高裁で」。東島は、獄中で自殺未遂をする。

一雄によれば、東島は「〔首を吊って死のうとしたが〕引っかかったんだな。回ってくる人に見つかってしまって、自殺できなかったらしい。高裁でそのことをいってた」「結局は、東島も義男もアリバイがないわけだね。豚に餌をやってたっていえばそれではアリバイにならない。だから、二人ともアリバイがなかったので、厳しく取り調べを受けていたみたい。しかも、私たちが一緒のところを見たっていう人がいるから。あとで嘘だったらしいけれどね。私たちを見たのは嘘だったと。植木屋の奥富栄。あれが五月の一七日に狭山警察に、養豚場の東島明と石田義男、石川一雄を山学校付近で見たって言ったらしいです*」。

*奥富栄は、五月九日に、「五月一日にみた二人は石川一雄と東島明に似ていた」と刑事に話している（亀井トム・栗崎ゆたか『狭山事件　無罪の新事実』）。

ほかの二人からは「自白」は引き出せず、かつ証拠もなく、単独犯行説に切り替えたというわけである。しかし、被害者の死体の首と両足にかけられていた紐は、「ひこつくし様」という結び方によるもので、これはカウボーイの投げ縄のような結び方であり、相手の抵抗を早くおさえるためにしばることを目的としてあらかじめ用意されて作られているものであった。それが二本も発見されていることは、殺害が以前から計画され、かつ犯人が複数であったことを示すものであるという（『狭山差別

裁判　第三版』)。

そうした点も顧みられず、以下に述べるように、「生きた犯人」をつくり出すことを至上命題として一雄による単独犯行の筋書きがつくられていったのである。このような矛盾点は、一雄自身が、次章で示す「上申書」のなかでも指摘していることである。

「生きた犯人」をつくり出す

警察がこうした点を調べることなく、もっぱら「生きた犯人」づくりに突き進んでいったのは、奥富玄二の死を契機としていたと考えられる。片岡もいう。「当時の国家公安委員長の篠田弘作が、その奥富が亡くなったって聞いたときに、この事件は生きた犯人を捕まえなければっていう発言をして、それから方針を転換したんだ」と。当時の『埼玉新聞』(一九六三年五月七日)もそれをこのように伝える。

同委員会(国家公安委員会)は宮地警視庁刑事委員長から事件の捜査報告を聞いたのち警察の捜査が犯人のいうがままになり、拙劣な捜査ぶりだったが、いまは犯人検挙が第一で、一日も早く犯人を逮捕するように指示激励するとともに、今週中に全国の警察管区の刑事課長を集め、誘発を予想される誘かい事件をはじめ刑事事件捜査一般について操作技術の研究と、警官の士気高揚をはかることにした。

さらに同紙の同日のコラム「ヤブにらみ」は、「八日までに犯人を捕えよ」という見出しでこのように記す。

吉展ちゃん事件、埼玉県の女高生誘かい殺人事件など、たび重なる捜査当局のミスに批判の目が向けられているので、篠田国家公安委員長は六日午前緊急国家公安委員会を招集した。委員会ではさっそく二つの事件についての捜査の手ぬかりが追及されたが、篠田委員長は「八日の参院本会議で事件の捜査経過を報告する予定になっているから、それまでに犯人を捕えよ」と警察当局を督励していたが、委員会が終わって間もなく所沢の捜査本部から「現場近くに住む〝犯人らしい男〟が自殺した」という情報がはいった。これを聞いた篠田委員長「こんな悪質な犯人はなんとしても生きたままフンづかまえてやらねば……」と歯ぎしりをしていた。

これらの記事からも、奥富の自死があって、なんとしても生きた犯人をつくり出す方針が明確にされたことがみてとれよう。

吉展ちゃん事件での失態があり、警察が威信を保つために犯人をあげることが必要だったことはすでに述べてきたが、早智子もそのために一雄が利用されたことの憤懣やるかたない思いをこのようにいう。

吉展ちゃん事件と〔東京〕オリンピック〔一九六四年〕、その背景ってすごく大事。何でそこまで焦ったか、そして部落に集中させて早く逮捕したのか。結局、その二つが背景なんよ。だから、東京オリンピックで日本は治安のいい国だと、戦後これだけ成長したんだって、そこのところやな。二四歳のほんまに若い純真無垢な石川一雄、これに手錠かけて、新聞にこういうふうに載ったからな。だから、裁判官、手錠のかかっているところを見ている。もう犯人だと先入観が入るよな。こういうのが新聞に載った。もういっぱい、そんなんばっかり。犯罪の温床とみている、これが腹立つんよ。部落の人は自分達で一致団結しているのでその人たちの復讐を恐れて、「一般」の人の協力を得られなかったというような記事。腹立つな、そういうのはね、ずうっと出たからな。ほんまに検察も裁判所もダメ。

国家のこうした目的のために犯人のつくり出しが急務とされ、一雄は、そのために犠牲になったのである。一雄の冤罪と向き合う上で、この過程は重要である。

部落解放同盟埼玉県連合会のとり組み

狭山事件が起こったころは、一九六〇年に同和対策審議会が設置され、部落解放同盟埼玉県連合会でも、まだ市町村に対する解放行政実施要求書提出の運動に着手しはじめた段階にあった。一九五三年には、委員長野本武一のもと、いっときの低調を脱して部落解放全国委員会埼玉県連合会(一九五五年より部落解放同盟埼玉県連合会)が再建されていた。一九六二年・六三年には同和対策審議会答申にむけて全国部落実態調査が行われた。同対審答申は、部落問題の解決は「国の責務」であることを明言したものとして重要な意味をもち、各地の運動はそれを引き出すべく闘っていた。野本も実態調査の専門委員の一人に選ばれるとともに、県内でも支部がしだいに増え、それらを基盤に国策樹立に向けての運動を展開しつつあるときであった(『埼玉県部落解放運動史』)。

一雄逮捕の当日、菅原四丁目区長だった石川一郎から野本委員長のもとに連絡が入った。野本は部落解放同盟関東地方協議会の議長でもあり、早速、関東各県連の幹部に緊急招集をかけた。集まった関東地方協議会の幹部たちは、『埼玉新聞』の報道が最も悪質であったとして埼玉新聞社に抗議を申し入れるとともに、一雄の両親やきょうだいなどの救援にたちあがり、また狭山署長、県警刑事部長、狭山市長らにも抗議を行っている。野本は国会や県会にもはたらきかけ、社会党の県議会議員宮岡義一や、衆議院議員で解放同盟本部書記長でもあった社会党の田中織之進も、公安委員会と警察庁を質している。なお一雄の弁護は、日本国民救援会の努力により、自由法曹団の中田直人、橋本紀徳らが担当した*（『埼玉県部落解放運動史』）。

*国民救援会は、一九二八年に解放運動犠牲者救援会として創立され、一九五一年より日本国民救援会と称して、冤罪事件や警察などの権力による人権侵害・弾圧事件等の被害者を救済・支援する活動を行ってきた。自由法曹団は、同様の活動を行う弁護士の団体である。

そのようななかで、部落解放同盟機関紙『解放新聞』が狭山事件をとり上げたのも早かった。第二六一号（一九六三年六月二五日）は、「〃人権侵害に抗議を〃狭山事件に差別捜査の警察　部落民を犯罪者扱い」との見出しで、前述のような被差別部落を犯罪の温床と決めてかかる警察・検察の認識や報道に対して抗議を表明している。

埼玉県狭山事件をめぐって、部落にたいする人権侵害の差別捜査がおこなわれ、全国の仲間たちの関心と憤りをたかめた。一方埼玉県警と浦和地検は、容疑者石川一雄（二四）が六月二十三日に自供したと発表して起訴、九月四日に第一回公判がひらかれることとなった。しかし、石川君の自供そのものに多くの疑問がのこされており、八海、幸浦、帝銀など多くのデッチあげ事件を思いおこさせるものがある。解放同盟埼玉県連は石川君の逮捕後、現地調査をおこない、県警、地検の差別捜査に抗議してきたが、石川君の起訴とともに公正な裁判をやれという運動をおこすことをきめ、全国の仲間たちの支援を訴えている。

同記事によれば、狭山市内には一雄の住む戸数六〇の入間川四丁目と、一三〇戸からなる柏原の二つの部落があった。同記事はさらにこのようにいう。

犯人を取り逃がした警察は、「部落の青年を重点的にとり調べるという、あたかも部落が犯罪者の巣くつであるかのような差別的予断と偏見をもって捜査にあたった。〔中略〕部落には連日、百五十人から二百人、のべ三千人ちかい警官が部落に入りこみ、聞きこみ捜査や青年たちの筆跡、血液型をとつ《〔ママ〕》たりした。これに報道陣数十人がつめかけて、無電アンテナがはりめぐらされるなど、部落は火事場のような騒ぎで、仕事も手がつかず、恐怖状態におとしいれ、いっぱんの人たちには「やっぱり、あそこの奴か」とおもわせて差別偏見を助長した。

また、同記事は、「商業新聞」がさらにそれを煽っていること、さらには「石川青年が余罪については犯行を自供したが、善枝さん殺しとつながる恐喝未遂については否認しつづけたため、兄の六造さんを出頭させて、石川青年に不利な証言をしなければ、「お前を逮捕するぞ」とおどかしたり、妹さんを中学校の教室で取りしらべるなど、人権無視の傍証がためをおこなった」と報じており、一雄の兄妹にも圧力がかけられていたことを記している。

さらには、この事件を機に、狭山市の被差別部落で「あらためて自分たちにたいする差別のつよいことを認識、柏原の部落では支部をつくって、全国のなかまたちとともにたたかおうとする動きもはじまった」ことも伝えている。

こうした警察や検察の対応にいち早く抗議行動を起こした野本武一について、片岡はこのように語る。「野本武一さんが解放同盟の委員長をやっていて、これは差別捜査じゃないかって狭山警察署の抗議に行ってる。俺は偉いと思う。野本さんが、新聞見ると部落民がやったみたいな書き方をしているのは、これは差別じゃないか、警察は部落にだけ捜査をしているんじゃないかってことを言いに行ってるの」と。「そうなんですか。初めて聞いたな」という一雄に対して、さらに片岡は次のようにいう。

いやいや本当だよ。それはね、何でかっていうと、ここの地元の区長が――柏原の人は出てこないと思うけれど――事件が起きてから警察が、部落がやったんじゃないかってことで全部、この辺の人間を調べている、ここだけ〔捜査を〕やっているってことで文句を言っているわけ。うちだけ、部落だけやられるのはおかしいんじゃないかって。大宮の野本さんの家が解放同盟の事務所だったから、〔地元の区長が〕そこへ連絡して野本さんが調べてやっぱりこれはおかしいということになった。

野本さんは、無実だというふうないい方ではなく、部落だけに捜査をしているのはおかしいいんじゃないか、差別的なことをやっているんじゃないかって、その当時の捜査本部に抗議に行ってる。その時に一緒にいたのが、もう亡くなったけれど、〔部落解放同盟〕東京都連の清水喜久一さんと、あと誰かな、二、三人で行ってるわけ。

警察もそういうことがあるから若干控えたわけ。集中的に部落ばっかりやってたのを、抗議を受けて。

俺の記憶がまちがっているかもしれないんだけども、野本さんのところにも荻原佑介は行ってるんだよ。ただ、ちょっと変わった人で、野本さんはあんまりその人のことはよくいわなかった。事件屋みたいなことをやっていたような感じだったといっていた。

なお、この話に登場する荻原佑介は、浦和地裁での一審がはじまる前に、県警本部長を相手どり、「憲法・国家公務員法・警察法違反確認、謝罪広告掲載の訴え」を浦和地裁に提起した。加えて浦和地裁、東京高裁に対して一雄の救済運動を展開している(『埼玉県部落解放運動史』)。荻原は、川越市の被差別部落に生まれ、戦前から入間郡水平社で活動していたが、世良田村事件後の関東水平社の分裂後は反共グループに属しており、戦後も部落解放同盟には参加せず、個人運動をしていたという(鎌田慧『狭山事件の真実』)。

荻原は東京拘置所に面会に来た。片岡は、「別に運動団体、解放同盟っていうんじゃなくて、個人的にこれはおかしい事件だということで、関心を持って出入りしたっていう人。事件に興味があってやってた人」という。

一雄によれば、面会に来て、自分は「背広のポケットが落ちちゃっているようなヨレヨレを着ているのに、私に新しい背広を買って差し入れてくれた」。一雄から話を聞いていた早智子も、「バイクに旗を立てて来たでしょ」という。一雄はいう、東京拘置所に「何回か面会来てたな。なにしろ厳しい人だったな。今ふり返ってみると。その時のやり取りで厳しい人だと思った*」。

*面会にやってきた荻原は、やってもいないのになぜ自白を維持しているのかと一雄に迫り、その勢いに圧倒された一雄は、やっていないが、警察との約束から認めることにしたと答えると、その後も何度かやってきて激励したという(鎌田慧『狭山事件の真実』)。今回の聞きとりでは語られなかったが、「厳しい人」という一雄の評価はそういう点からきているものなのだろう。荻原の当初の関わりについては、『狭山差別裁判 第三版』にも詳しい。

このように、事件が明るみになった当初は、一部に限られたとはいえ支援の動きがあった。しかし、このあとしばらく『解放新聞』からほぼ狭山事件の記事は消えてしまう。この間は、一九六五年一〇月、部落解放同盟が第二〇回全国大会で一雄の無実を訴え「公正裁判を要求する決議」を行ったこと、翌六六年一一月、中田直人弁護士が解放同盟第三回中央委員会に出席して積極的支援を要請し、合わせて関東地方協議会が支援と資金カンパを訴えたこと、六七年第二審の結審を前に『解放新聞』が、無報酬で闘っている中田弁護士を讃え、「暗黒裁判」に対する部落大衆の決起を促したことなどにとどまる(『埼玉県部落解放運動史』)。自由法曹団・国民救援会に属する中田らの奮闘によって支えられていたことがみてとれよう。

それにはさまざまな要因があり、一つには、同対審答申（一九六五年）から同和対策事業特別措置法（一九六九年）へと大きな節目を迎えて、部落解放同盟中央本部はそれへの対応に余念がなかったことが考えられるが、もう一つには、事件の真相が伝わりにくく、組織内部でも〝慎重論〟があって、検挙や裁判の差別性を打ち出すのに時間がかかったことがあげられよう。

さらには、埼玉県連合会を含めて関東の部落解放運動は、いまだ組織が十分に確立していなかったこともあげられよう。それゆえ後述するように、部落解放同盟の本格的な支援は、大阪や中央本部から始まってゆく。

第3章

文字の習得と〝部落解放〟への目覚め

――東京拘置所時代――

死刑判決

一九六四年三月一一日に浦和地裁で死刑判決（内田武文裁判長）を受けた一雄は、四月三〇日に、豊島区東池袋にある東京拘置所に移った。したがって浦和拘置所には八カ月ほどいたにとどまる。

一雄は、死刑判決は「全然、耳に入らなかった、そんなもの全然。だから、私は法廷に行っても、〔野球の試合を〕巨人と国鉄とやっていて、どっちが勝ったかそっちのほうが心配だった」という。「〔法廷への〕連行の係員に、その当時、国鉄――今ヤクルトになったけど――に巨人が勝ったか負けたを聞いたんだね。そしたら「わからない」って。「俺、連行でここに来ちゃってるから、勝ったか、負けたかわかりません」って言っていた」「出してもらえるって信じてたから」、すなわち長谷部警視との「男同士の約束」を信じていたがゆえに死刑判決も意に介さなかったというわけである。*『解放新聞埼玉』の連載「短歌に託して（一）」のなかでも、このように語っている。「四月三〇日に東京拘置所に移された時も大丈夫だ、警察の偉い人が約束しているんだと安心していた」（二〇二二年六月一日）。

＊一雄は、それから約七年後、このときのことをこのように述べている。「私はこの判決を聞いた時も、私のことだという実感はまるでありませんでした。むしろこれで終ったのだ、と思いと〔ママ〕、さあこれから十年だな、という思いでいっぱいでした」（「七一年の年頭に当って　兄弟姉妹の皆さんへ」『解放新聞』第五〇八号、一九七一年一月五日）。

浦和拘置所では雑居房だったので、一雄が入った同房の池田まさし、押田えいきちから、「石川さん、そんなこと言ってるけれど、〔兄をかばおうとしたというが〕たとえお兄さんが犯人だったとしても本当のことを言ったほうがいいよ。死刑となったら本当に死刑だから真実を言わないといけない。警察は刑を重くしても軽くはしない」といわれたが、直ちにはその忠告を信じなかった。刑務官に本当に死刑になる可能性があるのかということを確かめるための面接願いを出したら、たまたま浦和拘置所の最高責任者だった霜田区長がやってきて、霜田は、「そんなことはない、東京拘置所に行ったら〔死刑になることはない〕大丈夫だよ」と答えたという。

ところがそのあと、一雄に忠告してくれたその同房の人は、「私が見えない遠くのほう〔の房〕に移された」のであった。「それでおかしいなって思った。普通だったら、そんなことしないでしょ。それを私の房から見えないところに、別にされちゃった。そうこうしているうちに、私は一カ月以内に東京拘置所に移されちゃった」。すなわち、その人の忠告は真実を衝いているがゆえに一雄から引き離したのであり、一雄はそのことに少しずつ感づきはじめたのである。

死刑判決はその後、一雄の心に重くのしかかる。後年、一雄は「死刑判決」の日を思い出し、「憎んでも憎み足りない、「差別判決だ！無念！」と怒りが爆発する」と記す（「短歌に託して（一一）」『解放新聞埼玉』第一一三一号、二〇二二年一一月一五日）。

一九六六年一二月二九日、押し迫った年の瀬に一雄が詠んだ歌がある。

「蜘蛛の巣に　蝶思はせる　葉のからみ　風に揺られて　夜は更け渡る」

一雄はこう記す。

　年の暮れは複雑な気持ちになるんだよね。死刑確定囚は、いつ死刑執行があるかという不安と毎日闘っていた一年間でしょ、心身が疲れ切ってくる。私の場合、「一〇年で出してやる。」と言われていたけれど、そんなのは信用できないとわかったしね。あと、今年も無罪にならなかったという絶望感だね。この日はたくさんの短歌を作って自分を慰め、励ました。

　今夜も、小さな曇りガラスを押し開けると、蜘蛛の巣に蝶が捕まっているのが見えた。「あっ、可愛そうに」と思ってよく見ると、枯れた葉っぱだった。風に揺られているけれど離れることができない。自分を見ているようで目が離せなくなった。無実なのに死刑囚として獄中に捕らえられている私。もがいてももがいても、まだ解き放たれない。枯葉が自由になるといいなあ、と思ってずっと眺めていた。夜は更けていく。手がかじかんできた。「かあちゃん」とつぶやいてみた。返事はないよね。今度は「かあちゃん」と声に出してみた。黒い空が蒼くなってだんだん明るくなってきた（「短歌に託して（一三）」『解放新聞埼玉』第一一三二号、二〇二二年一二月一日）。

このころは、悔しさをまだ歌で表現するのが精一杯の一雄であったといえよう。

東京高裁で公判がある日は、毎朝決まって一雄のところに教誨師がやってきたことも不満だった。一雄はいう。「今、考えてみるとね、その教誨師が一番悪いと思う。だって、裁判がある朝、毎朝来たんですよ。毎朝来てね、法廷行ったら一から一〇まで勘定すればいいよって。「石川一雄はどういう解釈をしたか分からないけれど、私は石川さんが法廷行ったら静かにいられるように、一から一〇まで勘定しろって毎朝言った。裁判の朝」、そういうふうに高裁では述べてますね。おかしいでしょ。裁判がある日は、一〇回あれば一〇回来たんだから、私の部屋に毎朝。おかしいと思わなかったのか、それとも上司の命令に背けなかったのか、彼の本当の気持ちを聞いてみたい」。

文字を学ぶ――〝看守さん〟との出会い

一雄が自分にとっての弁護士という存在の意味や警察・裁判の仕組みなどを理解していく上に大きな役割を果たしたのは、文字の獲得であった。

浦和拘置所でも、一雄の担当係であった森脇聰明は、すでに一雄に字を学ぶことの必要性を説いていた。「刑務所に行くんだったら字を覚えないとだめだってことで、森脇さん、――〔のちに〕高裁で立って詳しくいっていますけれど――〔私に〕いってくれた」。

ただしその時点では、まだ一雄の目的意識は明確ではなかった。「無実を訴えるために字を覚えたんじゃないですよ。刑務官から、刑務所に行ったら少しずつ字を覚えたほうがいいよって言われて、それで霜田区長さんに言って、森脇さん〔に習うこと〕がオッケーになった。半年ぐらい、いや、半年はやってなかったかな、四カ月ぐらいかな。自分が刑務所に行ったら、少しは読み書きができるというなってことで覚えていったんですけれど、なかなか頭に入らなかったですね」。

そのあと死刑判決があって東京拘置所に移ってからも、「すぐにはまだ字を書こうとはそれほど思わなかった。だから看守さんが言わなかったら、覚えなかったと思います」。一雄に文字を学ぶことの大事さを伝え、自ら字を教えたのは、大学を卒業したばかりの刑務官であった。一雄はその刑務官のことを〝看守さん〟と呼ぶ。「この出会いがなければ、冤罪のまま死刑が執行されていたかも知れない。この奇跡の出会いに感謝する」と一雄はいう。

一雄によれば、その〝看守さん〟が最初に一雄に言ったのは、大学時代の友人が大学の部落問題研究会に入っていて、その友人が「石川は無実だっていう研究をしていたらしい」、それですでにその友人から話を聞いて狭山事件を知っていたということであった。その刑務官は「自分ではね、こんなことあるのかな、本当かなって思ってたらしいですよ。順番に教えてくれって。なぜ自白してしまったかっていうことをこと細かく教えてくれっていうので話したら信じてくれた」「大学を卒業してすぐ刑務官を拝命したっていうから二二歳だった。私は二五歳で東京拘置所にいたから、私より三歳年下」。

〝看守さん〟から、「たんに訴えただけじゃだめだから、字を覚えてみなさんに社会の人に訴えて」と言われた。そのために「「俺が教えてやる」ってことになった」。教わるのは、房の中で午前中だけであった。死刑囚は労働はいっさいなかったのでその時間をとることができた。

「死刑執行は午前中にされるので、午前中は静かに」過ごしていた。ふだんは刑務官は草履を履いているが、革靴を履いて歩いてきたら死刑執行があることを意味した。その足取りがどこで止まるか、自分の房前で止まれば死を意味した。だから午前中は、静かに座って待っていたという。一雄の一〇年の収監期間中に、四六人が死刑を執行された。

死刑囚の部屋は鍵がかかっていないので、午後からはそれぞれがいろいろな人のところに行った。一雄の部屋に袴田巌*が来ることもよくあった。そんななかで、午前中に看守が一雄の部屋に入って文字を教えてくれたのである。

＊一九六六年、強盗放火殺人事件で逮捕され、一九八〇年、最高裁で死刑確定。二〇一四年、静岡地裁が再審開始と死刑及び拘置の執行停止を決定。

一番最初に教えられたのは「無実」という漢字だった。さらに「「自分の思いを文章で書くんだ」っていって「助けてください」っていう字が出てきた。「石川、これは助けてっていう字だぞ」っていわれて、それで一生懸命書いた」。漢字の書き順も教えてくれた。「私がどんな字を知っているか分からないでしょ。だから、私が無実を訴えたい、犯人じゃない、そういうのを多分、看守さんなりに感じて、〔そのような字を〕先に教えてくれたんじゃないかと思うね」。事件のことはひととおり看守に話をしたが、看守はそれにはなにも言わなかった。「本当にやってないのか」を問うただけだった。「やってないなら字を覚えて助かる道を選べっていうことで、俺が教えてやるからってことで教えてくださった」。

死刑囚でいた八年の間、ずっと部屋に入って字を教えてくれた〝看守さん〟が休みの時は宿題と称して、五つぐらいの字をそれぞれ一〇〇〇字ずつ書くようにといった指示を残した。二五〇字分のマス目がある紙に一〇枚、といった指示だった。早智子は、「それを何回か休んで書かなかったら、すっごい叱られて、そのまま怠けていたら本当に死刑にされるぞってことで怒ったんだって」と補足する。

「半年か一年経ってから、字は自分でも書けるようになってきた。そしたら楽しくなったな」。書けるようになるまで「三年ぐらいかかったですかね、手紙が書けるようになったのが。やっぱりね、自分のいいたいことを文字にして文章にすることができたっていうことは嬉しかったですね。もちろん頭の中で考えて書いたわけですよ、便箋に。何枚も破いたですね」。

その間、父母との面会は断っていた。その理由は「私が勉強をしてたから」であった。面会の時間を勉強に充てたかったから、五年間両親に会わなかったのである。

私の性格としてはね、もう打ち込んだらそれ一つに一途になるのね。看守さんがどうこうじゃなくね、勉強しろって自分の立場をわきまえたときに、初めて自分がこういう状況にいるんだなってわかったので、じゃあ、文字をとり戻さなくちゃいけないなと思って、だったらもういっそのこと、誰も面会させないということだったんですね。当然、きょうだいなんかも来たかったらしいけれど、でも、私が勉強しているってわかったらしいからね。

東京拘置所に移った当初はまだ部落解放同盟の支援もなかったから、家族との面会を断つと、ほかには弁護士以外に面会はなかった。また一雄は、急に面会に来られても会わなかったという。今もその習慣は残っており、「決めているんだな」と一雄は自らを語る。「私はね、手紙なんか書くにも頭の中で構成しちゃうんですよ。だから、途中で来られると一番困るんですね。ごちゃごちゃになるから」。早智子はその点について、このように説明する。「獄中では紙が少ないでしょ、ボールペンの芯も、なくなったら看守さんが入れてくれたけど、それがなかったら書けないでしょ。そういうさまざまなことが含まれて、頭の中で構成してまとまってから書くようになったと思うんですよね。だから、考える時間が長い。原因はそこかなと」。

「何年ぐらい字読むのにかかった?」との片岡明幸の問いに、一雄は、「やさしい字だけだったら、一年ぐらいで覚えていたですね。朝から晩までもう毎日漢字書きとりだからね、そのときの看守さんもすごかったから。必要な漢字だけ、だいたい先に教えてくれたからね。必死だったっていうよりも、あれは根性だけではとてもじゃないけれど無理だからね。努力があって初めてだからね」と答える。「私は根性を強くしたのは、字を覚えたことでしょうね。忍耐力と精神力が強くなった」という。

陰の恩人〝看守さんと奥さん〟

一雄は、「手紙を出せるようになって嬉しかったですね。書けるようになったたってことは。出せるってことは書けるようになったことだから」とその喜びを繰り返し語る。のちにも記すように、一雄は頻繁に部落解放同盟の集会に宛てて手紙やメッセージを送っている。

そして手紙が書けるようになったことを「一番喜んでくれたのは、看守さんの奥さんだったね」という。「ボールペン、切手、封筒、そういうのをずうっと奥さんが全部差し入れてくれた。うちの親父とおふくろの名前で」。ただし「看守さんはいわなかった、自分の妻が入れているってことはいっさい教えなかった」「たとえば、便箋一〇冊とかね。封筒一〇冊とか、あるいは一〇〇枚綴りの切手を二、三枚入れて。それは全部奥さんがやってたみたい。一番大変だったのは、ボールペンの芯がだいたい一週間に一本ぐらい切れたんですね。それは看守さんが知っていますから、奥さんにいって、奥さんが差し入れてくれた」。

一雄は、最初は差し入れは父母からだと思っていた。「面会するなっていってたからね。面会せずに差し入れてきた、そう思っていた、私は」。しかし、どうしてボールペンの芯のインクがなくなるときにタイミングよくそれを家族が差し入れるのか不思議で、よく考えると、「芯がなくなったってことは看守しかわからない」、それで〝看守さんの奥さん〟からだということがわかった。父母にも手紙を書くということはほとんどありえず、また「きょうだいも、清と美智子以外は誰も字を知らないよね。読み書きできないんだよね」という。

〝看守さん〟は、八年経って別の刑務所に異動した。「本来は四年で異動だったらしいですよ。所長さんに談判して。そしたらあと四年間いていいってことで、通算八年間私を担当することになった」。〝看守さん〟は、一雄が出獄するときには地方で課長になっていた。退職時は所長付けだったという。

一雄はふり返る。

目が覚めたのは、やっぱり看守さんに怒鳴られたことだったね。宿題を怠けたんです。そんなことしていると殺されちゃうんだぞって怒鳴られたんですね。それで目が覚めたんですね。何回も、何回も怠けた。宿題をしながらね、例えば、三万字書けっていわれると、大変なんですよ、漢字書きとりを三万字というのは。だから、真ん中のほうに書かない紙〔白紙〕を入れておいてもわからないかと思った。そしたら、全部見るんですよ、看守さんは。だから、真ん中にも書いてないとわかるんですよ。それで叱られたんですね。だから感謝している。看守さんのいうとおりに一生懸命勉強したから、書けるようになった。

またこのようにも語る。

最初はもう汚い字を書いていた。毎日、一万字、二万字書いていたんだ、読み書きを。毎日、漢字書きとりをして。だから、私もふり返ってよく考えてみると、よくあれだけ勉強したなって思う。永山則夫さん*もけっこう刑務所の中で勉強したみたいだけど、私以上に勉強した人はいないと思うよ、夜一時、二時はあたりまえだったからね。それだけ勉強したんですよ、漢字書きとり。書いてきてね、翌日、看守さんに渡すわけ。怠けるとすぐにわかっちゃうんですよ。ほんで、叱られるんですよ。おまえ、そんなことだと死刑執行になっちゃうぞって。これは大変だなと思って。私を口説いて「お前はこういう立場にあるんだから、一生懸命勉強しないと死刑執行になっちゃうから、無実なのにお前、死刑執行になっていいのか」って、そういうことを言われていた。何回も同じようなことを。それで自分の立場をわきまえるようになって、それでそれから一生懸命やるようになった、勉強を。私はすごかったよ、『広辞苑』なんかもね、一〇年でボロボロ。『広辞苑』を引いて、意味がわからなくてしょうがないから。〔看守さんの〕奥さんっていうのはすごかったね、あの当時の『広辞苑』と『漢和中辞典』、私のお袋の名前で差し入れてくださった。だって、看守さんの名前を出したらわかっちゃうから。奥さんが差し入れてくれたのは全部そうだから。当時は切手代が一枚一〇円でしょ。それでも毎月六〇枚切手を送ってくれた、奥さんが。ボールペン、それから封筒、便箋、切手。一〇〇枚綴りの切手を五枚、一〇枚入れたんだよ。当時のお金としては大変だよね。

＊一九六八年、連続ピストル射殺事件を起こし、一九九〇年に最高裁で死刑が確定、一九九七年、東京拘置所で死刑が執行された。

竹内景助の助言

だまされていたということに気づきだしたのはいつかという質問に、一雄は、「もう浦和で若干、警察官の一〇年で出してやるっていうのを疑いだした。だって、浦和の同房の人達は、いろんなことを言ってくるから。本当かなって、一応、心の中では葛藤があったけど、彼らのいうことも一理あるなって思ってた」と答える。とりわけ「東京拘置所にいったら、三鷹事件の竹内景助さんがたまたまいて、いろいろなことを聞いてくれた」のが大きかった。竹内が一雄に助言してくれたのは、東京拘置所に移った翌日のことであった。

竹内景助は、三鷹事件で死刑囚にされ、無念のまま獄中で病死した冤罪事件の犠牲者である。三鷹事件とは、一九四九年七月、国鉄三鷹駅構内で無人列車が暴走し多数の死傷者が出た事件であり、同時期に相次いで起きた下山事件*、松川事件**と並ぶ国鉄三大事件の一つとされてきた。折からＧＨＱの占領政策は、初期の非軍事化・民主化の方針から、日本を反共の砦とする方向に転換を遂げつつあった。国鉄労働組合員の大規模な解雇が行われていたなかで、一連の事件は共産党員ないしその同調者によるものとみなされ、竹内は三鷹事件でその犠牲者となった。竹内自身が「自白」を迫られ犯人にされていく過程は、ある種、一雄の場合と共通しているところがあり、狙い撃ちにしやすい「弱い者」が標的とされたのである（高見澤昭治『無実の死刑囚――三鷹事件 竹内景助 増補改訂版』、石川逸子『三鷹事件――無実の死刑囚 竹内景助の詩と無念』等）。竹内は、その無念の思いから、一雄にも真実を一刻も早く弁護士に話すよう促したのであった。

＊一九四九年七月、国鉄総裁下山定則が行方不明となり、翌日常磐線綾瀬駅付近で轢死体となって発見された事件。自殺説・他殺説があり、不明のまま捜査は打ち切られた。

＊＊一九四九年八月、東北本線松川駅近くで列車が脱線転覆し、機関士ら三名が死亡した事件。大半を共産党員が占める労組員が死刑を含む有罪となったが、六三年、最高裁で無罪が確定した。

一雄の弁護人の中田直人と石田享は、竹内も担当していた。「弁護士は一審で無罪を主張したのに、石川一雄が罪を認めているから〔それを否認して無罪であることをいうように〕っていうことを、竹内さんに、私に東京拘置所でしっかり言ってくれって〔中田弁護士が〕伝えたんじゃないでしょうかね」と一雄はいう。

三鷹事件の再審中だった竹内は、狭山事件に関する新聞の切り抜きなど、資料を「いっぱい持っていた」。一雄は、「何で〔罪を〕認めたかということを竹内景助さんに話した。自分の房だったか、竹内さんの房だったかで」。しかし「やってないとはいわなかった、竹内さんには。こういう意味で俺は認めてしまったんだっていう経緯を話しただけ」だった。それに対して竹内から、「真実を弁護士にすぐ話せっていわれたんです」。房は「自由に出入りができた、当時は。それで竹内さんが来たり、訪ねていったりしてた」。そのような交流をしているうちに、「竹内さんは、弁護士が無罪を主張しているのに私が認めたから、もうその時点でおかしいと思って、すぐ弁護士さんに話せって」助言をしてくれたのであった。

しかし、一雄はすぐには弁護士に話さなかった。「私は善枝ちゃんを殺していませんって」弁護士に話したのは、一九六四年九月一〇日の控訴審第一回公判でのことであった。そうして「自分の立場もある程度、わきまえるようになったのは、読み書きができるようになってからだから二、三年かな。弁護士を完全に信用するまで、二、三年かかったと思う」と一雄は語る。一雄によれば、「竹内景助さんと話をしていくなかで、はっきり自分は騙されているんだっていうようなことが分かるようになってきた。それから看守。私に字を教えてくれた看守さん」と語るように、字を教えてくれた〃看守さん〃と並んで、竹内の存在は大きな意味をもっていたのである。

〝だまされていた〟――「自白」の否認

一雄が殺害を否認したのは、一九六四年九月一〇日に開かれた第二審第一回公判（東京高裁裁判長久永正勝）でのことであった。

法廷でそれを告げたあと、「仮監（受刑者が休むところ）へ弁護士がすぐに来ました。弁護士は、何で裁判官に言う前に私たちにいわなかったんだっていうようなことをいいました」。弁護士は、再逮捕に際して「弁護士が裏切った（と一雄が思っていた）ことに対して、（今は弁護士を）信じているかどうかってことを、向こうから聞いた」という。それは、一雄によれば、前述の竹内景助から一雄が弁護士を信じていないということを聞いていたので、そのことを問うたのであった。一雄は、「私は正直に「信じていません」って答えた」。弁護士は「「これから信じてください、石川さんの味方です」っていうようなことを言った」が、信じられたかとの問いに「いや、まだだった」と答える。「仮監から終わって東京拘置所へ帰って、「弁護士は石川さんの味方だよ」って全員にいわれた。それで少しずつそうかなと思った。まだ、頭が悪かったから認識がなかった」と一雄はいう。

そうした過程でも、「看守さんが、弁護士の立場、石川一雄の立場っていうのをわきまえて話してくれた」ことは大きかった。「たとえば、弁護士っていうのはどんなに悪いことをしても、被告、被疑者の立場になって考えてくれる、救ってくれる、量刑が高いものは少なくしてくれる、弁護士っていうのはそういうもんだと、そういうことを教えてくれた。だから、弁護士っていうのは、被疑者、被告人の立場になって考えてくれるから、全部信じなくちゃだめだと。ああそうかなと思った。だんだん、やっぱり弁護士さんにちゃんと言わなきゃいけないと思うようになった」。そして一雄はそこでも、「やっぱりためになったのは私に字を教えてくれた看守さんですよね」とその恩を繰り返し語る。

また一雄によれば、弁護士のなかで「一番よかったのは、青木英五郎さん。もう亡くなっちゃったけど、元裁判官だった。あの人が私の弁護士になって、理解できるような言葉、無知な私でも理解できるような話をしてくれた。あなたがだまされたのは弁護士を信じないからだろうというようなことをいってたんですよ。あるいは、佐々木哲蔵さんだったかな。あの人は元裁判官だからね」。佐々木も同じようにだまされていたということを説明してくれたという。しかし、それを聞いても、「そんな飛躍的にそこまで疑うようなところにまで行きつくには、二、三年以上かかったと思う」と述べる。

のちに一雄は、再逮捕を機に弁護士を嘘つきだと思ったことにはじまる経緯を以下のように述べている。

取調官は、「弁護士にだまされたんだ」と言ったので、何回も来た弁護士に「帰ってくれ」と断った。東京拘置所で、三鷹事件の竹内さんは、何回も何回も私のところに来て、「弁護士に真実を話せ」と言った。あの人だけは信じて本当のことを打ち明けた〔中略〕。当時の私は、弁護士が私を助けてくれる人だとは知らなかった。何にもわからなかった。

だんだんいろんなことがわかってきて、私は警察官にだまされたことを確信した。私をだました三人の警察官に復讐心がわいてきた。首を覚悟して死刑囚である私に、文字を教えてくれる若い看守さんに、「臥薪嘗胆」（がしんしょうたん）という漢字を教わった。〔中略〕だまされたことが悔しくて悔しくて、いつも「臥薪嘗胆」をみて自分の心を奮い立たせた。でも、おやじやおふくろにすまなくてねえ。

泣けるだけ　ないても癒える　事でなし　怒りの渦は　日夜逆巻く（「短歌に託して（四）」『解放新聞埼玉』第一一二三号、二〇二二年七月一五日）。

部落解放同盟による支援運動のはじまりと被差別の自覚

部落解放同盟が支援運動を全国的に展開するようになったのは、控訴審審理中の一九六九年であった。のちに一雄も、自分の存在は「世間の皆様はもちろんのこと、部落出身者の間にも、昨年〔一九六九年〕の夏まではほとんど知れわたっていませんでした」（『解放新聞』第四八一号、一九七〇年四月五日）と、そのことのもどかしさをも込めて述べているように、そして前章でもみたように、事件直後の一時を除いて、狭山事件は部落解放運動のなかでほとんどとりあげられることはなかった。ところがふたたび注目されるにいたったそのきっかけは、その一年ほど前の全国大会に一雄の父が来て一雄の無実を訴えたことによるもので、部落解放同盟のなかでもどうするか協議し冤罪事件として応援することになったという。

一雄はのちに、「被差別部落への差別事件という認識は」という新聞記者の問いに答えて、このように述べている。

無知だったもので、最初は気づきませんでした。拘置所で文字を覚えて部落差別と言うことがわかるようになりました。（中略）本が読めるようになって、おやじが日雇いの日当を手渡しではなく、ザルに入れて渡されたことや、小学生のころ、商店に行って住所を言ったとたん、「二度と来るな」と言われた理由がわかりました。捜査自体が被差別地域を狙い撃ちしたものでした（「多士済々　仮出所から二八年　石川一雄さん（八三）」『毎日新聞』二〇二二年六月一五日）。

また一雄は、獄中の闘いのなかでも、それらが差別と気づいたのは、「東京拘置所へ移監されて更に五年以上も経って、前委員長の朝田〔善之助〕先生から解放運動の歴史、書物を頂戴してから」だと記している*（「先輩達の苦闘を受け」『解放新聞』第一〇六六号、一九八二年四月一二日）。部落解放同盟の支援がはじまるのと並行して、このように一雄の差別を被ってきたことの自覚もできあがっていたのである。

＊一雄は、このことについて、「解放同盟の委員長から部落の歴史を送ってくれたんですよ、それで獄中で勉強して。これ、うちの部落、いろいろ出てくるんですよ。埼玉県入間郡入間川町菅原四丁目って。うちのムラもね。それに、同和地区の柏原青年団がもう一つある。それが出てくるんですよ、全部。出てくるんだよ、歴史の中で。「あっ、うちが生まれたところは同和地区だ」って、そこで初めてわかった。それで勉強したんだから。一九七一年ぐらい」。その書名は未確認である。

死刑判決に対する控訴によってはじまった一九六四年九月からの第二審公判は、一九六八年一一月、「自白」図面の筆圧痕が問題化して事実調べ継続となり*、予定されていた最終弁論がとりやめられて一時休止状態になっていたが、一九七〇年に公判再開となった。そのこととも軌を一にして、支援運動に火がついたと考えられる。

＊一雄は二審で「自白」図面について、「遠藤さん（警部補）が二枚重ねた上の紙に書いて、下にうつったものをなぞって図面を書いた」と証言したことから、「筆圧痕」の存在が争点になった。弁護団が一雄の供述調書の図面を調べると、ほとんどの図面から筆圧痕が発見された。ところが警察は、警察側の法医学者の鑑定にもとづいて、図面を写しとるために骨ペンで上からなぞってできたものと主張し、裁判所もこの主張を認め、いまだ事実調べが行われていない（『無実の獄25年』）。

『解放新聞』をたどっていくと、一九六八年一〇月六日に、日本国民救援会本部の会長難波英夫らが集まり、狭山の現地調査が行われ、そこで中田弁護士から事件のあらましと裁判の状況についての簡単な報告がなされたことが報じられている（第四四三号、一九六九年三月五日）。六九年三月に行われた部落解放同盟第二四回全国大会では、中央執行委員となった部落解放同盟埼玉県連合会委員長野本武一から一雄の両親が紹介されるとともに、本部から特別決議として出された「「狭山事件」に対する公正な裁判を要求し、無実の石川青年の即時釈放を要求する決議」が可決されており（第四四四号、一九六九年三月一五日）、これを機に部落解放同盟の本格的支援運動がはじまったといえよう。

全国大会に両親が来て、父が「一雄はやっていません」と訴えたことが契機となって支援運動が開始されたことについて、一雄はこのように述べている。「申し訳ない気持ちと、ありがたい気持ちで胸がいっぱいになった。この頃からだね、支援の手紙が増えてきた。明日を信じてみよう。全国の仲間が応援してくれていると、勇気がわいてきた」。そんななかで詠んだ歌が、「会うた夢　見ては笑って　覚めてまた　辺り見回し　鉄窓《てっそう》に涙」である。

夕方、風に運ばれてサンマの匂いが流れてきたんだよね。ああ、家族でサンマを分け合って食べるんだな。思わず外を見てしまった。〔中略〕

「ふるさとの家族に久しぶりに会った。あんちゃんが一生懸命に働いてきたお金で、今夜は家族みんなで楽しい夕飯だ。大好きな母ちゃんは俺を見てにこにこしていた。嬉しくて俺も笑い声をあげた。６畳一間がにぎやかだった」、夢を見ていたようだ。あわてて辺りを見回すと、母ちゃんはいない。家族の誰もいない。冷たい独房にたったひとり。がっちり作られた鉄の窓から、真っ暗な景色を俺はにらんだ。涙はこぼれ続けたが、俺は負けるもんか（「短歌に託して（八）」『解放新聞埼玉』第一一二七号、二〇二二年九月一五日）。

同年七月には、今度は部落解放同盟の「狭山事件現地調査団」が組まれ、朝田善之助委員長が本部長、野本武一・西岡智両中央執行委員が副本部長となり、石田享弁護士の説明のもと、調査が行われたことが報じられている（第四五五号、一九六九年七月五日）。

部落解放運動の枢要な柱としての「狭山差別裁判闘争」

一九六九年一一月一四日、被差別部落出身の五青年による浦和地方裁判所占拠闘争がおこった。その五名は、中核派系の関西部落問題研究会に所属し部落解放同盟支部で活動していた沢山保太郎と、四名の高校生であり（友常勉「狭山事件と狭山裁判闘争の六〇年」）、「狭山差別裁判実力粉砕」「全国部落青年は総決起せよ」という垂れ幕を掲げて浦和地裁を占拠した。これには歴史家の井上清をはじめ中川学、奈良本辰也、西順蔵、師岡佑行の五名が即座に呼応し、「差別裁判による死刑判決の即時撤回と、五青年の即時釈放」を求める呼びかけを行った（『解放新聞』第四七〇号、一九六九年一二月一五日）。『解放新聞』（「ひ」という署名があり土方鉄と思われる）もまた、この行動は、「石川君への差別裁判は、全国六千部落三百万人ことごとに対する権力の挑戦であり、これをはねかえし、石川君を奪還することは、いま、部落解放運動にとってなによりも重大な緊急の課題である」ことを「鋭く告発」したものと評価する。そうして「あの五人の学生の、熱情はわかるが、方法は正しくないと批判する前に、必死になって石川「救援」活動をしたかを、自からに問い直し、批判するなら実践をもって、五学生を批判するべきではなかろうか」と問うた（第四七二号、一九七〇年一月五日）。

そのようななかで、一九七〇年には、京都府連や大阪府連で狭山差別裁判徹底糾弾の方針が確認され、また石川青年救援対策本部編『狭山事件の真相』も刊行された（第四七四号、一九七〇年一月二五日）。そして同年三月の第二五回全国大会では、「沖縄奪還」と七〇年安保、同和対策事業特別措置法の具体化とともに、「石川君奪還」の決議がなされ（第四七九号、一九七〇年三月一五日）、それは、一九七二年の全国水平社五〇周年を前に、ファシズム下で高松差別裁判闘争に勝利した「全国水平社以来のかがやかしい伝統」とも結びつけられていた（第四八〇号、一九七〇年三月二五日）。

部落解放同盟は、大会後の中央執行委員会の決定を受けて、「狭山大行進」、公判傍聴などに向けて動き出していった。一九七〇年四月一二・一三日に行われた大阪府連青年活動者会議では、「狭山事件そのものをもっとよく知らなければダメだ」「学習の場をつくれ」といった声が出されており、各地で事件への関心が高まりつつあったことがうかがえる（第四八二号、一九七〇年四月一五日）。また集まったカンパが、大会会場に訪れた一雄の父に手渡される写真も掲載され（第四七九号）、第二審公判が同年四月二一日から再開されるなか、現地調査や公判傍聴における両親や弟清の写真（第四八四号、一九七〇年五月五日）が紹介されるなど、一雄の家族との密接なつながりができていったことが見てとれる。

家族の支援ということに関わって、早智子はいう。足利事件の菅家利和、*氷見事件の柳原浩**にしても、家族の支援が必ずしも得られず、その点でも「一雄さんはほんまに、家族が〔無実であることを〕知ってたから、何も言わなくても知ってたから幸福だった。それとやっぱり一雄さんが比較的ラッキーやったのは、被差別部落の人達は、大なり小なり少しそういう経験も近くで知ってる、見てる、聞いてる。だから、わかるんよな」と。

＊一九九〇年五月、栃木県足利市で起こった女児の殺人・死体遺棄事件で、菅家利和は無期懲役刑が確定し服役していたが、二〇〇九年、再鑑定の結果、彼は冤罪被害者だったことが明らかとなり、ただちに釈放され、その後の再審で無罪が確定した。

＊＊二〇〇二年四月、富山県氷見市で発生した強姦および強姦未遂事件で、タクシー運転手だった柳原浩は誤認逮捕され、懲役三年の有罪判決を受けて服役したが、二〇〇六年に真犯人が見つかった。

ちなみに現地調査を報じる記事は、すでに一雄の育った被差別部落も「近年東京で働く者たちの住宅街となっており、約三〇〇戸の部落が急激に四〇〇戸以上の町にかわり」、また町名も変更されていることを伝えている。そして、事件発生時にはすぐさま狭山市内の二地区の被差別部落の集中捜査が行われ、「部落の周囲では、「あそこから犯人が出るぞ」とささやかれた」ことが改めて強調される。一雄の姉一枝も、「私も一雄も、学校での楽しい思い出などありません」「「線路むこう」の、町の姿は変化しても、差別は生きつづけている」といい、部落解放運動がないところゆえムラの人からは「事件にかかわりあいたくないと、証言にたつことも拒否されたこともある」なか、「これよりひどい生活になることはもうありません。まわりがどういおうが、親兄弟力をあわせてがんばります。心要〔ママ〕ならば、いつでもどこへでもいって、真実をうったえます」と語ったことが報じられている。弟の清も五月一八日の大行進ではその先頭に立った(第四八四号、一九七〇年五月五日、第四八六号、一九七〇年五月二五日)。

部落解放同盟狭山支部が一九七四年一〇月に結成されており(「座談会　狭山支部はこうたたかう」『解放新聞』第七〇二号、一九七五年一月六日)、支部の狭山闘争へのとり組みは一九七九年ごろにも盛んに報じられている(第九〇二号、一九七九年一月一日、等)。

一九七〇年ごろには、すでに『解放新聞』紙面のかなりの部分を狭山事件が占めるようになり、狭山差別裁判闘争は、この時期の部落解放運動の重要な柱になっていった。同年一〇月九日、解放同盟中央本部ならびに狭山差別裁判闘争中央闘争本部は、朝田善之助本部長(委員長)名で、狭山闘争強化の通達を出している。また一九七〇年六月一六日には、約五〇〇〇人が法務省に抗議行動を行っており、その際には警察機動隊と対峙するという一幕もあった(第四九一号、一九七〇年六月二五日)。折から、映画『橋のない川』(今井正監督。第一部・一九六九年、第二部・一九七〇年)の上映*や矢田事件**(一九六九年)などをめぐって、日本共産党との対立が深まっていく時期でもあり、紙面にはしばしば「日共の妨害はねのけ」といった言葉が飛び交うようになる。その背後には、同和対策を要求する解放同盟と、同和対策事業は「毒まんじゅう」であるとしてそれに批判的な共産党との対立があった。そして狭山事件の「行動隊」にも妨害があったことなどを報じる記事も増えていく。

*住井すゑの長編小説『橋のない川』を今井正監督が映画化したところ、特に第二部をめぐって、部落解放同盟から差別映画であるとする批判が出て、上映阻止闘争なども行われた(詳しくは、拙著『描かれた被差別部落——映画の中の自画像と他者像』を参照)。

**一九六九年、大阪市の中学校教員が作成した文書に対し、部落解放同盟矢田支部が差別文書であるとして糾弾したことから法廷闘争に発展した事件。

片岡明幸の狭山事件との出会い

当時、東京の大学生だった片岡明幸が狭山事件に取り組むようになるのも、部落解放同盟が支援を開始したのとほぼ同時期であった。一九四九年に兵庫県の被差別部落に生まれた片岡は、高校一年生から部落解放運動に参加してきた。

集会の壇上で発言する片岡明幸（1974年）

片岡はいう。「六九年だったと思ったな。大学に行って、それで部落研の活動やっているときに狭山事件に出会った。大学の二年だか三年。本当に最初からですね。この家、最初に来た時なんて、この辺、田んぼと畑ばっかりだった。だから延々ともう五〇年もやってるね」。さらにこのようにも語る。

俺が最初に一雄さんに千葉刑務所〔一九七七年九月に移監。第4章参照〕で会ったのは何年か覚えていないけれど、何度か行った。俺の場合は、一雄さん本人というよりも、ここ〔狭山〕にいる家族ね、おじいちゃん、おばあちゃん、兄弟との関わりがずっと大きい。地元の解放同盟の責任者として五〇年、一雄さんはぜんぜん知らないところでの石川一家の親兄弟のつながりがあり、いろんなことがあった。全国の支援者は石川さんの応援だけど、家族との関係はない。だからほかの人にはないこと。まあ、地元の解放同盟の実質責任者として、狭山事件のことも自分が責任を持ってやらなければいけないから、お兄さんや弟、妹、親戚とはずっと五〇年間関わってきた。最近、あんまりそういう交流はないんだけれども。兄弟も非常に大変だったというふうに思います。そのなかで一番応援してくれていたのはヨネさんだよ。

支援者に手紙を書く――差別の不当性の訴え

そのような支援運動の高まりのなかで、部落解放同盟第一五回婦人集会に宛てた一雄自らの「決意表明」が届けられた。これが、一雄自らの文章が『解放新聞』に掲載された最初である。

ここで一雄が一貫して強調しているのは、「部落出身者であるという私の生いたちゆえに、身に覚えのない、恐ろしい殺人事件の犯人に仕立てあげられ、死刑という絶望の境遇に追いやられた、信じがたいような事実」であり、「部落出身者に対する差別をなくすること」であった。一雄は問いかける。

私たち部落出身者にとって、このことはすでにいいつくされ、いい古されたことではありましょうが、それでいて、このことがいまなお一番深く私たちの心をとらえているのです。しかし、皆さん、国家がその司法権力の名をかりて、堂々と民主主義の基本的人権を無視し、平等であるべき人権を差別と偏見によってはずかしめ、一人の人間の生命を法律で奪おうとしている事実のあることを、どれほど知っていて下さるでしょうか（「決意表明――狭山事件被告石川一雄君の訴え」『解放新聞』第四八一号、一九七〇年四月五日）。

文字の習得のみならず、自身の置かれている立場を自覚するようになったことを彷彿とさせる文章である。「五、六年経って、自分がどういう立場に置かれているかっていうのがようやくわかってきた？」という片岡の問いに対して、一雄は当時をふり返り、「うん、理解できるようになった」と躊躇なく答えている。

一九七一年四月二〇日、一雄は、東池袋の拘置所が解体されるのに伴い葛飾区小菅の荒川土手ぎわにある小菅拘置所に移された(『解放新聞』第五一八号、一九七一年四月二五日)。

一雄はまた、一九七一年一〇月一六日、奈良県天理市の天理教本部大講堂で開催された部落解放同盟奨学生集会にもメッセージを送ったといい、そのときの記憶をこのように語る。「奨学生集会っていうのがあってね、解放同盟で。そこにメッセージを書いてくれないかっていわれたんですよね。奨学生集会にメッセージを書くのにどういうものをやっているかわからないので、どういうことをやっているかっていうことがわかる本があるはずだから送ってくれないかっていうことで、当時の朝田〔善之助〕委員長にそれをお願いしたらすぐ送ってくれた。* それを読んで奨学生はこういうものかって覚えて、メッセージを書いた記憶があります」。

＊一九七〇年四月二四日付の部落解放同盟中央本部宛の一雄の手紙が、『解放新聞』(第四八四号、一九七〇年五月五日)に掲載されており、朝田善之助『差別と闘いつづけて』への礼が述べられている。その手紙は「将来、運動に参加」という見出しがつけられており、本文中にも「私が将来、部落解放のためにお手伝いさせていただくためにも、頂きました書籍は意義の多いものと思います」と記されている。

それも一つの要因になって「石川一雄が冤罪だってことで、全国的に狭山事件が話題になって動きがはじまってきた」と片岡はいう。折から、同和対策事業特別措置法によって部落解放奨学金の制度ができ、将来の部落解放運動の担い手として奨学生への期待が高まっていたときであった(「解放奨学生に期待する――朝田委員長の記念講演」『解放新聞』第五四二号、一九七一年一二月五日)。

天理市の大会に宛てた一雄の手紙は確認できなかったが、一九七一年一一月二一～二三日の第三回部落解放奨学生全国集会の参加者に宛てた「奨学生の皆様へ――公判で差別の姿がみえてきた」と題する一九七一年一一月二一日付の手紙がある(第五四二号)。そこでは、「差別されることは表わし難い苦しみであり、悲しみでありますがしかし私たちの血の中には人間の最もいまわしい罪である差別する血が流れていないということは誇りに思えることではなかろうかと思うのです」と、水平社宣言を受けての「誇り」が語られていることも注目を引く。そして一雄は、「独房の狭いなかに夜の眠れないときなど、このことを思い出しつつ涙さえ流してしまうことがある」ことを告白しつつ、「形のない具体のない人間の心のなかにあるこの差別するという行為の心を、そのゆるしがたい罪悪を、私は部落解放のたたかいのなかで訴えの基礎としてたたかってゆく決意」を明らかにしている。

奈良県奨学生集会では、狭山事件の特別報告が行われ、また「狭山差別裁判」の分科会も設けられていた(『解放新聞』第五三九号、一九七一年一一月一五日)。

一雄はいう。「一番よく覚えていたのはね、解放同盟の全国行進をやるっていわれたのね。「全国行進」をやるには石川さんがメッセージを流すのでは長すぎるので詩を作ってくれっていわれた。短歌をそのころ作っていたから、多分それを解放同盟が知ってて、そうやって言ったと思いますから。で、私は短歌を作ったの。「我が軀幹　暗夜の　獄に　埋もれども　心は常に　荊冠旗の下*」そういう歌を作ったと思うね。暗闇の中でがんじがらめになっていると。だけど心は縛られていないので、荊冠旗のもとに必ずいるよという意味で作った歌」。

＊全国水平社、そしてそれの後継団体である部落解放同盟の旗。イエスが十字架に礫にされる際に被せられた荊の冠を形どったもので、その受難に自らの被差別の苦しみをなぞらえたものとされる。

一九七〇年五月七日には、「狭山差別裁判糾弾・特措法具体化要求」を掲げた部落解放国民大行動隊の結団式が埼玉県飯能市の国民宿舎「覧山荘」で行われており（『解放新聞』第四八五号、一九七〇年五月一五日）、六月一四日には、狭山市入間川小学校で狭山総決起集会も開かれ（第四九一号、一九七〇年六月二五日）、同和対策事業特別措置法の完全実施の要求と合わせて、機動隊や、また措置法に批判的な姿勢をとる日本共産党との軋轢も伴いながら、各地で運動が高揚していったようすがみてとれる。狭山差別裁判反対闘争は、まさに特措法の制定と相俟って、部落解放運動を高揚させる大きな役割を果たしていたといえよう。そして、一雄の国民行動隊への謝辞も掲載されている（第四八九号、一九七〇年八月一五日）。

このころ、「土方鉄さんから自分の事件の経緯を書いてくれって言われて、書いたことがある」と一雄はいう。一九二七年、京都の被差別部落に生まれた土方は、部落解放全国委員会（のち部落解放同盟）京都府連合会の専従となり、一九七一年以来、狭山事件を扱った数多くの映画の脚本を担当してきた。土方は、一九七〇年一一月二日、東京拘置所に面会に行ったようすを、「闘志にあふれる体部落民ゆえの差別裁判と」という記事にして『解放新聞』（第五〇五号、一九七〇年一二月五日）に掲載している。それによれば、土方を面会室で待っていた一雄は、「機関銃のように、つぎつぎと話した。体のなかにいっぱいつまっているものが、噴水のようにふき出してくるみたいだ」という。一雄は、

「弁護士さんは、〔部落差別のことはふれずに〕無知でだまされたのだという線でおした方がよいとおっしゃる」が、自分自身は「部落民であるゆえに、なんの証拠もなく殺人犯にしたてあげられた。そしてこんなひどい差別裁判されたこと、このことを一番訴えてほしい」と語ったという。

一雄は当時をふり返り、「もう面会にいろいろな人が来るようになったからね。入れ代わり立ち代わり解放同盟の人が、あるいは同和地区の人が。だいたい、ある程度読めたね、外の動きは。〔支援をしてくれていることが〕嬉しかったですね」と語る。

字を教えてくれた〝看守さん〟は、「まだいました。八年間いたから。私はね、看守さんに感謝しなくちゃいけないのは、手紙を書けるようになってから半年ぐらい、いろんな人に手紙を出したんですけれど、全部、看守さんを通して読んでもらいました、まちがっているかどうかってことを。漢字をまちがっているかどうか、何回か直された。直せっていわれましたけれど、それでも看守さんが全部、嫌な顔せずに〔見てくれた〕」。

すべて字がわかるようになったのは、一九七〇年ごろだという。「支援運動が始まって、奨学生集会に手紙を出した〔前述〕あと、手紙をいっぱい書くようになった」「六八年か六九年に支援運動が広がるわけで、六四、六五、六六の三年ぐらいはあんまりぱっとした運動はなかった」というのが一雄の実感でもあった。

なお、その当時の一雄が出した支援者への手紙を後々まで保管していた人がいた。「なんかね、私が出した手紙に誤字があった。恥ずかしかったんですけれど、私の出した礼状、返信ですね」「そういうことを最初から考えて、できるだけ出した手紙を保存しておけばよかった。今はもう散らばっちゃって誰がいつ出して、いつ返事をもらったか記憶している限りしかないよな。いっぱい出しているから」。

一雄が支援者からの手紙に律儀にもれなく返事を書こうとしていたことは、『解放新聞』（第五二五号、一九七一年七月一日）に掲載された「石川君からの連絡」からもうかがわれる。一雄は、自分宛の住所を正確に書いてほしい、差出人の住所と名前をはっきり書いてほしい、「一日、返事をかく数が三通に制限されているので、一人一人に返事をだせないけれどゆるしてほしい」ことを伝えている。合わせて「封筒の上書きも、できるだけ印刷でなく、直筆で書いてほしい。字がきたないのはお互いですから」といっていることも注意をひく。対面の交流ができないなか、せめて直筆の文字を手にすることで心の交流を果たそうとしたのではなかろうか。一雄は、「嬉しかった。何よりも嬉しかったな。手紙を出して、それを私が手紙を書いたものを相手が読んでわかって、私のところに返事が来て、これを読めたというのはひじょうに嬉しかった」とそのころの喜びを語っている。

一雄は、「日記には、手紙を誰に出したってことを全部書いてたからね」という。それゆえ後述するように、その日記が出獄後まもなくの自宅の火事で焼失してしまったことは惜しまれる。しかし片岡によれば、「各地に集会があって、そこへ石川さんのメッセージが来たっていうのは、かなりの量の記録が残っている。一〇年ぐらい前に兵庫集会に行った時も、その三〇歳か四〇歳ぐらいの女性が、高校生の時に石川さんにもらった手紙を持ってきてくれて、コピーくれたな」という。

増える支援者

一雄はいう。「やっぱり一番記憶に残っているのは、古川泰龍さんだね、福岡の人。九州のどっかの人。無実の石川一雄っていう手紙が来たんですよ、無実の死刑囚石川一雄に、近いうちに東京拘置所に行きますので面会しますって。シュバイツァー何とかっていうお寺の」。一雄が古川から手紙をもらったことは、一九六五年九月六日の『獄中日記』に記されている。

古川は、一九二〇年、佐賀県の真言宗の僧侶のもとに生まれ、藤津郡塩田町の真言宗常在寺の住職となった。一九五二年、福岡刑務所の教誨師となり、死刑囚専属の教誨師も務めたことから、狭山事件にも関心をもっていたという（鎌田慧『狭山事件の真実』）。一雄は、古川から手紙をもらったことを、「嬉しかった。「無実の死刑囚石川一雄」って書いてあったからね。そういうのを全部読めたっていうのが嬉しかったですね。返事が来て」と語る。

＊古川龍衍「福岡事件再審運動を支えた女性達　ひまわりのはなのように（一）〜（三）」『狭山差別裁判』第五〇七号（二〇二〇年八月）・第五一〇号（二〇二〇年一一月）・第五一三号（二〇二一年二月）参照。

そして古川と面会できたときのようすを、一雄はこのように思い起こす。

「私は最初から無実だったけれど、最初、弁護士さんを信じなかったので、自分がこういった立場になってしまいました。今は残念に思いますけれど、自分が蒔いた種だから、自分が勝てなくちゃしようがない」。その時は根性がありましたからね、「だから、自分の蒔いた種は自分で刈ります」って言ったんですよ。〔そしたら〕「全国の皆さんに訴えなさいって。真実を訴えなさい」ってことをいわれました。

古川のほかに印象に残っているのは、部落解放同盟から面会に来た大阪の藤本君代、大川恵美子、川本竜子、の三人であった。「女性部の代表でね。親みたいな感じ」*「大川恵美子さん、あの人はすごかったね。べらべらべらってしゃべる。一番印象に残っている」「それからも全国の同和地区の人が面会に来るようになった。解放同盟が中心ですけれどね。中央本部の人が中心で、大阪の人もずいぶん面会に来るようになったんです」。一雄はそうした応援者を得て、「気持ちが変わっていった、踊るようにってことはないけれど。気持ちは今まで塞がっていたけれど、やっぱり支援者がいるっていうことは嬉しくなる」と語る。

＊一雄が、川本と藤本の訪問に礼を述べた手紙が残されている(「石川一雄さんの獄中からの手紙 生涯をかけて部落解放の喜びを」一九七〇年三月九日、『狭山差別裁判』第四四一号、二〇一二年一一月)。なお、女性の面会者が増えていったのは、一九七一年四月の水平社五〇周年記念部落解放第一六回全国婦人集会で、狭山差別裁判へのとり組みを決議していることにもよっていよう。そこでは一雄の手紙が、姉一枝により読み上げられた(『解放新聞』第五二〇号、一九七一年五月一五日)。一枝は学力が高かったため、住み込みで奉公に行ったときに、奉公先で中学まで通わせてもらった。一雄は、きょうだいの中で一枝と一番仲が良かったという。

現在の聞きとりのなかで早智子が、「それと同時にいろんなことがわかってきて、いろんなことを思い出して悔しかったっていうことも話しておいた方がええんとちがう?」と水を向けるのに対して、一雄は、「そういうことを思い出すと、しゃべれなくなっちゃうんだな」と答えている。早智子も、いつも壇上の「強い石川一雄」を見てきたが、一雄がこのころから詠むようになった短歌をみると、「ほんまに悔しいところ、悲しいところなどのいろいろな人間的な本音が出ていてよかったな」と思うと語る。一雄はいう、「精神面は強くなった。強くなっちゃったんだろうな」と。ここで一雄が思い起こした獄中で読んだ短歌が、「鉄格子　顔摺り寄せて聞く　蟬の声　生まれし町を　思い出さる」「色褪せし　蒼き蒲団に　くるまりて　眠れば夢に　父母浮かぶ」であった。

早智子はいう。「集会やメッセージでは、もう頑張るぞっていうしかないんよな。「私は今度はダメだと思うけれど皆さん応援してください」って言えんでしょ。もう集会の方は、石川一雄は死ぬまで頑張る、応援してくれって言うしかないよな。「私はもうだめですから、皆さんお願いします」って言えんもんな。それはしょうがない。しょうがないけれども、聞いてる側としては、石川さんが刑務所のなかで、非常に切ない気持ちでいたことを思ってほしい」。

死の恐怖と闘いながら

早智子もいうように、このように高まりつつあった支援運動に支えられつつも、一雄が死の恐怖と隣り合わせであったことに変わりはない。

一雄は、東京拘置所での独房生活を「短歌に託して(五)」のなかでこのように語っている。

全体で三畳ぐらいの広さだね。二四時間、うす暗い電球がつきっぱなしでね、窓は曇りガラスで一カ所。鉄格子がはまっていて押して開ける。トイレにふたをして椅子の代わり。流しにふたをして机の代わり。ここで必死に文字を学んだ。私には大切な場所だね。就寝時間はあったけれど、死刑囚は寝なくてもよかったから、一晩中起きていることも多かったな。

「独房の　深夜に微か　靴の音　不気味にも聴く　死囚の孤独」

死刑執行の恐怖におびえながら過ごした独房生活の中で詠んだ歌である(『解放新聞埼玉』第一一二四号、二〇二二年八月一日)。一雄に短歌を教えたのは、一雄と同じ東京拘置所の死刑囚だった。

このような歌もある。

「紫か　紅か萎《しぼ》りか　朝顔の　花は明日を　知らんで咲くも」

一雄はこの歌についてこのように解説する。

私のすごく思い入れのある歌でね。死刑囚は、いつ執行がくるか、くるかと自分と闘って生きてるんだよね。執行日を知りたくないから、いや、知らずに、はしゃいでいる。一日、そして一日、明日のことは知らないで生きようと、自分に言い聞かせて精一杯はしゃいでるんだね。

朝顔の花がね、朝早くから美しく咲いていた。〔中略〕明日はしぼんじゃうのになあ。私ら死刑囚と同じだなあ、と思って、朝顔の美しいのがせつなくなって、書いたんだよね。死刑囚に短歌の先生がいた。三年ぐらい教えてもらった。作るのは難しかったが、出来上がると嬉しくて、看守さんにも見せた。

短歌の先生が、「石川さん、明日のことはわからないからね」と言った。翌日、短歌の先生は死刑執行された。「中三の娘が今日も面会に来てくれたんです」「私の無実を証せたらいいのですが」　先生の嬉しそうな顔、悲しそうな顔が浮かんできた。ほかにもね、死刑執行された人がいっぱいいた。冤罪かもしれない人も、そうでない人もね（「短歌に託して（三）」『解放新聞埼玉』第一一二三号、二〇二二年七月一日）。

「兄弟姉妹の皆さんへ」

『解放新聞』第五〇四号（一九七〇年一一月二五日「狭山闘争ニュース」第二号）には、一雄の「兄弟姉妹のみなさんへ」が掲載された。それにつづいて、第五〇八号（一九七一年一月五日）の「七一年の年頭に当って」で、部落解放同盟中央執行委員長朝田善之助は、「この事件は、部落差別をぬきにしては成立しない、本質的内容をもっており、差別裁判ということができます」と位置づけた。そしてその次の紙面には一雄の「七一年の年頭に当って　兄弟姉妹の皆さんへ」と題する長文のメッセージが掲載された。そこには一雄の美しいしっかりした文字で綴られた自筆原稿の写真も載せられている。

「〔刑務所から〕出た当初はね、私がまさか刑務所の中で文字を覚えたなんて思われなかったので、〔周りは〕解放同盟がメッセージを作って、さも私が書いたようにしているって思っていたらしいですよ。解放同盟がメッセージを作って、私のところに送って」。整った小さな文字は一雄本人以外のなにものでもない。小さな字で書いたのは、手紙を書ける分量が「決まっちゃってるからな、便箋七枚って」という事情によるものだった。

71年の年頭に当って 兄弟姉妹の皆さんへ

狭山事件被告 石川一雄

親愛なる全国の部落兄弟姉妹の皆さん。新しい年一九七一年の年頭にあたり、「狭山事件」の差別裁判によって死刑を宣せられている者として、新年の決意と今後の闘争の心構えを新たにし、全ての兄弟姉妹の皆さん方と共にたたかってゆく決心をごあいさつをかえて申し上げたいと思います。

本年は御支援いただいて参りました方たち一人一人に対して、御礼状を差し上げなくてはならないのでありますが、何分にも諸規則の制限を受けている身であり、何かと不自由を強いられておるゆえ、それもかなわず、今回、解放新聞の御好意をいただいて紙上よりごあいさつ申し上げる次第であります。

私は、一九七〇年の一年を振りかえって、何よりも大きな喜こび、収穫としての満足をとりあげるに、第一は、東京高等裁判所の裁判に対する姿勢の変化を挙げたいと考えています。これは民主主義国家の三権分立において、公正裁判を行なうということが、至極当然のことといわなければならないながら、すでに御存知のように、明治政府以来の伝統を、受けつぐ根強い差別偏見と予断とによって、部落民なるがゆえに白眼視し、真実を見極めるに、全く人権を無視した扱いをしてきたというのが実状であります。ことに、「狭山事件」において、国家司法権力は、相つぐ凶悪事件の捜査の失態を暴露し、国民の批判の前にかろうじて面目を保つに、何がなんでも生きた犯人をもって威信を示さねばならなかったのであります。私は自分の身の上にふりかかった迫害を通して、彼らがいかに私たち部落民を人間として無視し、つじつまを合わせるためなら、私たち部落民の生命など一枚の紙きれ以下に扱うものであるということを体験して参りました。

部落民の大部分の家庭がそうでありますように、私の家庭も強い差別社会の影響を受けて、常に貧しさの中から抜け出すことができませんでした。日本国民でありながら、日本国民としての扱いを受けられず、国が決めた義務教育の最低すらも受けられなかった私は、小学校すら満足にゆけず、無学のままで、ただ生きるための労働をくりかえすだけで、育って参りました。警察がそんな私を、犯人として仕立てあげるのに造作もないことと思ったのは、むしろ当り前とさえ考えられます。

悪を取り締るべき立場にある警察がどうしてウソをつき、警察威信と面子を保つために無実の人間を殺人犯に仕立てあげようなどとは考えられましょうか?警察が信じられなくて何が信じられ、頼れるでしょうか?どこの世界に警察の言葉を疑ってかかる者がおりましょうか?結果をふり返って、今、現在の私の立場にあっては、警察は信用ならぬものとして知るには至ってはおりますが、あの当時の私いな私ならずともごく普通の人間であったなら、警察に対する素朴な信頼感こそあれ、疑い、かつ自分たちをおとし入れるための存在であると、だれが思い得たでありましょうか?私は身に覚えのない殺人という罪を、私に対して追及するのか判らないまま、自分の能力の限りの抵抗をつづけ、はっきりと関係のないことを主張しつづけておりました。外部との正当な連絡すら、逮捕容疑の窃盗などでは異例と思える接見禁止という法律の悪用を受けて断たれ、早朝より深夜に至る入れ替り立ち替り

の責苦の毎日に、気力だけのたたかいがどれほど長くつづき得たでありましょうか?食を断ったことも、私にでき得た精いっぱいの抵抗であり、知恵の一つでもありました。心労と恐怖のために、私の乏しい判断力はとうていあれ以上持ちたえることはできなかったのであります。

それでもなお、私は、彼らと妥協して交した約束(殺人を認めれば、他の細かい罪と共に十年で出してやる)が、私をおとし入れるための謀略であるなどとは夢にも思わなかったのであります。

殺人を認めさせられ、つじつまを合わせるための諸々の筋書きを教えられた通りに守り、それを守ることによって全ての罪が清められ、十年で社会に帰れるのだという希望にすがったのでありました。しかし、全てが計画通りにつくりあげられ、警察は裁判が終るだけを待てばよかったのであります……そして判決は「死刑」。

皆さん。私はこの判決を聞いた時も、私のことだという実感はまるでありませんでした。むしろこれで終ったのだ、と思いと、さあこれから十年だな、という思いでいっぱいでした。拘置所の同囚たちが、死刑としての恐怖を示めさない私をいぶかり不審に思ったのは、結果的に私を助けることになったのです

恐怖を示めさない私が、それは警察での約束で、十年で出れるからだ、と答えたのに対し、世間なれした同囚の「そんなバカな事があるのか!」という教示によって、初めて私は疑い出したのであります。

そして、私の知らされた事実は、あまりにもひどい、がくぜんとする裏切られたものでありました。あの時の驚きを今も私は、昨日のことのように肌に感じ、血の凍る思いが、よみがえって参ります。

その後の苦しみとたたかいの歳月は、怒りによって支えられていたと申し上げても過言ではありません。

事実審理を行なう残された唯一の場である高等裁判所に訴え、その作られた筋書きを明らかにして欲しいと訴えて参った私ではありましたが、その希いがどうやら、昨年四月二一日より再開された公判廷から、裁判所の前向きな姿勢として感じ取れるようになったのであります。

これは私の七年間の苦闘において、希いつづけて参りました基本になる喜こびであります。

そして私は、裁判所にこの本来あるべき姿勢に立ち帰えらせる陰の力となったのは、兄弟姉妹の皆さん方の御尽力を第一に挙げ、心底よりの感謝を捧げたいと思うのであります。

兄弟姉妹の皆さん。私は、部落民であるがゆえに差別され、迫害を受けつつ、この恐しい逆境に立たされて参りましたが、今なお、その苦しみの続く獄中にあって、私は差別の対象となっていた部落出身であるということを強い誇りと思うようになっています。

私の兄弟姉妹たちが、どんなに平和を愛し、真実と正義のために心を燃やし、人情豊かで、日本人としての真の気概を持っているかを私は知りました。

貧しさと苦しさの中から、培われてきた私たち部落民の人間味、苦労人のみが持ち得る円満な心、迫害にも屈しない不屈の闘志の全てを、私は誇りに思っています。

部落解放同盟を中心に他に類のない団結力も、これほど力強く思うことはありません。

そして、昨年五月の兄弟姉妹の皆さん方の、個々の御支援を一つの頂点として、国民の前に示して下さった全国縦断国民大行進を、私は生涯忘れることができません。

「狭山事件」の真相を、これほど強烈に訴え、北九州は福岡より遠路東京へと各地をくまなく踏破し、丸一カ月間を費してくださった御支援を、私の拙ない言葉をもって表わすには、その感激が余りにも大きすぎるのであります。

大行進に参加してくださった、各地の兄弟姉妹の皆さん方に、私は、今すぐにでも飛んで行って手を握りしめて感謝を申しあげたいと思いにかられます。しかも、数多くのお年寄りの方たちの参加のあったことを知らされ、私のために払ってくださるそれらの努力と、御仕事を犠牲にしてまで参加してくださった御気持とを思い、感激の涙に私の小さな胸はいっぱいでありました。

大行進を境にして「狭山事件」の真相に対する認識が、国民のなかに広く浸透し、公正裁判に向わせる世論となって現われて参りましたことを、本当に心強く思います。

一般国民の善意の激励と支援を多数受けるようになりました。毎日、全国より受信する多数の手紙の束に、私は生き抜く勇気と真実の勝利することを確信できるのです。

拘置所の処遇においても、発信の点で若干余計に出させて頂き、筆記の点においても一般収容者が、午前八時半頃より午後三時まであるところを、私は午前六時頃より午後九時頃まで書くことを許るされており、ボールペンの使用を他は許されないが、私は常に房内に入れて使用できるように配慮を頂くに至りました。しかし、それでもなお、来信に見合う発信がかなわず、不本意ながらも、御返事の遅れる、迷惑をかけている現状であります。そして訴えと返信の合間を利用して、同盟や、部落解放研究所より頂いた部落歴史の本などを読み、将来の部落解放のために働ける力をつけておきたいと励んでおります。

部落民である私は、部落のことをほとんど知らずに過してまいり、いま手にしている本を通して、自分の世界を知るようになっているのであります。

そして、私は、この励みによって貯えられた知識が、現在つづけられている公判闘争においても、役立つものと確信するのであります。新しい転機を迎えました裁判は、今や、あらゆる努力と英知が結集され、第一審判決までに至る初期の捜査取り調べの段階にさかのぼって追及されつつあります。

幸にして、十二月公判は多くの注目の中に厳しく糾弾がくり返えされて参りました。本紙を手にされる皆さん方は、すでに審理の経過を傍聴した解放新聞の速報として、ごらんになられたことと思います。多数の警備員の規制を受け、傍聴者は三十二名と制限され、ほとんどの支援者が、法廷外に残されてしまうことになってしまいましたが、一つ一つかけられる励ましの言葉に私は心からの支えを感じ取ることができました。部落からの代表の皆さん方に本文をもって心より御礼を申し上げます。

世論の高まりとともに、裁判所は何かのきっかけを理由に裁判の終結を、急ぐかもしれない中で、私はこのたたかいを、勝ち取るためには冷静に条理を尽して、真実のままを国民の納得のいく方法で、訴えてゆかなくてはと考えるのであります。実力行使による圧力に反撥し、挑発に乗ることなく常に静かな態度で、激しい闘志を内に秘めてゆかなくてはと思うのです。

私は今や「狭山事件」は、自分の無罪を勝ちとるためだけのたたかいではなく、無罪を勝ち取るのは目的への一つの段階であり、その後につづく最後目的である、部落の完全解放へのたたかいを勝ちとるための準備であると考えるのであります。

私は、自分の受けてきた迫害の全てを明らかにし、その中に存在する部落民への差別意識の実際を訴え、不条理を糾弾し、一生を捧げて兄弟姉妹のため、部落解放のために尽してゆきたいと願うのであります。新しい年を迎え、今年こそは勝利の年とするよう、私の心は闘志に燃えております。そして、その心にともった炎は、私のものだけではなく、兄弟姉妹の皆様方のために燃えるものとしての自覚を持ち、これからの日々をがんばってゆく決意であります。

兄弟姉妹の皆さん、どうか今年も私を支えてください。

輪読会の皆さん、今年もがんばってください。

子ども会の皆さん、正しい判断のできる勇気ある強い人間になるために、今年もいっそうがんばりましょう。

全ての兄弟姉妹の皆さん方の心とともに、皆さん方の手を握りしめられる日の近いことを信じて獄中の石川一雄の御挨拶を終わらさせて頂きます。

最後に解放新聞の御好意に心より感謝の意を表します。

一九七〇年一月一日

東京拘置所内 石川一雄

『解放新聞』第508号(1971年1月5日)

内容も、すでに「部落民」の立場を自覚し、そうであるがゆえに犠牲になったということを全面に打ち出して訴えるものであった。一雄はこのように述べている。

部落民の大部分の家庭がそうでありますように、私の家庭も強い差別社会の影響を受けて、常に貧しさの中から抜け出すことができませんでした。日本国民でありながら、日本国民としての扱いを受けられず、国が決めた義務教育の最低すらも受けられなかった私は、小学校すら満足にゆけず、無学のままで、ただ生きるための労働をくりかえすだけで、育って参りました。警察がそんな私を、犯人として仕立て上げるのに造作もないことと思ったのは、むしろ当り前とさえ考えられます。

悪を取り締るべき立場にある警察がどうしてウソをつき、警察威信と面子を保つために無実の人間を殺人犯に仕立てあげようなどとは考えられましょうか？（中略）どこの世界に警察の言葉を疑ってかかる者がおりましょうか？（中略）私は身に覚えのない殺人という罪を、私に対して追及するのか判らないまま、自分の能力の限りの抵抗をつづけ、はっきりと関係のないことを主張しつづけておりました。

被差別の立場に置かれているがゆえに犯人に仕立て上げられたことを理路整然と訴えるとともに、つづけて一雄は、「外部との正当な連絡」すら「接見禁止という法律の悪用」によって断たれ、早朝から深夜にいたる「入れ替り立ち替りの責苦の毎日」ゆえにもっぱら「気力だけのたたかい」を強いられたことの不合理を訴える。そしてそのようななかで「私にでき得た精いっぱいの抵抗であり、知恵の一つ」として断食を行ったことも告白している。

警察官に裏切られたことを知った「あの時の驚きを今も私は、昨日のことのように肌に感じ、血の凍る思いが、よみがえって参ります」といい、「その後の苦しみとたたかいの歳月は、怒りによって支えられていた」が、そのようななかにあって今や「差別の対象となっていた部落出身であるということを強い誇りと思うようになってい」ると記す。一九七〇年四月から再開された公判に「裁判所の前向きな姿勢」を見出して希望を抱きつつ、また同年五月に行われた部落解放同盟による全国縦断国民大行進などの運動の支援に励まされつつ、支援者に返事を書き、部落の歴史などの本を読み勉学に励む日々であることを伝えるのであった。

上申書を出す

一九七〇年から第二審公判が再開され、一雄は翌七一年四月二〇日に、井波七郎裁判長に「上申書」を提出している。それは、罫紙二三枚にわたり綴られたもので『解放新聞』に掲載された（第五一七号、一九七一年四月一五日〜第五二八号、一九七一年八月一五日）。そこでは、「私は強盗殺人等被告事件につき東京拘置所に拘留〔ママ〕中のものでありますが、この度、証人および証拠品の数々において疑問点を訂正したい点がありますので、ここに詳述し上申致します」という前書きを付して、以下の一四項目について述べられている。

一、五月一日の行動と証人申請について。

狭山闘争ニュース（第七号）

石川君が上申書提出
裁判長宛にデッチあげを訴え

石川一雄君は、四月二〇日づけで、東京高裁の井波七郎裁判長に、罫紙二三枚にわたって、びっしりと書きこんだ「上申書」を提出した。

「私は強盗殺人等被告事件につき東京拘置所に拘留中のものでありますが、この度、証人および証拠品の数々において疑問点を訂正したい点がありますので、ここに詳述し上申致します」と前がきして、

一、五月一日の行動と証人申請について。

二、中田善枝さんと出会うまでの経路について。

三、中田善枝さんの下校時間と雨との関連について。

四、本件犯行に用いられた手拭いとタオルの関係。

五、死体処理の着衣と時間の関連について。

六、スコップの保管状況と盗む際の犬との関連について。

七、身代金を受取りに行った時の服装について。

八、身代金受取りに行く前の時間関係について。

九、佐野屋脇での犯人との応答について。

一〇、川越署分室留置場内で爪でかいた事について。

一一、腕時計に関する調書作成について。

一二、指紋検出が可能であった筈の数々の証拠品について。

一三、脅迫状に使用されたノートは妹美智子の持物であったと供述した事について。

一四、脅迫状筆跡鑑定について。

の一四項目にわかれており、石川君は、冷静に、デッチあげをあばく努力を傾けています。

鞄の発見日 石川君の主張通り
中勲氏の重大な証言

さる三月公判については、本紙では、三月五日号、三月一五日号で報じてきましたが、三月二日の第四三回公判において、中勲証人（当時の特捜本部長）が、重大な証言をおこなっていることが、このほど判明しました。

すなわち、中証人は、「警察が被害者の中田善枝さんのカバンを発見したのは昭和三八年六月二四日である」と、弁護側の質問にはっきり答えた点である。

自白調書によれば、石川君のカバンについての「自白」は二一日になっており、発見されたのも二一日という「調書」もあります。浦和地裁の第一審では、証人にたった警官たちは口をそろえて二一日と証言しています。また、「調書」の立会人の宮崎貞男さんは、最初「六月一六日ごろ」といい、「はっきりしません」と答えている。

これについて石川君は、「自白」をはじめたのは、六月二三日以降であると主張しており、事実、二二日に加登豊医師が、絶食をさせられていた石川君の健康診断をおこなっています。

また、警察が「自白」の全容を新聞発表しているのは、実に二五日づけです。とすれば、この日付けのムジュンはどうなるのか。

それを、中証人は、さる三月二日の証言で、はっきりと解決したのである。「カバンの発見は二四日」だと。

とすれば、二一日にカバンがみつかったと新聞発表しているそのカバンそのものは、石川君の「自白」以前に、すでに警察の手にあったことを意味する。いうまでもなく、警察側が、有力なキメ手としている証拠のカバンが、警察の工作によるものであることがバクロされたといえるわけである。

ところが、この重大な中証言に対し、検事側も、裁判長も沈黙を守ったまま。これは、裁判記録をよくよんでいないか、あるいは、すでに腹の中には予断と偏見にみちた「結論」を持っていて、ただ、十分審理をつくしたというポーズだけを示めそうとしているものかのいずれかといえ、楽観はゆるされない。

玩具屋と団子屋は出ていたか「上申書」より

中田善枝さんと出会うまでの経路について

通称山学校付近で出会ったされている地点より手前の、荒神様の前を通った事について、「その時、荒神様はお蚕様で三〇名前後の人々がおり、境内には五、六軒店が並んでいた」という調書があり、さらにその内二軒の店の名として玩具屋と団子屋を覚えている事を記してあるにも拘らず、その裏付けをした事を明らかにする調書が全く存在しないのは、何故でありましょうか？

五月一日、荒神様はお祭りであり、午後三時頃私がそこを通ったとされている時は三〇人ほどの参拝人がいた事は記録上からも明らかであります。そして、私の家からも一キロ位の所であるし、近所の人も境内にいたであろう事は、土地柄からしても、想像に難くない筈であるのに、近所の人はおろか、だれ一人として私を見たという人がいません。

この事は、私が警察官の誘導に従って荒神様の前を通って通称山学校前の十字路で出会った事になってしまったのでありますから、いくら荒神様の境内に多数の人たちがいたとしても見るわけありません。要するに私は、殺人を犯してなければ荒神様の方へ行った事がないから、見られる筈がなかったという事であります。

しかし、現時点では、犯人に仕立てられ、荒神様の前を通ったように調書ができている以上、荒神様境内で私をだれも見ていなかったといっても、私のえん罪がはれるわけではありません。

それには、綿密に調査して頂くより他に方法がございません。したがいまして調書にある玩具屋と団子屋の二軒の店を調べて頂くことはもちろんの事、またそこに店があった事をのべざるを得なかった事情、すなわち、警察官に「お前は荒神様の前を通ったろ」「通ったら祭りであったのだから、なにか店が出ていたろうから覚えているだけいってみろ」などといわれ、私のちいさい頃、祭りのたびに遊びにゆき、その時の記憶にあった玩具屋と団子屋をいったのであり、警察では、この私の供述が嘘であり、二軒の店が出ていない事は判っているにもかかわらず、その裏付けをしたことを示す調書を作成していません。いずれにせよ、その日に二軒の店が事実あったかどうかを調べればよく判ると思いますし、それを調べて頂かなくてはならないと思います。（原文のまま、ただし若干漢字をひらがなに改めました）

―以下続報

五月公判日程
五月一一日 午前一〇時
五月一五日 午前一〇時
五月二〇日 午前一〇時
いずれも東京高裁にて

『解放新聞』第 517 号（1971 年 4 月 15 日）

二、中田善枝さんと出会うまでの経路について。
三、中田善枝さんの下校時間と雨との関連について。
四、本件犯行に用いられた手拭いとタオルの関係。
五、死体処理の着衣と時間の関連について。
六、スコップの保管状況と盗む際の犬との関連について。
七、身代金を受取りに行った時の履物について。
八、身代金受取りに行く際の時間関係について。
九、佐野屋脇での犯人との応答について。
一〇、川越署分室留置場内で爪でかいた事について。
一一、腕時計に関する調書作成について。
一二、指紋検出が可能であった筈の数々の証拠品について。
一三、脅迫状に使用されたノートは妹美智子の持物であったと供述した事について。
一四、脅迫状筆跡鑑定について。

それらは、第2章で記してきた一雄の語りと一致するものだが、なかんずく注目すべきは、身代金を受け取るための犯人との佐野屋脇での応答に関わって、被害者の姉登美恵だけが、そこに現れた犯人の声は一雄と「ピッタリだったんです」と決めつけたことについて、「それ程確かに聞き分けられるのであったら、側にいた他の人たちにも聞き分けられるはずではありませんか。残念ながらこのことの真意を糾すには、すでに登美恵さんが自殺をなさって知るべきもありませんが、この自殺行為にしても、警察官にいわれて私が犯人であるとの嘘の証言をしたために、私が死刑にされたことへの良心への自責に耐えかねて、「死」をもって私に詫びたのだとは考えられないでしょうか。でなければどうして自殺する理由がありましょう」と投げかけていることである〔第五二二号〕。

そして一雄の指紋が証拠としてあげられていないことについてもこのようにいう。

犯罪にかかわる証拠品に付着する指紋が、犯人割り出しに最も重要視されていることは、いうまでもないことでありますが、〔中略〕犯人とされた私の指紋が検出されたとの報告書が、提出されていないのはなぜであろうか。〔中略〕

私が判らないのは、私をして犯人と仕立て上げ、数々の証拠品を用意した周到さがあるにもかかわらず、なぜ指紋だけがないのかという点であります。将来私が犯人でないことをいいだすであろうことは必然として考えられていたはずであり、その用意をしておかなかったのは、すでに私が完全に彼らの手に乗ったと思った安心感であったからでありましょうか。

また指紋の件と関わって、主要な争点である突然鴨居に現れた万年筆についても、「私の指紋がついていなかったこともさることながら、私の家に捜査に行った人達が、こともあろうに万年筆を、私の兄六造に素手でとらせたということ」の矛盾を理路整然と問うている。「すなわち兄六造が、素手で摑んだ万年筆であったにもかかわらず、私の指紋はもちろんのこと、兄六造のものさえ検出できない程〔実際には検出された――引用者〕油が付着していたという事実を作り上げる必要があったのです。

そうなれば、全く指紋が検出されなかった、もっともらしい理由にもなり、その後の追求《ママ》からもポイントをずらせることができるからであります」（第五二七号。引用は、漢字の一部をひらがなに改めた『解放新聞』に拠った）。一雄がいうように、警察は、その重要な証拠物を、すぐさま六造に素手で触らせるということをやってのけたのである。

広がる支援の輪のなかで

狭山闘争は知識人にもその輪を広げていった。一九七二年二月の公判を前に、経済学者の大内兵衛（元法政大学総長）と法学者の末川博（元立命館大学総長）が、同年一月二〇日、「全国の学者・文化人」に向けて署名を呼びかける声明を出した（『解放新聞』第五五〇号、一九七二年一月三一日）ことが一つの引き金となり、二月二日時点でその支持署名が五四〇名に達するなど、リベラリストからマルクス主義者まで、党派を問わない知識人の支持が獲得されていったことがわかる。また同時期に中央本部に届けられた署名数も、五六万を超えていた（第五五二号、一九七二年二月一四日、第五五四号、一九七二年二月二八日）。大内、末川両名による呼びかけは、まもなく、末川を代表に、上田正昭、竹内好、野間宏、原田伴彦、松岡洋子、田英夫、土方鉄の合わせて八名が世話人となって「狭山裁判取消しを求める会」の結成にいたっている（第五五五号、一九七二年五月二二日）。

一雄の獄中からの手紙も頻繁に『解放新聞』に届けられたが、なかでも「全国の部落子ども会のみなさんへ」（第五四六号、一九七二年一月三日）では、署名運動や現地調査に参加してくれたことへの深甚の謝意を述べるとともに、「私は子供の頃には、小学校をほとんど行けず、その為に、知らなくてはならない、当り前のことなども全く知らず、今度の狭山事件が起きても、自分の身に全く覚えのないことでも、どのようにして自分の身を守ってゆけばよいのか、判らなかったのであります。部落の子としての、差別も受けて参りましたし、本当に口惜しい思いであります」と、自らの子ども時代を思い起こし、「何事も物事を正しく判断し、公平な眼で見るようにするという力を、養うようにすること」の大切さを訴えるのであった。

一雄は、一九七二年四月一六日、部落解放第一七回全国婦人集会参加者に宛てた手紙のなかで、自らの獄中生活についても語っている。

私の毎日の生活は、来る日も来る日も、型で押したような同じ事の繰り返しであります。日中は独房の中にある小机に向かって、手紙を書いたり、来信の整理をし、名簿の作成などに、結構追われております。天気が悪くなければ、五日に一回の入浴を除き、毎日三十分以内の運動が許されています。運動と言ってもきわめてせまい場所で、布でつくられたボールを投げる位がせいぜいですが、空を見上げて、果てしない大空への自由な思いに、しばしのうさを晴らす事は何よりの楽しみなのです。思いきり手足を伸ばせる事に、小さな仕合せを味わうのが、この頃の習慣になりました。雨が降ったりして外に出られない時は、心も陰気になり、苛立って参ります。一歩も歩けば行き止りの狭い独房の中に、終日閉じ込められている事は、慣れたとはいえ、時に私をいい知れない暗黒の底に、ひきずり込まれて行くような思いにしてしまう事があります。でもそんな時には、支援者から寄せられる便りを手にし、苛立つ心を静めます。然し私にとって、何が喜びかと申せば、私の「狭山事件」が外《ママ》くの国民の間に理解が深められ、無実の罪によって死刑の立場に、追いやられている冤罪事件である事が、解って頂けるようになった事であります（「獄中より皆さまへ」第五六四号、一九七二年五月六日）。

同年一〇月六日、大阪吹田市民会館で開催された支援団体主催の「狭山闘争勝利！　日米帝のベトナム共同侵略粉砕・侵略基地撤去・自衛隊沖縄派兵阻止！　一〇・六関西集会」にも、一雄は、事件当日の一九六三年五月一日から浦和拘置所に護送されるまでのことを詳細に記したものを付して手紙を寄せている。

その手紙には、二月の公判で、弁護団が申請した三九人の証言が全て却下され、九月公判でも新たな鑑定書も証人調べの採否決定もなく推移している状況を前に、「今私は一審を通して裁判というものの公正さはどういうものなのだろうかと考え、深く知れば知る程に恐怖感を覚え、枕を濡らして居ります。私の体験してきた裁判の中に果して公正というに値いする姿があったか、どうしても私には納得のし難い事ばかりが出て参ります」と綴られている。そのようななかにあって、「今後の法廷内外闘争の容易ならぬ事態が予想され、多くの困難を体験しなければならないだろうと思うのであります」と、けっして楽観していなかったことが明らかである。

それだけに一雄は、「私の恨みの矛先は私を無実の人間と知りながら犯人に仕立て上げなければならなかった司法機構と権力であり、国家権力の隠れ蓑を暴き満天下にさらすまでは如何なる弾圧にも絶対に服従いたしません」と闘志をわき立たせるのであった(『この差別裁判を許すな――狭山闘争勝利のために!』)。

最終弁論の開始と運動の高揚

一九七三年七月二八日、朝田善之助が「狭山闘争の現時点」と称してインタビューに答えている。それによれば朝田は、狭山闘争の「組織労働者との提携」を強調し、「組織労働者、あるいは、民主団体参加者を大量にこの問題に引き入れるようにしなければならない」とする一方で、「他の民主団体、あるいは学生団体との共闘」については、「自己の政治目的の遂行のために、この裁判闘争に否定的な影響を与えるような傾向さえみられ」るとし、「その特徴的な現象として、「奪還」「徹底糾弾」などという観念的なスローガンの問題」をあげている(『解放新聞』第六二九号、一九七三年六月六日)。解放同盟にも関わる一部先鋭化するセクトのありように釘をさしたものといえよう。

一方で朝田は、「われわれは石川君に対する同情で運動をやっているわけでもありません。無実の石川君の即時釈放に勝利する道は石川君の運命と部落民の運命を一致させて部落問題の解決、部落の完全解放とは何かを訴えていくことと結びついています」とも述べ(同)、一雄の釈放という個別の勝利にとどまらない部落解放の課題と結びつけていたことが明らかである。

同年一一月には、狭山闘争の機関誌として、『狭山差別裁判』がタブロイド判で毎月一回発行されることになった(『解放新聞』第六四四号、一九七三年一一月一九日)。

一九七四年九月三日、第七六回公判最終弁論がはじまり、運動も盛り上がるなかで、これまで簡単な挨拶に終始していた父富造は、九月五日、日比谷公園で行われた集会で「二〇分間にわたって大演説をした」(第六八六号、一九七四年九月一六日)。つづく総評主催の集会でも富造は、一雄の無実を訴え、そのあとに「関さん(関源三巡査部長)は最初親切にしてくれました。関さんが泣いて一雄に殺したって言ってくれと頼みました。それでも一雄はいわなかったス。すると関さんはここは警察だ。お前を殺したって判らない。殺しちゃうゾとセメたんです。それでとうとうウソをついたんです」と語っている(第六八七号、一九七四年九月二三日)。

狭山弁護団弁護士，(左から)佐々木哲蔵，中山武敏，山上益朗

他方で、弁護士の中山武敏*が、同年九月五日の第七七回公判で、「自分は部落出身の弁護人である」ことを明らかにし、さらに水平社宣言の一部を読み上げて、傍聴席からの拍手を浴びるという一幕もあった(第六八六号、一九七四年九月一六日)。

*中山について詳しくは、中山武敏『人間に光あれ――差別なき社会をめざして』を参照。

九月二六日、一雄が法廷で陳述を行うのにあわせて、部落解放同盟は、日比谷公園で「狭山闘争勝利、石川青年完全無罪判決要求総決起集会」を開き、銘打った一〇万人をはるかに超える一一万人が結集した(第六八九号、一九七四年一〇月七日)。

そのような運動の高揚のなか、一雄は、体重が最高時からは一一キロ減り、また「この五、六年間の夏の体重は全く変りなく、体調十分の六四キロを常に保っておりましたのに、それから七キロ減退しておりましたので、やはり痩せていることには隠せないんだなあとおもいました」と伝えるとともに、「でも、私はたとえ骨と皮ばかりになろうとも、自身の力で立っておられる間は、権力に立ち向い」公判闘争を勝ち抜く決意の手紙を送っている(第六八六号、一九七四年九月一六日)。

寺尾判決

一九七四年一〇月三一日、第二審東京高裁寺尾正二裁判長は、第八二回判決公判において、一雄に無期懲役をいい渡した。一雄はもとより、狭山闘争を担ってきた人びとに大きな失望と怒りをもたらすことになった日であった。

一雄は、この日に向けて「最後の手紙」を解放新聞社に届けていた。そこでは、支援者たちが「完全無罪以外にありえない」と信じているのに対して、「今全国の兄弟姉妹たちは、国家権力の一機構である裁判所自からに本件が国家権力の手による部落差別の拡大以外の何物でもないということを認めさせようと狭山差別裁判糾弾闘争を繰広げているわけでありますから、裁判所が私を犯人に仕立上げた根底に部落差別が現存しているということを認める筈がないのであります」と疑義を呈し、続けていう。国家権力のこのような不当なあり方は狭山事件に限らずいたるところに存在しているのであり、加えて「部落民が不当な、法的に不当な、人道から見て許し難い、人権の蹂りんをあらゆる所で受けていることも同時に認めることになれば、それこその反動としての司法権力の転覆を意味するものでありますから、司法権を保つ上からも灰色の判決をもって終止符を打つのではないかと考えられます」と。

一雄はこのように、差別性まで認められることは難しいと考えてはいたが、少なくとも自身の無罪は勝ちとることができるものと思い、その手紙を「獄中最後の感謝状」と称して、支援者たちの前に元気な姿を見せられることを確信していたのである(「石川一雄君から獄中最後の手紙(一九七四年一〇月三一日)」『解放新聞』第六九三号、一九七四年一一月四日)。

当日の東京高裁は、「異様な緊張につつまれて」おり、狭山公判以外はすべて休廷にし、装甲車二〇台が配置され、機動隊が楯を持って裁判所を取り囲んでいた。法廷では、満員の傍聴席のなかで、死刑という原判決を破棄し無期懲役に処すことが告げられた。一雄はそのとき「有罪なら判決の中身は聞きたくない」と叫び、全身は怒りでふるえていたという。父富造も「神経痛で不自由な体を怒りにふるわせ」、母リイも「白いハンカチで目をおさえた」と報じられている(『解放新聞』号外、一九七四年一一月五日)。

そのときのことを一雄は、短歌で表現している。

「沈黙の　続く刑舎に　除夜の鐘　一つ二つと　響きて悲し」

そして一雄はいう。「無罪釈放を確信していたのに、「無期懲役」判決。あの時の怒りは絶対に忘れない。この短歌はね、判決後に作った歌だね。千葉刑務所に移送されて、二年くらいは短歌を作らなかったと思うよ」(「短歌に託して(一四)」『解放新聞埼玉』第一一三三号、二〇二二年一二月一五日)。

しかし、年が明けて新年のアピールを取材するために面会に来た解放新聞の記者に一雄が最初に語ったのは、「今度の裁判はまったく乱暴なものだ」という怒りのことばであり、また「帰ってきたその日だけだね、ガックリしたのは」と言って闘い継続の意思を見せたという。それを報じるのと同じ一九七五年の新年号に載せられた一雄のメッセージも、「最後の勝利をわが手に」というもので、そこには、東京拘置所で詠んだ四首の歌が掲載されている。

「解放の花は一輪咲けれども狭山の地には紅もなし」
「祝辞の声ラジオ通して聴きいれども獄のわが身に正月もなき」
「折詰め手に凍てる敗者のわが獄に父母の賀状にしばし沈痛」
「水平社の輝煌を浴びて人間の尊厳守りてわれ闘かわん」(『解放新聞』第七〇二号、一九七五年一月六日)。

今日、一雄はいう。「私は細かいことはずうっと読んでいったからね、警察官が司法解剖したことか全部読んだからね、何回も。一番私がみなさんに知ってもらいたいのは、判決のときに最終的な意見陳述をしているんですよ、それを見てもらいたいなと。それ見るとだいたいある程度のことは読み解くことができる。それはずっとやってないってことを書いてある。そこである程度わかると思うんだけれどね。裁判官に意見陳述したときにいってるんですよ。あなた〔裁判官〕は弁護団の申請した証人調べを却下したけれど、本当に分かっているんですかっていうようなことを、意見陳述のなかで私は述べているんです。裁判官は「三〇分で読みなさい」って、意見陳述をね。「三〇分以内で述べなさい」って。だけど、三〇分じゃ少ないんじゃないかと思ったのでそのことを裁判官に抗議したんですね。〔しかし〕もう決まりだから三〇分で述べてくださいって。そのなかでちゃんと必要なことは述べています。一応書いてる。あとは頭の中に入ってたから、自分なりに述べたんですね」。

一雄がぜひ読んでほしいといった「被告人最終意見陳述」は、結審の九月二六日、約一時間にわたって行われたもので、その全文が『解放新聞』(第六八九号、一九七四年一〇月七日、第六九〇号、一〇月一四日、第六九一号、一〇月二一日)に掲載されている。それは、これまで本書でも述べてきた逮捕から「自白」にいたるまでの経緯、そしてその背後にはいかに悪辣な権力の陰謀が存在しているか、それと自らがどのように闘ってきたのかを簡潔かつきわめて明瞭に述べたものである(巻末資料として「被告人最終意見陳述」を掲載したのであわせてご覧いただきたい)。

第4章　労働と闘いの日々——千葉刑務所時代

上告棄却決定まで

東京高裁の寺尾判決は、一雄を別件逮捕して自白させるために行われた埼玉県警鑑識課員や科学警察研究所技官による鑑定をもって一雄を犯行と結びつける客観的証拠とした。具体的には脅迫状の筆跡、手拭い・タオル、血液型、スコップ、目撃証言、犯人の声との一致をあげたのである（詳しくは、『狭山差別裁判』第五〇八号〈寺尾判決を批判する〉、二〇二〇年九月、を参照）。弁護団は最高裁に即刻上告し、一九七六年一月二八日には上告趣意書が最高裁に提出された。

一雄は当時を思い出してこのように語る。

判決の前の〔一九七四年〕九月二六日に最終意見陳述をやったときに、わたしは寺尾裁判長をしっかり見て訴えたけど、あのとき、寺尾裁判長は目をそらしたように思いました。もう有罪の結論をもっていたんでしょうね。〔中略〕無期懲役判決のあと〔拘置所に〕帰るときは、本当に足が重かった。無罪になると思っていたからね。朝、拘置所を出るとき、部落解放同盟で差し入れてもらった腕時計や、背広、革靴を持って裁判所にいったけど、そのまま拘置所に戻らなければならなかった。当時のことを思い出すと、くやしいし、腹が立ちますね（「寺尾判決から四六年をむかえて」『狭山差別裁判』第五一〇号、二〇二〇年一一月）。

その年には、一月二八日の大阪・奈良に次いで、五月二二日には全国一九都府県連の児童生徒が「狭山同盟休校」を行い、一〇月二七日には最高裁前をはじめ全国で「狭山ハンスト」も行われた。

このかんの運動が高揚しているときに、一雄が全国部落解放研究会連合・全国部落青年戦闘同志会に宛てた七六年五月一三日、八月三日のメッセージと、部落解放第二〇回全国青年集会宛の七月三一日のメッセージがある。

後者の全国青年集会宛のものは、部落解放同盟の運動が大衆運動であることを意識して、「解同（部落解放同盟）の提起する闘いの基本路線を厳守して頂くことは勿論のこと」としつつも、次のように述べて「思想的理論的立脚点を更に鮮明化して頂」くことを望むものであった。

部落の現状を曖昧に把《とら》えて訴えていては何時迄経っても一般国民に理解して貰えず、延《ひ》ては解放闘争に集まってきて歴史的社会的に形成され、構造化されてきた部落差別とは如何なるものであり、そして歴史的社会的に存在してきた部落民とは如何なるもので、如何なる存在下にあったのかを自己の活動において不可欠であるこれらの差別の歴史を把握し、訴えに活かしてもらいたいと思うのです。

さらに、前者の全国部落解放研究会連合・全国部落青年戦闘同志会宛の二つには、「革命的社会変革の権力闘争」「死闘的且つ決死的総攻撃のもとに日帝・権力体制を粉々に打ち砕」くといった文言が登場する（全国部落解放研究会連合・全国部落青年戦闘同志会機関誌『荊冠』第一〇号、一九七六年一〇月）。

一九六〇年代末から七〇年代にかけて、前章で述べたように新左翼運動の提起する政治闘争路線を部

「狭山同盟休校」(1976 年．部落解放同盟埼玉県連合会提供)

集会で訴える父富造と母リイ(1976 年)

「狭山ハンスト」(1976 年．部落解放同盟埼玉県連合会提供)

落解放同盟が受け入れていくなかで、寺尾判決への怒りが一雄をしてそうした戦闘的な運動への心情的接近をもたらしたと考えられる。

また、狭山裁判闘争が部落解放同盟の支部拡大の契機となる場合もあった。部落解放同盟千葉県連合会が結成されたのは一九七六年一一月二八日のことであった。これまで「部落民」であることによって差別を受け、それがゆえにそのことを隠して長らく生きてきた人々にとって解放運動に参加するのは容易なことではなかった。立ちあがった女性たちは識字学級で学び、部落解放同盟関東女性集会にも参加するようになっていった。そこで、果敢に解放運動を担っている仲間が全国にいることを知って、運動に入っていった彼女たちが最初に出会った運動は狭山闘争であった。日比谷公園で行われた抗議集会や石川の両親訪問にも参加したりするなかで、解放同盟を名のるゼッケンをつけることにすら抵抗があった最初のころとは打って変わって、「なんとしても解放運動をやらなくては」という気持ちに駆り立てられていったという(聞きとり。詳しくは『千葉県の歴史　通史編　近現代三』)。

多くの読者を獲得した野間宏『狭山裁判(上)(下)』が世に問われたのも一九七六年であった。弁護団の「上告趣意書」を読んだ野間は記す。「私は、狭山事件、狭山裁判を力の許すかぎり調べつくして、石川一雄被告の無実であり無罪であることを確信することができた。そこでいま、この岩波新書をまとめるにあたって、最小限これだけととのえれば、石川一雄被告が無実であり無罪であることを明らかにすることができるところをそろえ、ここにおさめることにした」(「はしがき」)。

一九七七年八月九日、最高裁第二小法廷は上告を棄却、八月一六日にはそれへの異議申立ても棄却、これによって無期懲役が確定した。これ以後、東京高裁への再審請求の闘いとなる。「その後の再審の闘いがこんなに長くなるとは当時はおもっていませんでしたけれど」と一雄はいう（『狭山差別裁判』第五一八号、二〇二一年七月）。弁護団は即日抗議声明を、部落解放同盟中央委員会は、翌八月一〇日、「狭山事件に対する最高裁判所の上告棄却に対して全国民に訴える」を出した（『解放新聞』号外、一九七七年八月一三日）。緊急集会も開かれ、各地でハンストやすわり込みなどの抗議行動が行われた（第八三四号、一九七七年八月二九日）。

その決定から数年後、一雄はこのようにも述べている。寺尾判決を前に、一雄は、文字の獲得、支援の輪の広がりなどを背景に「「もうこれで大丈夫だ、近い内に出られるんだ」と前途に明るい確信的な希望を持って」楽観視していた。そして寺尾判決が出たときも「まだ最高裁があり、司法の府に信を置いていたのでそれ程ショックを受けませんでした」という。ところが「最高裁も寺尾判決同様に、いえそれ以上に、ただただ寺尾判決を追認、踏襲し、正義と真実に背を向け、権力の意志と司法の威信を押し通してきた点は、流石の私も参り、もう真犯人が出現でもしない限り、無罪判決を勝取れないような気がして、本当に裁判闘争を投げ出してしまおうと考えていたのでした」。

しかし、「そういう不安定な心境にあった私を思い止まらせた」のは、むしろゼッケン鉢巻きで同盟休校などの運動に参加する子どもたちの存在であったという。そのような状態からわが身を奮い立たせた一雄は、狭山闘争を「権力犯罪の実態と共に司法権の反動性、差別性、非人間性を勤労人民の前に暴露することが最大な目的」と位置づけ、獄中からの闘いを続けていくのである（「最高裁を包囲し真相を国民大衆に」『解放新聞』第一一二五号、一九八三年六月二〇日）。

上告棄却決定当時、徳島で働いていた早智子は、「職場で部落出身を隠さず運動にかかわるようになって、仲間と狭山事件の学習会を始めたころだったので、最高裁の突然の上告棄却決定は、本当に「出鼻を挫かれた」感じで、ニュースを見たときに悔しくて涙が止まらなかった」。その日に徳島でも緊急抗議集会が開かれ、早智子もデモ行進に参加し、「怒りを力にかえて再審を闘おうと確認しました」と語っている（「誤判断の原点をふりかえる」『狭山差別裁判』第五一八号、二〇二一年七月）。一九七九年四月一一日から行われた全国大行進では、一雄の両親も二〇日にわたる全国行脚を行っている（『無実の獄25年』）。

しかし一九八〇年二月七日（五日付）再審請求棄却決定、一九八一年三月二五日異議申立て棄却決定、一九八五年五月二七日特別抗告棄却決定がなされ、一九八六年八月二一日には第二次再審請求が行われたが、一九九九年七月七日付再審請求棄却決定、二〇〇二年一月二三日異議申立て棄却決定、二〇〇五年三月一六日特別抗告棄却決定となっており、二〇〇六年五月二三日、第三次再審請求が出され、現在にいたっている。

千葉刑務所へ

最高裁の上告棄却決定からまもない一九七七年八月二三日に中山武敏・横田雄一弁護士が一雄と接見した際に、一雄は、刑務所の移監先は近県を、刑務所での仕事は靴関係を希望したと伝えていた。

また、「今のところ病舎におり、待遇は変わっていない。接見(面会)の時間の制限がわたしにとって一番厳しい。また手紙も月一通オヤジあてにしか出せないし、外からの手紙は見ることもできないばかりか、手紙がきていることの連絡もこなくなる」と、死刑囚から無期懲役になったことによる処遇の変化の苦痛をも訴えていた(『解放新聞』第八三五号、一九七七年九月五日)。そんななか、一雄は、八月一六日、「獄壁を破って握手する日を」と題する長文のアピールを「狭山支援者御一同様」宛に書いている(同、八三五号)。

一九七七年九月八日、一雄は千葉刑務所に移監された。* 赤いレンガの昔風の古めかしい刑務所だったというが、「千葉に行った時は、もう刑務所に慣れていたからね。別にこういうもんかなと思ったけど」と一雄はいう。刑が確定する前の東京拘置所は面会は自由だったが、千葉刑務所では六親等までしか許されなくなった。しかし、部落解放同盟中央執行委員で衆議院議員の上田卓三《たくみ》が法務省と交渉を行い、国会議員の接見が認められるようになった(『解放新聞』第八五三号、一九七八年一月一六日)。

＊移監当日のことを一雄は後日、このように記している。「拘置所から移監される当日は、「私を『奪還する』等と叫び、過激な行動を起そうとする人達に知られぬように『こっそり立つ』(注・こっそりたつ筈があの通り正門には記者や支援者達が沢山来て居たのですが)と言う理由のもとに午前三時十五分頃、何の前触れもなく全く突然、熟睡中に叩き起され、びっくりして飛び起きると刑務所へ移る為との事で、慌しく私物を整理し、髭剃りを済ませ、パトカーの護衛付で千葉刑務所へ移され、そして当所で私に与えられた部屋は高窓で陰湿な独房でした」(「全国の支援者の皆さんに　私の獄中生活(上)」『解放新聞』第八六七号、一九七八年四月二四日)。刑務所側が支援者たちの運動にいかに警戒していたかが示されている。な

お、一雄は、一二月二〇日には「居住だけとるならばこれ程よい環境はなく」（傍点原文）という新舎房へ移ることができた（同）。

まず三カ月間の講習があり、* 刑務官がその間にそれぞれの挙動を見て、刑務所内のどの工場に向いているかということを決めることになっていた。「私は靴工場が一番いいんじゃないかっていうことで、最初は靴工場に、それから洗濯工場に移った」。逮捕前に国分寺の靴屋に奉公した経験が、靴工場という選択に赴かせたのだろう。

＊「『新入り』として諸課の部課長さん達（中略）の面談にて当所における規律を説かれ、更に答案用紙に出されている諸宿題に答えを記入したりなどして三週間の『新入（しんにゅう）教育』を完了し、私の希望工でもあった靴工場へ下ろされたのですが、その過程で、詰まり三週間の『考査期間（しんにゅうきょういく）』を設けたのは今後当所で節度ある生活を営んでもらう意味で、諸々の部課長さん達の指導を受けるのは当然と頷けても此処は社会と異っている事から一般社会へ入社するが如くの試験があるなんて夢想だにしなかっただけにア然とし戸迷《ママ》いました。この面談試験の能力査定を受けた理由（わけ）は後に解ったのですが、種々な試験をさせ、その人の能力に適した工場へ配属させる為であったそうです」と記している（前掲「私の獄中生活（上）」）。

「新入りの教育を毎日受けて、私はひたすら勉強していた」というが、「忙しくても秋になると、独房で一人考え込んでしまう。（中略）全国の支援者に「私は元気です。皆さん今まで以上の支援をお願いします」と檄を飛ばしても年の暮れは寂しい。除夜の鐘がごーん、ごーんとなるにつれ、その音は私の心をいっそう切なくさせる。今年も再審開始にならなかったなあ。今年こそ、今年こそと決意しながら、今年は終わっていくのだなあ。警察にだまされてしまった自分が悔しい。教育を受けてたら「うその自白」なんてしなかった」と一方で本音が語られる。

「沈黙の　続く刑舎に　除夜の鐘　一つ二つと　響きて悲し」

これはそのような思いを詠んだ歌であった（「短歌に託して（一四）」『解放新聞埼玉』第一一三三号、二〇二二年一二月一五日）。

千葉刑務所に移ってまもなく、中山武敏弁護士が一雄と三回にわたって接見した報告記がある。それによれば、冒頭、刑務所長が、一雄が来てから付近で騒がしく行われるデモを気にしていたことが記されている。一雄は、獄中で患った糖尿病や変形性脊椎症はあるものの、一雄自身も「腰が少し痛いぐらいで、健康だ」と言っており、昼食を抜くという努力（後述）で健康を維持している様子が語られる。一雄の日課は、仕事を終わって房へ戻るのが五時ごろ、そのあと三時間ほど独居房に入って本を読んだり日記をつけたりするという（狭山再審弁護団中山武敏「石川一雄さん接見記　誇りをもって仕事に」『解放新聞』第八五二号、一九七八年一月二日）。

以下は、その生活の詳細である。*

＊一雄は、千葉に移ってまもなく、前掲「私の獄中生活（上）（下）」（『解放新聞』第八六七号、一九七八年四月二四日、第八六八号、同年五月一日）を書いている。

靴工場

最初に配属された靴工場でつくった靴は、三万円余りで売られた。

一雄の心に残っているのは、同和教育運動のリーダーとして知られる西口敏夫の靴を作ったことだった。「あの人の靴を作ったんです。所長から四足作れって言われたんですよ。どんなに時間が掛かってもいいから丁寧に作ってくれって言われた。まさか、敏夫さんにやるとは分からなかったから。後になってから、西口先生からこれは石川一雄が作ったものだよってことで、所長から四足のうち一足持っていってくれっていわれて（それが西口のものとなった）」。西口が千葉刑務所に来たのは、刑務官に対する人権問題の研修講師に呼ばれたためで、交代制で勤務に就く看守に対して、二度の講演をしたという。そのときの土産が一雄の作った靴だったようだ。

西口敏夫は、一九一三年、現在の奈良県御所市に生まれた。一九二二年の大正小学校差別糾弾事件で部落問題に目覚め小学校教員となって、戦後は同和教育運動や教員組合運動を担うことになる。一九六〇年に奈良県同和教育研究会会長となり、一九六六年から八〇年まで全国同和教育研究協議会委員長を務めた。* 早智子と結婚して奈良の西口の家を「お世話になったお礼に訪問したら、その靴がガラスのなかに入れて家に飾ってあった」という。西口はすでに一九八四年三月一日に亡くなっている。**

*西口のプロフィールは、「よこがお」と題して『解放新聞』第九〇二号（一九七九年一月一日）に紹介されている。

**一雄は、西口の死去に際し弔電を寄せている。次のように記す。「西口おやじさんのことときっと天国で、朝田先生達と私の裁判のなりゆきを見守っていてくれることを確信していますが、俺はだれが何と言おうとも無罪を勝ちとるまでは絶対にお別れの挨拶(あいさつ)はしない。それにしても獄舎にいるだけに一層悲観に胸うたれ、残念無念でなりません」(『解放新聞』第一一六四号、一九八四年三月二六日)。

靴をつくる工程は一二〇ぐらいあり、それを分業する。一雄は最初、革を梳《す》いて薄くする作業をした。それを半年ほどやり、その次は、「バンド、革の飾りみたいなもの」をつくった。底づけもした。「底づけは、全部ラバーソールでくっつける。そして今度は縫った、ミシンで」*。靴工場にはだいたい三〇人ぐらいいた。

*当時、一雄は紙幅の不足をいいつつも高級靴をつくる工程を記した上で、「無能な私には何十年かかっても全部覚えられる筈がなく、現に今日迄に五足の不良品を出しており、だが叱られず、却って『最初は誰でも失敗し、失敗を重ねて上達するものだからあまり気にせずやってほしい』等と励まされたけれど、当所で扱ってる物は一万から三万円の高級品ばかりであってみれば申訳なく、且つ常に細心の注意を払って精魂込めて優秀な製品を作るべく心がけると共に先ず商品を徹底的に覚え様と努めているのであるけれど、この様に何足も失敗を重ねているのを見れば集中心が欠けているといえましょう」と、工場に配置された当初の努力の日々の様子を伝えている(前掲「私の獄中生活(下)」)。

その仕事に七年間従事したが、一雄はいう。「革を梳くのは簡単ですよ。機械が回っているんですから。だから一年か二年やれば、だいたい覚えてしまう」。七年で全部わかったという。なお、「ミシン工程迄踏める様になるには十年以上かかる」(前掲「私の獄中生活(下)」)という。

刑務所内には班長がいて、そのもとに五つの階級に分けられていた。五級が最初で、「一級っていうのはいつでも出られる、仮出獄できる。腕章をつけてるんですよ。赤いのと、白いのと、黄色いのとそういうのをつけている」。その腕章で階級がわかるようになっていた。なかなか一級にはならないが、しっかり仕事をして刑務官のいうことを聞いて真面目にやっていると昇級した。一雄の出獄が決まったときは二級で、それを一級にして出す仕組みになっていた。

洗濯工場

靴工場で七年間作業に従事した後、一雄は洗濯工場に移り、そこでアイロン掛けを担当した。洗濯済みの看守のズボンや服にアイロンを掛ける仕事である。服役者の衣服にはアイロンは掛けず、洗いっぱなしだった。

アイロン掛けは、朝から晩まで一人でやった。「やっぱりアイロン掛けが一番面白かったね」と一雄はいう。九年間やっていた。「アイロン掛けは楽だったね、暑かったけど。ただ、夏でも運動靴を履かなきゃいけないんですよ、アイロン掛けは。素足でアイロン掛けしたのが一回だけ見つかっちゃって、減点くった。万が一アイロンが落ちたら怪我をするから。そういう意味でアイロン掛けは、絶対的に靴を履かなきゃ、運動靴を履かなくちゃいけないんです。そういわれてみれば、確かにそうだなって。刑務所入ったときは何も怪我しなくて入ったのに、社会出るときに怪我して出たっていうと世間的にも責任があるってことでね、そういうふうにいわれると、なるほどなと思ったです。だから、私はいけないっていうことはすぐわかった。理解した。一カ月の五分の一没収されたんだよ、お金を。

減点だから。懲罰は全部とられちゃうけれど、減点は一カ月の五分の一働いた分をとられる」。

時給七円だった。それに「歩合がつくんですね、一日につき二〇円か三〇円」。労働するのは「七時間だけど八時間の金はくれるんです、一時間〔余分に〕。なんでっていうと、行進するんですよ、行進、軍隊式の行進。それが一時間ぐらいかかるんですよ。朝晩行進するから、それはだから仕事したことになるから」。

刑務所から出るときは「百何万円持って出たね」。早智子はそれを聞いて、「時給七円とかそんなんで一〇〇万円も貯まった人って、結局、よっぽど長い時間刑務所にいたっていうことなんやな」という。いくらお金が貯まっているのかは「出るときにいってくれるだけ。いくら貯まっているかってことは〔それまでは〕知らない。出るときに初めてわかるだけだよ」。時給は年が経つにつれて上がった。七円から一二円になったという。

なお一雄は、この軍隊式の行進について、このような歌を詠んでいる。「かすかなる　陽射しを求めて　運動場　厳しい掟が　われを苛《さいな》む」。そしてこのようにその時の思いを語る。

千葉刑務所の時は運動場以外はいつも軍隊調の歩行を強制された。これがひどかった。二〇歳も八〇歳も一緒に「右、左、右、左」と合わせて歩行する。高齢の人はかわいそうだった。ついて行けなかったり、足が合わないと、厳しく注意されて懲罰だよ。ラジオを聞く事、面会、手紙の読み書きなどが禁止になる。気の毒だったなあ。厳しくされている人を見ると悲しくなった。なんとかしてやりたくても何もできなかった（「短歌に託して（六）」『解放新聞埼玉』第一一二五号、二〇二二年八月一五日)。

自身も言語を絶するつらい日々を強いられるなか、痛めつけられているより弱いものを思いやる、そんな一雄のやさしさが伝わる文章である。

入浴・食事

風呂は、かけ声で全員が一斉に入る。時間は一五分に限られていた。「ベルに急《せ》く　ベルに急き立つ十五分　八十余人の大浴槽の中」という歌も詠んだ。「私、髭が濃いから一五分じゃとても終わらないので、刑務官にいって、湯船に入る暇がないから身体洗って髭剃って、私は湯舟に入らない、一回も。今でも冬でも入らない。家でもずっと湯舟に入ったことはない」。シャワーは人数分あり、「全部で一五分だから、湯舟入るのも頭洗うのも。六〇~八〇人ぐらいいっぺんに入るんですよ。髭を剃る場所もちゃんと一人一席があるんですよ」。風呂にはカミソリなどもすべて必要なものが置かれていた。早智子によれば、そうやって何もかも上げ膳据え膳で何も持たない生活をしていたから、仮釈放の身になってからも「物を持つ」という習慣がなく、物を置いたら持って帰るということを忘れ、あとからカバンがない、といったことが頻繁にあったのだという。

食事は、朝、昼、夜と三食で、部屋には廊下につながった食器庫があり、そこから入れられたものを食べ、食べ終わったらそこに置いておくと洗ってくれることになっていた。朝は「たくあんとか、あまりいいものはなかったな。味噌汁は毎日出たね」。味噌汁、ご飯、たくあん、あと何か一品ぐらいだという。

一雄は昼はいっさい食べなかったが、みんなは食堂で食べていた。昼食によく出たのは魚だった。千葉刑務所の一雄の工場では、昼食を食べないのは一雄だけだった。昼食を摂らないことについては、その都度、何番の服役者がどういう理由で食事をしないかということを書いて、机の上に置くことになっていた。一雄が昼食を摂らなかったのは、「刑務所の中でカロリーを聞いたんですよ。私の仕事は、一日当たりだいたい一八〇〇キロカロリーらしいということで、ちょっとカロリーが高いから一食抜けばいいじゃないかってことで。朝のカロリーが一番低い、昼を抜けば一番いいってことで」、自分で判断してのことであった。「たんに私が食べないということでは許可が下りないので、解放同盟の委員長を通してお願いしてもらったんですね。なんか聞くところによると、上杉〔佐一郎〕委員長が所長にかけ合って食べない理由を話して、オーケーになったので食べないようになった」。

「刑務所の受刑者は悪いやつがいるんですよ。たとえばね、出されたものは全部食べなくちゃいけないっていうことなんだけども、団子四つ、串まで食べちゃった人がいるんですよ。出されたものは全部食べなくちゃいけないって。どういう食べ方かわかりませんけれど。それから団子は、全部〔串から〕離して皿で出すようになっちゃった。串は出さなくなった」。その人は嫌がらせでやったことのようで、「懲罰になったらしい」というが、食事に関わるそんなエピソードもあった。

「そうだな、私が一番好きだったのは、餅だったかな」。三が日には焼いた餅が出た。クリスマスには鶏の腿肉も出た。しかしカロリーが高いので、「私は食べなかった」「何が美味しかったっていったら、ラーメンでしょうね。その次に美味しかったっていうのは、パンとコーヒーが出たの、毎週土曜日。その次に美味しかったのは、スイカ。夏にしょっちゅう出た。スイカはね、刑務所で作っているんですよ。たけのこはもう一年中出た。味噌汁でも何でもたけのこが入っていたので、たけのこはいやになっちゃった」。

待遇改善を求めて

国会議員の訪問もあった。「土井たか子さんが面会に来るというと、服、着替えるんだよ。着替えて面会に行くんですよ」。

一雄はのちに、「土井たか子さん、〔仮出獄後〕あの人と会えなかったことが一番残念だったんですね。あの人が一番面会に来てくれたので」と語っている。「衆議院議長をやっていた時代だよ。あの人はすごく熱心で千葉刑務所にも何回か来てくれて、話をしてたね」。土井は、面会の際の立合官に一雄さんが一礼をしたら、無実の人はそんなことをする筋合いはないと、立ち上がって机を叩いて抗議をしたという。

また、いろいろな人が刑務所の視察に訪れ、「刑務所の自分の房の前も通る」ので、房をきれいにすることを求められた。「私は抗議したことがあるんですよ。今日は見学があるから水をうってきれいにしろって〔いうが〕、そんなことする必要ないじゃないかって。もとのままでいいじゃないか、それを見せたほうがいいんだって。臭いが出るとまずいからね、そんなことを看守がよく言ってた」。

房は、死刑囚だけ別だったが、それ以外は刑期に関係なく同じところに入れられた。ただし、「西側と東側の房があるわけですよ。日のあたるところとあたらないところがあるんですよ。だから、一年に一回交換するです。それは転房っていうんですよ」。千葉刑務所には全部で八〇〇人ぐらい収監されており、そのうち女性が二〇〇人ぐらいだった。「雑居房ってあんまりなかったね。みんなひとりの方がよかったって言ってましたね」。そのなかで、「菅家〔利和〕さんは雑居房だけどね。いじめられたんだよ。血だらけになって、独居にしてくれたって言ってたな。それを訴えたら、余計にいじめられた」という。

「私が千葉刑務所にいた時に、刑務官に無言で腹立って復讐したのは、アイロン掛けしてるとき。わざと曲げたり、筋をつけちゃったり、切っちゃって糊をつけて。アイロンかけた時はわからないけれど、はいた時はすぐわかる。それで復讐したんだよね。悪い看守には」。ばれなかったのかとの問いに、ばれてもそのことを「怒ったら、またやっちゃうから、怒らなかったです」というわけである。「看守はズボンはいていくでしょ。服を着てくるでしょ。糸切っちゃうんですよ、ナイフで。糊をつけてアイロンを掛けるとわからなくなるんですよ、はいた時は。時間が経つと破れてくる。特にズボンなんか尻が見えてきちゃう」。どの看守のズボンかは「番号が振ってあるから。名前じゃなく番号でわかる。この看守の番号はこれだって、すぐわかりますから」。一雄にできる精一杯の〝復讐〟であったといえよう。

洗濯工場では一八人が働いており、一雄はその工場内の決まりの改革も行った。

たとえばね、入ってきた新任はトイレ掃除をする。〔次の〕新任が入ってくるまでそこでトイレ掃除をさせる。それは不公平だから、差別になるので、刑務官に話して古いも新任も関係なく一〇日ごとで交代っていうことにさせてくれないかっていったら、「いいよ」って。私も一年以上やったかな、トイレ掃除を。新任が入ってきたから〔やっと〕交代したんです。ちょっとおかしいなって思って聞いてみたら、新任が全部やるんだってことになってた。不公平だなって思っていて。

新聞もそうなんです。新聞が二部来るんですが、古い人から順番に新聞を読んでいた。これもおかしいなと思ったので、これは毎日交代にした。新聞を読む時間が一時間しかないでしょう。だいたい〔一部あたり〕六枚ぐらいあるのかな、一枚ずつ渡しちゃってね。六枚だと一二人で読めるから、読みたいところを早く読めるし。私の場合は、社会面を一番最初に読む。

そのときにはすでに文字を獲得してすべて読めるようになっていたから、「隅から隅まで読んだ」という。しかし、「刑務所に関係のあるようなもの」は墨で消されていた。ところが受刑者のなかに、どこを消したかをチェックしている人がいて、その人の指摘によってどこが刑務官によって消されたかは、必ず二、三日後にはわかった。自分に関わる記事を消された記憶はないという。

一雄のところには、部落解放同盟の安田聡から『解放新聞』が継続的に差し入れられていた。それ以外に、巨人ファンの一雄は、安田に頼んで『日刊スポーツ』もとってもらっていた。

刑務所のなかでの娯楽

刑務所では、映画を観るなどの娯楽の機会もあった。時代劇が多く、一カ月に一回ぐらい、芸能人たちの慰問もあった。「美空ひばりも二、三回来たし、島倉千代子も来た。*吉幾三の訪問が一番多かった。畠山みどりさんも一番人気だったですよ」。なかでも美空ひばりは、受刑者の気持ちに寄り添ってくれた。「一〇〇万円を差し入れるんですよ。受刑者にあんぱんを買ってやってくれって。自分の弟も刑務所に入っていたから、よく知っているんですよね」。曽野綾子も来た。「自分で〔キリスト〕教会に入っているから、皆さんに教会をお勧めするんですよ。「皆さん、教会に入ったほうがいいですよ」なんて。何回も言うの。嫌だったな、個人的な自由なのにな、入るも入らないのも」。

＊一九七七年一二月に「楽団十九名を引連れて見えた」といい、「私は島倉千代子を見るのは三五年〔一九六〇年〕新宿コマ劇場で菊江さんと見て以来二度目ですが、まさか刑務所で見られるとは夢にも思わなかっただけにとても感激した。特に「東京だよおっ母さん」の歌には涙があふれてならなかった」という（前掲「私の獄中生活（下）」）。亡くなった婚約者海老沢菊江（第1章参照）との思い出と母への思慕が重ねられたのであろう。

映画『破戒』（原作・島崎藤村）も観た。一九六二年に封切られた市川雷蔵主演の市川崑監督の作品である。すでに部落解放運動に目覚めていた一雄は、映画を観て、自分の境遇に関わる映画だと「すぐに思った。かわいそうだなと思った。自分を含めてこんなことが起きてるんだと思った」と語る。

土日は作業がなく、だいたい月に一、二回が映画鑑賞に充てられた。金曜日だけは、ご飯を食べ終わったら、希望者は工場の中にあるカラオケのある大きな広間に行くことになっていた。「私はね、一番好きだったのは、カスケーズの「悲しき雨音」。あの歌が大好きだった」。そしてそれを英語で歌った。「刑務所、拘置所にいるときからラジオから流れた。この歌いい歌だなって覚えたんです」。しかし一雄は書き物をせねばならないので、カラオケの集まりにはめったに行かなかった。

野球の楽しみ

もうすぐ仮出獄できる人は、刑務所の外に出て農業に従事することもできた。一雄たちも、刑務所の塀のトンネルをくぐって、外の広いグラウンドで野球をしていたが、それは仮出獄が間近であることを前提に許されていたわけではない。グラウンドは刑務所の敷地の中と外にあり、外の方は地下道を通ってそこに出られるようになっていた。受刑者がグラウンドで応援することもできた。ただしそのグラウンドは、一メートルくらいの金網のようなものでできた塀に囲まれていたという。ちなみに、早智子が同じ千葉刑務所で服役していた菅家利和から聞きとったところによれば、菅家がいた一九九〇年代もグラウンドはあったが、中の方は工場ができて縮小されたという。

一雄が千葉に移る少し前には、服役囚に看守が殺される事件もあった。「私が行ったときに、犯人にその凶器を〔つくって〕渡した人がいるんですよ。殺した人は死刑、凶器をつくった人は無期懲役になっちゃったらしいけど。殺した人はそんな凶器をつくれる工場ではなかったらしいです」。凶器をつくったのは「私の工場にいた人」だった。「詳しいことは聞かなかったけれど、「俺がつくったんだ」って言ってたからね。洗濯工場にはそういうのがあるんですね、機械がね。金物もあるし鉄もあるしパイプもあるしね。それを削って凶器をつくったんでしょうね」。

脱走も「昔、あったらしいですよ。何か、昔は塀がコンクリじゃなかったでしょ。刑務所の塀の板を少しずつはがして、最後に脱走した人がいたらしいですよ。〔食事に〕味噌汁が出るでしょ、それを少しずつ鉄格子のところに置くんですね。鉄格子が一年かそこらで腐っていくからとれちゃうんですって、〔味噌汁の〕塩分で。そういうのは聞いたですけどね。見たわけではないから」。

刑務所のなかでの「私の楽しみは野球だったね」。三、四カ月に一回、工場ごとの対抗戦があった。「うち〔洗濯工場〕が一番弱かったね。人数が少ないから」。一八人いたが、野球ができない人もいてそういう人は出さなかった。「でも、だいたい一〇人ぐらいは、ある程度野球はできたからね。私はサードでした。肩がよかったんですね」。*

＊入所当初は捕手だった。「暮れのわが工場野球部会の席上では最初遊撃手として内定していましたが、二月末に捕手が他工場へ配属されたことから社会で多少の経験のある私が捕手を務める事になった」と記している（前掲「私の獄中生活（下）」）。

こんな話もある。

新日鉄の釜石〔の社会人野球〕にいて、ショートやってる人が無期懲役で入ってきたんですよ。古い人から聞いて、「あの人、うちの刑務所に入って来るようだから、あの人を〔うちのチームに〕とろう」っていうことで、私はすぐ、本課長っていうのが一番偉い、所長よりも偉いんですよ、その人に、もし千葉刑務所に来たらできたらうちの工場に入れてくれって頼んだ。それで入ってきた。ところが入ったけれど、一年か二年ぐらいはダメだったね。工場は軟式、あの人は硬式だから、〔ボールが〕ぺちゃんこになって。腕力が強くて投げられなかったね。最初はやっぱりワン・バウンドになっちゃう。ぎゅっと握るから握力が強い。でも二年ぐらい経ってからピッチャーになってすごかったね。速かったですね。バッターにかすりもしないような速い感じ。それで、二年ぐらいで〔うちのチームが〕一位になった。だって一点も取られないから。

一雄が野球の腕を磨いたのは、前述の関源三巡査部長の斡旋のもとに活動していた菅四ジャイアンツの場であった。

「解放戦士」として

一九七八年の五・二三（一雄逮捕の日）集会には、部落解放同盟員のほか労働者・学生・市民が広く結集して、三万人集会になったと『解放新聞』は伝える。野間宏・日高六郎・武谷三男の三人が代表呼びかけ人となった文化人署名活動も、三〇三二人分が集まった（第八七二号、一九七八年六月五日）。そのような運動の盛り上がりのなかで、一雄自身も、「五・二三集会アピール① 権力が私を解放戦士に」との見出しでその五・二三集会に向けてのアピールが掲載された。一雄はいう。

振り返れば十五年間に及ぶ拘禁生活にあって様々な出来事があり、中でもこの長期間の束縛に、どれ程の寿命を縮め、又どれほど多くの涙を流して来たか量りしれませんが、然しその代償として私には一生かかっても得られないであろう多くのものを血肉化することができました。それは無学の結果、右も左も解らなかった私が、部落解放同盟の積極的な援助・支援の下に、勉学を通して部落の実相(れきし)を識ったばかりでなく、三百万同胞との接触を重ねる毎に、私は自分が部落民なるが故に、国家権力の生贄にされそうになった実態を把握(つか)んで以来、部落解放のためにも「権力犯罪を満天下に明らかにする迄は、血の一滴まで闘い抜く」ことを学んだのであります。要するに私は、部落民への私に差別的予断と偏見によって全く身に覚えのない殺人事件の犯人にデッチ上げた権力者どもに怒りを燃やす様になって以来、現在の石川思想を作り、そして今日では誰よりも部落民としての社会的立場を自覚し、人間解放の元凶たる国家権力を倒す以外にないととらえ、それには私自身の生死よりも、むしろわが生命を六千部落三百万兄弟の生命として権力に正面から不退転に立ち向わなければならないと言う観点に立って、三百万兄弟の悲願への礎(いしずえ)になりたいと解放闘争の戦士として、このように自己変革を遂げたのであり、従って平凡な十五年の生活をしていたら今日の様に私をして解放戦士に作りあげる事はできなかったであろう事を思うと、ここにこそ十五年に及ぶ苦しみを味わって来た甲斐、意義があるとおもうわけであります(第八七二号)。

そして一雄は、寺尾判決に対する上告棄却(一九七七年八月九日)に触れ、「ファショ的暴挙・最高裁の上告棄却決定の意図は一人の無辜(むこ)を抹殺しても最高裁の権威を維持、司法権力の利益を守る事に加えて権力の目論見として人民分断支配の貫徹と共に部落解放闘争を圧殺、骨抜きが最大の目的で、この方に比重が高かったのかもしれません」という。しかし一雄は、「自我を圧し殺して如何なる事があろうともうっ積し(不満)した自分の心の中の貝《ママ》を断ち割る事が出来ないと言うよりも現在の私には役人に逆う事は兎も角、そのために懲罰になることだけは絶対に避けなければならない立場に居る」として、このように述べる。

何故なら一度爆発させてしまったら拘置所当時より更に接触機会を奪われている刑務所生活故にこれ以上、支援者各位にご迷惑をかけることは許されないばかりでなく、私自身も懲罰になれば却(かえ)ってみじめな思いをするので、そんな事からも爆発させてしまったら身の破滅だという自衛意識もはたらいて歯止めとなっているのかもしれません。そして一端堰を切ってしまえばもう死しても後へ退かない断固決意、覚悟をしているのです。それは抑えに抑えて居る憤激が一気に腹の底から衝(つ)き上げてしまうからであり、(それまでに内部に巣食っているもろもろの感情が一気に噴出してしまうからである)でも皆さんご安心下さい。私は前記の様に支援者皆様方の存在を思えば余程の事がないかぎり、なるべく皆様方に御心配かけぬよう心掛けつつ、私は自身の潔白が証明される迄はどんな過酷な刑務所生活を虐いられようとも『忍』の一字を厳守して明日の完全勝利を目指して闘い抜く決意でおります(「五・二三集会アピール② 再審を不屈に闘い抜く」第八七三号、一九七八年六月二三日)。

それは、爆発せんばかりのこみ上げる心底の怒りを抑え、支援者とともに不退転の決意で闘いを続けるという再度の意志表明といえよう。

一九七九年には、『石川一雄獄中歌集』が刊行された。それを紹介した解放同盟大阪府連住吉支部の西岡ゆたかによれば、「この歌集には、涙、かなしい、さびしいなどの言葉が数多くでてくる」が、それは「従来の短歌のように、無気力にかなしみにひたる歌ではない。かなしみを歌うことによって、その現実を乗越えようとする歌なのである」(「図書紹介　あふれる真実の声」『解放新聞』第九一〇号、一九七九年三月五日)。

共産党系弁護士の解任

このように狭山差別裁判闘争は、「解放戦士」を自任する一雄を支えつつ高揚していったが、その一方で、部落解放運動それ自体は、前章でも述べたとおり、一九六〇年代後半から日本共産党系の人びとと部落解放同盟主流派との対立を深めていった。そのなかで、一九七〇年、部落解放同盟の日本共産党系の人びとにより部落解放同盟正常化全国連絡会議が結成され、七六年にはそれが全国部落解放運動連合会となって分裂にいたる。この影響は、一雄の弁護団にも及び、一九七五年、一雄の主任弁護人を務めた中田直人、石田享が狭山事件の弁護人を解任される。

すでに見てきたように、最初は国民救援会の支援のもと、中田直人・石田享らの共産党系・国民救援会系の弁護士が担当していた。「その後、解放同盟が推薦した佐々木哲蔵さん、青木英五郎さんが入ってきて、結果的には弁護士さんが中で対立するような状況になって、また部落解放運動も解放同盟と共産党が喧嘩別れになって、共産党が別の団体に行く〔正常化連絡会議〕」と片岡は説明する。つづけて片岡が、「狭山事件についても共産党系の中田直人さんなんかは弁護を辞めていくというようなことがあったわけだけども、そういう話は一雄さんがわかっていたのか」と問うのに対して、一雄は、「わかっていた。解任をしたのは、やっぱり解放同盟と喧嘩しているっていうのがわかっていましたので、うまくいかないなと。当然のことながら、その当時はある程度勉強して知っていたので」と答えている。解任は一雄本人しかできないため、手続き上、一雄によって解任が行われたことになる。

一雄は、中田は「真面目ないい弁護士さん」だったという。そして中田の解任をめぐってさらにこのように語る。

高裁が終わったら、勝っても負けても共産党系の弁護士は選任しないからって、私は宣告はしてたよ。言ってたんですよ。私は恩があるから自分からは切れないので、できたらそちらのほうから手を引いてくれって、そういうことをいってたの。救援会の難波〔英夫〕会長、亡くなってしまいましたけれど〔一九七二年死去〕、あの人にも手紙を出した。どういう事情でと細かく書いて。〔国民〕救援会の支援を受け難いので、できれば手を引いていただきたいっていうことをお願いしたんですよ。国民救援会が直接支援していたから、会長さんには正直に本当のことをいったほうがいいんじゃないのってことで、手紙を書いたんですよ。〔難波さんは〕了解してくれた。

片岡は以下のように補足する。

中田弁護士は人望のある人だったんだけれども、やっぱり法律〔同和対策事業特別措置法〕が出来て、解放運動がばーんと爆発的に広がっていくなかで、共産党の人たちは、本当は自分たちを軸にして解放同盟という団体の切り回しをしていきたいと思っていたところが、少数派になって追い出されるっていうことになった。だからものすごく感情的な衝突になったということだよね。

埼玉は共産党の人は数は少なかったけれども、県によっては共産党系の人が結構いて真面目で一生懸命やっていることが多かったから、やっぱり不幸なことだと思うけれども、共産党も結局共産党の支持団体みたいに、どうしてもしたがるわけね。だから選挙の時は、共産党に入れろとかいうふうなことになる。そうすると、うちは松本治一郎*を立ててやっているのに、何で共産党を応援しなきゃいけないの、解放同盟は解放同盟の代表を国会に入れたいと。それはまぁ、自然な話なんだ。そういう政治的なことが一番の原因だよね。最終的には決裂して団体を作る。最初の名前が、解放同盟正常化連。

＊一九二五年より全国水平社解散まで委員長を務める。戦後は、部落解放全国委員会、部落解放同盟の委員長を一九六六年の死去まで務める。この間、日本社会党員として参議院議員に四回当選。

布川事件で冤罪を着せられた桜井昌司が、部落解放同盟が主催する狭山事件の集会に出ようとしたことがあった。共産党や国民救援会の支援を受けて冤罪と闘ってきた桜井は、周囲からそれを止められたが、すでに病床にあった中田直人(二〇〇九年死去)を見舞ってそのことを相談したら、「石川さんは冤罪だから、支援集会に行ってやれ」といったことを、次章で後述するジュネーブで一雄・早智子夫妻に会った際に話したという。「だから、中田弁護士もやっぱり心配してくれていたんやなと思う。

私は中田弁護士はすごいなって思ったよ」と早智子はいう。

「弁護士とはね、何党の人っていうことじゃなくて、自分が依頼を受けて弁護するということだから、本当はそれでいいんだけれども、当時はそういうことじゃすまないような対立があったから」と片岡がいい、早智子も「そう。だから狭山闘争にとっては不幸なことであった。〔引き継ぎの〕資料の写しもなかったとか聞いた」。いずれにせよ、運動の対立のあおりで弁護士が途中で交替するという事態にいたったことは、引き継ぎが十分になされないという不運をもたらしたことにはちがいない。

父母の死

一九七八年五月一五日の『解放新聞』〔第八六九号〕には、八〇歳の父富造と七四歳の母リイが玄関前に立っている写真とともに、富造の談話が掲載されている。

今だって、皆さんの力で、きっと帰れると思っています。

このあいだ、千葉刑務所であったときは、「元気でいればいいからな一雄。いっしょうけんめい皆さんも応援してくださっているんだから、絶対に一雄やってねぇんだからな」っていったら「そうだよ」ていってました。〔中略〕

だけど一雄が帰るまで、どんなでも死ぬまあ、と思って、元気でおるわけです。一雄が帰ってきたら、一雄をつれて、皆さんのところへいって、御礼のことばを一雄にいってもらわなくては、死にきれない。

一雄も、一九八〇年「敬老の日」に姉のヨネに宛てて、「今日は敬老の日であり、本来なら今日この日だけでも、おじいさん、おばあさんに対し、大したご馳走は出来ないまでも、子供達や孫達に囲まれて楽しい一時を過ごせたであろうに、息子の俺が権力の生贄にされ、今も束縛を強いられていることから、果して父母は自らの長寿を祝福され、健在で『長生きして居る』ことを心から喜んでいるだろうかと父母の心中を覗くと俺の胸は締めつけられ、涙はこぼれてならないが、先日は面会ご苦労さん」にはじまる手紙を寄せている（「一雄は元気で頑張っています」『解放新聞』第九九五号、一九八〇年一一月一〇日）。

一九七九年の全国行脚には、高齢の身で参加した両親であったが、一九八四年の年明けからリイが、そして翌八五年一月には富造も入院を余儀なくされた。病院では「一雄はもうすぐ帰ってくる」とお互い励まし合った。富造は、入院前の一九八四年七月一四日、足腰が弱っているため吉元（成治）中央執行委員に途中背負われて最高裁に出向き、弁護団とともに担当書記官に一雄の無実を強く訴えたことが報じられている（『解放新聞』第一一八一号、一九八四年七月三〇日）。しかし、一九八五年一一月二三日、富造が、八七年三月二八日にリイも亡くなった。また八六年四月五日には、姉のヨネも急逝した（『無実の獄25年』）。

一雄は、その少し前から両親と会えないままでいることを案じていた。このように述べている。

　今の私は日夜無罪勝利を目指して不断に闘っておられる支援者の存在を思えば、たとえ一言でも泣き言は許されませんし、又この空白、日数はたとえ今直ぐ無罪放免されても、とても埋め合わせできませんが、それでも私に一日も早く「出獄」を急立《せきた》て、焦燥させるのは外でもなく、年老いた親父やお袋の身を案じるがゆえで、誰も生ある限り、死を回避できない現実問題と、親父やお袋の高令を思うと私は居堪《いたたま》れず、身を切られるよりも苦痛です。〔中略〕

尤も親、兄弟達と引き離されて十九年に及ぶ繫鎖《けいさ》の身を招いた一端は無知な私自身にあってみれば、万一親父やお袋の最期を見届けられなくても自業自得であって、その限りにおいて、うんと苦しめばよいのでしょうけど、それだけに社会的無知な私を利用し、犯人デッチ上げに加担した警察の犬ども、特に長谷部警視に対する恨みは倍加するのであります*(「完全無実への揺ぎない橋頭堡を」『解放新聞』一〇七三号、一九八二年六月七日)。

*それから約三カ月後にこのようにもいっている。「ただ現在私を焦心させるのは、年老いた父母を推して、もうこの世に幾何《いくばく》もないと思われるだけに、たとえ短い期間でも最期のお務め、孝行をしてやりたいと思うと同時に、弟妹達がこうして日夜懸命に悲願を目指して闘っている姿を見るにつけ、私も早く解放運動の一員として兄弟皆さん方と共に闘い、そしてお世話になった万分の一でも恩返しできたらと思っているのです」(「マグマのようなエネルギーで」『解放新聞』一〇八六号、一九八二年九月六日)。

「万一」は現実となり、両親の最期のときに獄中にあった一雄は「うんと苦し」むこととなったであろう。

富造が亡くなったとき、片岡は、「一時的に出してくれないかって千葉刑務所に行ったことは覚えている。弁護士と一緒に行った」。しかし、それも叶わなかった。

一雄は早智子に、「親父が怒ってばっかりで怖かった。親父が死んだときは、そんなに泣かなかった。おばあちゃん〔母〕が死んだときは一晩泣いた。倒れて三日間起き上がれなかった」と話したという。一雄は、今も父のことについては、「親父が面会に来た時、怒った、くそったれ、帰れって」という話もしてくれる。また、「親父は許さない、今でも。学校に行けなかったことに対して。それがこの事件に巻き込まれる最大の要因だから。今でも許さない気持ち、親父にはね」とも語る。しかし、これまでに見てきた両親への思慕と感謝の念と矛盾するものではなく、学校に通わせてもらえなかったことへの怒りとがアンビバレントに存在しているのだろう。

一九八三年一一月、一雄が全国同和教育研究協議会宛に出したアピールのなかに、このようなことが記されている。一九八三年八月一二日に、富造を含む親子五人（富造のほかに姉静枝夫婦、一枝夫婦）が面会に来た際に、父は、「……もうおれは長くいきられそうもないや、お前が帰ってくるまで持ちそうもないから遺言を残したいのだが、一雄、お前はあんな家でも貰ってくれるかい、おれは一雄以外に遺るつもりはないが、手前《てめえ》がどうしても要らないなら仕方ねぇ……」といって、横浜の姉夫婦を伴って遺言状をつくりにいった。一雄はいう。

私は八月一二日の面会で、父からあのようなことをいわれようなんて寝耳に水、夢想だにしなかっただけに胸が痛み、激動にかられ、耐えきれずに涙を流してしまいました。幸いといって〔は〕父に叱られますが、父の目は大変悪いらしくよく視《み》えないこともあって私の涙は見られずに済みましたけど、真逆《まさか》の言葉が私の目の前で発せられようとは思わなかっただけに大ショックで、その晩は独房であることを幸いに声を出して泣き、一夜を悶々としました。7人の兄弟中では私位親不孝者はなく、そんな私に家督を譲ろうとする父の深意は読めませんが、思うに7人の兄弟中で、私が一番長く親元を離れていたからではないでしょうか。〔中略〕そんな訳で、父は私に済まない気持ちもあってのことでしょうし、又この事は東京拘置所当時の出来事乍《なが》ら、42年〔一九六七年〕頃、父母が見えた時、2人を前に「……今おれがこんな目に遭っているのは、おじいさんやおばあさん〔父母のこと〕にも責任があるんだが、おじいさん、おばあさんがしっかりして学校へ行かせてくれていたら、おれは警察にだまされなかったかもしれないからな……」という風にいって父母を詰めたのでした。その時、父は一言もいいませんでしたが、母は「……一雄、そんな風に言うもんじゃないよ。学校へやれなかったのは、うちばかりでなく、近所でもみんなそうだってことは一雄もよく知っているだろう……」などと自分らの甲斐性なしを棚上する母の言葉に憤慨したこともあったのです。〔中略〕それくらい私方の部落は貧困家庭が多かった訳ですが、だからといって子供らをほったらかしにしていい筈がなく、子供を作った以上、せめて義務教育だけは全了させてほしく、私はそのことを父母に理解してもらいたかったのです（「真実と社会正義の声を」『解放新聞』第一一五一号、一九八三年一二月一九日）。

父母を責めてもどうにもならないことを熟知しつつも、教育を受けたかったという一雄の切なる思いが現れており、だからこそ一雄は、部落解放のために闘いつづけるのである。

早智子はいう。「被差別部落出身であることを知った子どもが親に、「なぜ自分をここで産んだのか」と問う話は数多く聞くが、親が自分を産んだことがまちがっているのではないことを、解放教育を受けるなかで知っていった。部落があるから差別されるのではない、差別する者がいるから部落差別はあるのだ」と。

母が亡くなってから約一年後に、弟清に宛てた手紙が、『獄中日記』のなかに残されている。そこでは、母を思いつつ海老沢菊江に驚かれた麦飯の一件について、このように綴られている。

お袋にすれば、〔麦飯をいやがる〕兄貴の出張を幸いに俺をよろこばせようと、わざわざ麦の入った飯を炊いてくれたのであろうに、間尺に合わないというのはこういう時のことを言うのかもしれないが、でも俺との仲であることから別にお袋は気にしてなかったみたいだった。その証拠に菊江さんとの弁当の経緯を話して聞かせたら『……それならそうといってくれれば、かあちゃんは麦ごはんを詰めなかったのに。それは、それは一雄にわるいことしてしまったね。都会の人だから菊江さんもおどろいたろうね』なんていって笑っていたが、正にお袋の指摘の如く、お袋に八つ当りするなんて見当違いもはなはだしく、お袋を毒づいたのは、後にも先にもこの時かぎりだが、今日、役所より美味しい赤飯をご馳走になって、菊江さんとの麦の入った弁当の一件からお袋を怒鳴り飛ばしてしまったことなどが思い出され、楽しい誕生会の日記も、とんだ涙の日記になってしまった。本当にお袋には済まないことをしてしまった。今、お袋はあるいは天国で菊江さんと麦飯の一件をほじくりだして、笑い合っているかもしれないが、おばあさん、ゆるしてね。……(『無実の獄25年』)。

「仮出獄では出ない」

一九七八年八月当時、弁護団事務局長であった山上益朗は、「仮出獄の早期実現はきわめて重要な課題である」ことを表明し、衆議院議員上田卓三をつうじて「未決勾留日数の参入無視の不合理」を千葉刑務所に訴えている(「明確な目標をもった闘いを」『解放新聞』第八八七号、一九七八年九月一八日)。しかし、部落解放同盟委員長の松井久吉以下役員三名が刑務所長と面会した際には、所長は「仮出獄などについては何もできないが」と前置きした上で、入浴回数を増やすなどの待遇改善の姿勢を示したのみであったことから(第八八八号、一九七八年九月二五日)、解放同盟は、そのあと仮出獄要請はがきを法務大臣宛に出す運動をはじめてゆく(第八九八号、一九七八年一二月四日、第八九九号、一二月一一日)。おそらく両親の高齢化という事情も鑑みてのことであろう、『解放新聞』から、一九八三年ごろから改めて仮出獄の要請に動き出しているようすが見てとれる(第一一〇七号、一九八三年三月七日、等)。

一方で、ほかの服役者に較べて支援者も圧倒的に多い一雄は、同じ刑務所にいた服役者たちから〝冤罪エリート〟と見られていたという。早智子は、「たとえば(部落解放同盟)女性部が行って、「人間の鎖」(後述)で刑務所の周りをぐるっと取り囲んでシュプレヒコールをやると中にいる人も聞こえるわけだよ。あるいは、刑務所に行ってデモやったり。日本の刑務所の感覚から言えばありえないわけだよね、一般的に。そんな刑務所に入っている人間に」と説明する。片岡も「刑務所にいて石川さんが特別扱いされていたんだよ、実際に」といい、一雄も、「そう、毎年一月一日になると(いろいろなセクトの人たちが」挨拶にくる、マイクで」という。片岡によると、そんななかで刑務所としても「あいつはとにかくその刑期が来るまではトラブルがないように、ちょっとぐらいのことは目をつぶってそっとしておくということで、扱ってきた。それは中にいる服役者からすれば、あいつは特別にされているっていうふうにみんな見ていた」のであった。

早智子は、一雄が後々も〝冤罪エリート〟だったといわれていることに心を痛めつつも、「それは本当はそうだったと思う。やっぱり支援者の力なんよ。だから支援者のいない人は、本当にみじめらしいねんよ。ほんまに支援者の力は大きい」ともいうのである。

一雄の帰りを待ち焦がれていた両親はすでに亡くなっていたが、再審請求の途が閉ざされ続けるなか、現実に一雄に仮出獄の打診が始まった。

私は所長さんから仮出獄で出られるから出ろって言われたけど、仮出獄っていうのは犯罪者だから、私は絶対に出ないって頑張っていた。解放同盟には「その気持ちは」通じたと思うけれど、いろいろな人からもう出るようにって言われた。願箋を出しなさいって言われた。

一七年間の間に所長は五人ぐらい変わったと思うけれど、五人目ぐらいかな、大阪に居た所長さんが転勤してきて、多分、一五年ぐらい経ってからかな、仮出獄で出るか出ないかってことで呼ばれたんです。「私は無実であるので、仮出獄では出ません」っていうふうなことをいったんです。

なぜ無実でもあっても仮出獄では出ないのか、もうその時は監獄法をよく知っていたので、監獄法によると無期懲役の人は、仮出獄で出る時には悪いことをしないっていうことを約束しなくちゃいけない。約束だけじゃなく、ちゃんと署名して出なくてはいけない。私は無実の罪だからそれを容認はできないので出ないって、仮出獄では絶対に出ませんっていうことを言って、一七年経ってしまったけれど。

だから、一七年経った時に、私は仮出獄で出ないって言ってるから、所長室まで行けっていわれた時は、多分ほかの刑務所に移されるんじゃないか、そう思って所長さんの前に行ったら、「石川さん、今日は仮出獄だ」と。「何としても出てもらわなくちゃ困る」、そんなようなことをいわれた。「今日、出てもらわなくちゃ困るんだ」と。私はまたそこで言ったんだ。引継ぎで多分知っていると思うけれど、仮出獄では制約がいっぱいあるので、それをのめないものはいっぱいあると。「それでもいいですか」って言ったの。「自分でのめないものは全部消してもいいから出てくれ」っていうことで出た。だから、二度と悪いことはしない、それはもちろん第一番にきかなくちゃいけない。社会に出たら必ず職に就く、どっかの職場へ行って……遊んでいたら食っていけないからね……それが第二番。それと夜遊びはしない、それが第三番。それはのめないって、その三つはのめないって。

仮出獄（二〇〇五年より仮釈放）では、保護観察所が委嘱した保護司の観察下に置かれ、さまざまな制約があった。さらに一雄はいう。「それは認めたらね、千葉刑務所ではいいよ。けれど警察庁にいったら大変なことになっちゃう、犯人は私だってこと、認めたら。二度と悪いことはしないっていうのは、悪いことをして入ったようになっちゃう」。

片岡は、その点についてこのようにいう。「それは随分、外にいる人間も議論があって、そういう謝罪をして認めて出てくるかどうかについては、本人がそう言ってるんだから、本人の意思を尊重して〔刑務所のなかで〕頑張ってもらったほうがいいという意見もあったし、いやいやそんなことじゃ出てこれない、出てきて闘うべきだと、だから、形式上の話にこだわらないで、認めて出てくるべきだという、両方意見があった」と。

一雄はいう。「私ははじめっからね、監獄法をよく知ってたから、*出ないつもりでいたからね。無罪勝ちとって、堂々と刑務所の門から出ようと、そう思っていたから」。

「狭山再審要求，事実調べ・早期仮出獄実現中央決起集会」
（1992年5月31日）

＊一雄は、一九八二年、国会に監獄法改正案が提出されることになった際にも、自らの経験を踏まえ、留置場に拘置所の役割を果たさせるような「改正」は、「犯人製造の代用監獄」であり「第二第三の私が生み出されかねない」として反対を表明

している（「部落解放第二六回全国青年集会へのメッセージ　支援連帯の輪の拡大を」『解放新聞』第一〇八二号、一九八二年六月九日、「「監獄法」改悪の阻止を」同、第一〇九三号、一九八二年一〇月二五日）。

そんな一雄の思いをよそに、一九九一年ごろから一雄の仮出獄を要請する動きが起こってきた。九一年三月一二日、日本社会党国会議員団九名が、千葉刑務所と法務省矯正局・保護局に仮出獄要請を申し入れ、また法務大臣左藤恵とも面会して、「前向きに検討する」との国会答弁を再確認し早期実現を申し入れている。

翌九二年五月三一日には、部落解放同盟による「狭山再審要求、事実調べ・早期仮出獄実現中央決起集会」が、東京・明治公園で開かれ、九三年五月二二日には、「石川一雄不当逮捕三〇ヶ年糾弾・狭山再審要求事実調べ・早期仮出獄実現中央決起集会」が、日比谷野外音楽堂で開催された。

九四年は、いっそう要請運動が活発化した。一月一九日を皮切りに、部落解放同盟により、東京高裁・千葉刑務所に対して、仮出獄の連続要請行動が行われている。また、三月二九日には、狭山事件の事実調べを求めるシンポジウムが開催され、四月一四日には、千葉市中央公園で「狭山事件の再審と石川さんの早期仮出獄を求める女性集会」、そして千葉刑務所へのデモと部落解放同盟婦人部の「人間の鎖」による千葉刑務所包囲が行われた。

第５章 「見えない手錠」をはずすまで

刑務所を出る

一九九四年一二月二一日、一雄は仮出獄となった。

一雄が刑務所から出られるという話を聞いたのは、「当日朝。それまで知らなかった」。事前に一言もなかったという。「荷物を持って、所長の前に行けって。それで行ったんですよ。私はどこかへ移るのかなと思った。「石川君、今日は仮出獄だ」って。「えーっ」て。仮出獄では出ない、所長が知ってるはずだ。引継ぎで知ってるでしょって。二度と悪いことはしないって誓わなきゃいけない。私は悪いことはしていない。誓えない」「私は悪いことはしていないから出ないって言った」。そうしたら所長は、そんなことは言わなくていいといい、「今日はもう、すぐ出てくれって。このまま出てくれって〔いわれた〕」。

荷物をまとめるようにいわれたのは、その日の朝四時か五時ごろだった。そういわれたとき、「〔仮出獄ではないかと〕ある程度はわかった」。なぜなら、「今まで「石川君」ってことをいわなかったですよ。「石川君、荷物をまとめろ」って。「君」っていうからおかしいなと。今まで、石川か、九番って番号で〔呼んでいた〕。九番っていうと私のことだから。〔それで〕変だなって思った。その時はね」。まとめる荷物はそこそこあった。「裁判書類がいっぱいあったから」。

一雄はその当日、千葉刑務所で仮出獄に当たっての一四項目の遵守事項に、「守ります」と書いて拇印を押した。その書類をもらっているかどうかは定かではないが、一四項目のうち一雄の記憶にあるのは以下のようなものであった。

保護司の所に積極的に訪問する。／喧嘩をしたらいけない。／やくざとつきあってはいけない。／刑務所にいた人とつきあってはいけない。／酒を飲んで夜遅く帰ってはいけない。／埼玉を離れての一週間以上の旅行には、埼玉保護観察所長に転居・旅行許可申請書を出して許可をもらう。／決まった職につく。／被害者の家に行ってはいけない。

部落解放同盟の代表が千葉刑務所に一雄を迎えに行き、片岡明幸はそのうちの一人であった。「すごい警備だった。いっぱい機動隊が出ていて、ヘリコプターも飛んでいたような気がした。それで石川さんを乗せた車は全部窓を閉めちゃって、外を見れないようにしていた。前うしろにパトカーが付いてた」。片岡の話を聞きながら一雄は、そのときのことを「覚えています」と答えている。

片岡の記憶では、仮釈放の情報が入ったのは仮出獄の前の日だったので、当日迎えに行くことができた。片岡はいう。

極秘の情報だっていうことで電話がかかってきた。それで、じゃあどういうふうにするかっていうことで、迎えに行くのは誰で、俺も行く、こっちが待ってる、というふうに分担を決めた。ここ〔狭山の自宅〕に来るまでは警察が管理する、護送車みたいな形で石川さんを乗せてくるということで、こっち側が車を用意して行くっていうことはダメといわれた。それで正門前で待ってたの。そしたら、どっかから情報が漏れて、いっぱい支援者が来ていて、警察もまたうわーっといて、そういう中で車で出てきた。高速道路を行くということで、その後をついて行った。

一雄はいう。刑務所の門を出たときには、「社会へ出たっていう実感がなかったね。家に着いて初めて帰ってきたんだなって思った」。車中も、車が「幌《ほろ》〔内側から窓を覆うカバー〕をかぶっていたから、あまり周りはわからなかった」。自宅近くの「薬研坂《やげんざか》に来て幌を取った」。車の中にいる刑務所の職員と思しき人は、「これから家へ帰るんだよ」と言っていたが、「本当かなと思った。心の中ではね」。これから保護観察下に置かれる浦和観察所に寄り、そのあとは家までノンストップだった。家に着き車を降りて外へ出たが、ここが自分の家かどうか「わからなかった」。

片岡によれば、「マスコミがいて、解放同盟関係者、社会党の国会議員などがいっぱい待っていて、もうぎっしり家の前に。それで、本人が挨拶をした」。

「出獄したときの一番の記憶は？」という質問に、一雄はやや戸惑いつつこのように答えている。

「出てきた記憶って、壇上に上がるでしょ、挨拶する前にネクタイしろって、ネクタイの締め方がわからなかった。それで山上先生がこうやって締めるんだって〔教えてくれた〕、弁護士さんの」「ネクタイの締め方がわからなかったのは、三一年七カ月の獄中生活のためだけではなく、ネクタイを締めるような仕事に就いていなかったから。被差別部落の中でネクタイを締めて仕事に出かける人が何人いるだろう」と早智子はいう。山上益朗は、「これで終わりじゃないんだ」っていうようなことを私にいった。これからが大変だと」と一雄は、そのときのことを思い起こす。*

＊一雄は、別のインタビューでも、「仮出獄した日に、ネクタイの締め方を忘れて、締められなかったとき、山上先生が、横から何も言わずにネクタイを締めてくださった。あのとき嬉しかった」と語っている（「石川一雄さん、早智子さんの近況　心を許せる同級生の思い出」『狭山差別裁判』第五二五号、二〇二二年二月）。

そのあと、壇上を降りた一雄を捕まえて、朝日新聞の記者から「石川さんは短歌を詠むからつくってくれって。明日取りに来るから」と依頼され、「それで夜、つくった」。

三二年ぶりの帰宅

「最初に家に入って、兄貴が案内して、仏壇（があること）は知っていましたから、その仏壇の前に来て、ここに（父母が）眠っているっていわれて、帰ってきたことを挨拶しろって、線香を上げろって。私は無罪になってないからダメだって言った。兄貴は怒ったけどね、無罪も何も関係ないだろって。外へ出たんだからって。外へ出たから、おじいちゃんもおばあちゃんもここにいるんだから、線香を上げろっていわれた」。

一雄は、なぜ拒んだかということを、兄には「言わなかった」。早智子は一雄に代わって、「自分はまだ冤罪が晴れていないので、そういう両手に手錠が掛かったままでは手を合わせられない。両親が一番無実を知っているので、無実が晴れてから改めて手を合わせるっていう気持ちだった」と説明する。一雄も、兄には「伝えなかった。自分の心の中ではあったけどな」という。「怒ったんだ、兄貴。意味がわからなかったんだろうな。それはしょうがないと思う、お互いにな」。

すぐ風呂に入るように言われ、入浴を済ませた。自宅の「風呂は覚えてた。汚い風呂」。その後、「誰に言われたか覚えてない」が「何が食べたいのかって聞かれ」、かっぱ寿司が一番好きと答えたら、「こんな山ほど持ってきて、胸がいっぱいになっちゃって、一個しか食えなかった」。

その夜は、「自分だけ。誰もいなかった」ので一人で寝た。「多分、事務所にはね、横山さん〔吉雄。解放同盟職員〕、星日出子さんがいたと思うけれど」。三一年ぶりに自宅で一夜を過ごし、「よく寝れた」という。「目覚めて、目をぱっと開けたら、これ家だ、と思って」「気持ちはどうってことはないけれど、解放されたという気持ちはあったんでしょうね。夜のうちに記者さんから言われたから、歌を考えてつくって書いてたんだよ。自分の一人の部屋だから。〔翌〕朝、記者さんが一〇時ぐらいかな、「昨日頼んだ歌、つくってくれた?」って来たので「つくりました」って、それで渡したんです」。

「冤罪の　受刑生活　解かれども　故郷に立てど　われは浦島」

歓迎の渦のなかで

翌日は、一雄の出獄を歓迎する訪問者が殺到した。「翌日は大変だったよ。同級生なんかがいっぱい来て、いろいろな人が来て」「昨日、石川さんと挨拶したんだよって。そんなことを言ったけれど、わからなかったんだよね」。

当日は誰が来たかはさすがに認識できなかったが、翌日に六人ほどが酒を持ってきてくれたという記憶は鮮明である。「とらちゃん。前の川本保夫さん。それから、石田きよし、しょうちゃん。かずみさんは来たかな。ちょっと分からんけれど、かねこいさむは来たな。六、七人来た」「まとまって来た。みんな話し合って来たんでしょうね。石川さんのところに行こうって」。そして「いろいろな話をした」「今、こんなように周りが変わってしまったというようなことも話してくれた」「私は〔顔を〕覚えてなかったね。顔を見てもわからなかった、ほとんど。三二年だから」。

その時の同級生たちとの話で一番記憶に残っているのは、「しょうちゃんときよしさんが、どっか映画に行こうっていう話をしたりしたんだね。その時、映画に行こうって言われた。だから、多分、刑務所の中で映画なんかそんなのなかったと思ったの。知らなかったんじゃないかと思う。それで行こうって」という話であった。彼らは、娯楽から閉ざされていたであろう一雄を気遣って映画に誘ってくれたのである。川本とは、一雄が逮捕される二、三日前に、こまどり姉妹が出演している『未練ごころ』という映画を入間座に観に行ったのであった。事件の話は「しなかった」。本当に犯人なのかといったような、「そんなことは言わなかったね。苦しかったろとか全然言わなかった」という。

一雄は別のインタビューで、そのことについてこのようにも言っている。「三二年間の獄中生活でしたからね。ふるさとに帰っても、知ってる人がいなくなっているなかで、小さいときから一緒に遊んだ同級生が今も隣に住んでいるというのは嬉しかったですね。仮出獄できたころは、しょうちゃんは働いていたから、あまり会って話すことはなかったけど、定年退職してから、よく話すようになりました」*（「石川一雄さん、早智子さんの近況　心を許せる同級生の思い出」『狭山差別裁判』第五二五号、二〇二二年二月）。

*二〇〇五年二月、鳥越俊太郎がメインキャスターを務めていた「ザ・スクープスペシャル」（テレビ朝日）で狭山事件が採り上げられ、そのなかで鳥越が「しょうちゃん」にインタビューする場面が登場した。それについて早智子は、しょうちゃんが「一雄さんは字が書けなかったと証言しているのが印象深いです。鳥越さんがしょうちゃんに脅迫状のコピーを見せながら、「（刑札の）この『刑』という字が書けたんでしょうかね？」と聞かれるんですが、「書けないでしょう。ひらがながやっとだと思います」と答えています。あの場面は何度見ても胸がしめつけられます」と語っている。「そして部落差別によって文字を奪われた非識字者の現実や苦悩、思いを裁判官にほんとうにわかってほしいと思います」という。一雄も「しょうちゃんは隣の家の同級生で、小さいときから仲がよかったんですけど、私と同じように学校にほとんど行けなかったら、あまり字が書けなかったと思います」と語る。「しょうちゃん」は、第1章に登場している。しかし、そのしょうちゃんは、テレビ出演ののちまもなく心臓まひで亡くなった（同、第五二五号）。

帰還したその次の日に、「親戚は来たと思うけれどよく覚えていない。もうガタガタガタガタガタしていたから」。そんななかでの来訪者で一番記憶に残っている人は、埼玉選出の参議院議員の深田肇だという。「面会もしょっちゅう来たから」。

運転免許取得、初日の出をみる

出獄から一年ほどして、部落解放同盟職員の安田聡に、「今は車社会だから、すぐ免許を取ったら」と奨められ、一九九五年一一月二日に運転免許を取得した。埼玉県行田《ぎょうだ》の自動車教習所の寮に入り、「一カ月はいなかった。三八時間乗らなくちゃいけないから」。免許取得は、一雄自らのかねてからの念願でもあった。奨められるまでもなく、運転免許はとるつもりで「獄中で車の免許証の試験の本を何冊も読んだ」ことを、一雄は早智子に語っている。

自動車教習所では、入学者に対する適性検査があった。そのなかに簡単な足し算と引き算の計算問題があったが、一雄は、＋、－、＝の意味がわからなかったので解答が書けなかった。刑務所の中でかなり文字の勉強をしてきた一雄だが、足し算や引き算の計算練習はしなかったため、四則演算記号を知らなかったのである。

また、該当するものを選ぶ設問では、「誰かに罪に陥れられようとしている」という項目に○をつけてしまった。それは、覚せい剤の常習者をあぶり出すためだったが、一雄は、文字どおり「罪に陥れられ」ていたので○をつけたところ、入学不適格とされてしまった。教習所にいた一雄から、適性検査で入学を拒否されたからすぐに来てほしいという知らせを受け、部落解放同盟埼玉県連合会の小野寺一規が教習所に行って事情を説明して事なきを得た。

一方、まだ社会に慣れない一雄のために、半年か一年ぐらいの間は、片岡明幸が県内あちこちに連れ出してくれたという。当時小学生だった片岡の息子の遼平と、埼玉県飯能市と越生町にまたがる顔《かあ》振峠《ぶりとうげ》に出かけたこともその一つであった。

「今は飯能市になっているけれど、そこに関八州見晴台っていうのがあって、そこに立ってみると日の出がきれいに見れるの。初詣、日の出を見に行こうってことで、寒かったけれど車で行って、その時に六造さんもいた。そこに着いたんだけれども、みんな日の出を見に行くから車が渋滞して、結局その目的の見晴台まではいけなかった」と片岡は当時を思い起こしていう。しかし、その途中から新宿のビルも見えたことを一雄は覚えている。「そうだよ、息子さんに、あの大きなビルが新宿だっていわれた。あ、そうって。私は、あのビルが新宿かどうかわからなくて」。一雄が早智子に繰り返し語ってきた、よき思い出である。

片岡は、一雄を居酒屋にも連れ出した。「この辺〔狭山〕の居酒屋で焼き鳥ホームランっていうのがあったんだよ、すぐ家の前に。そこでときどき飲んだりしてた。少しだけだけど一雄さんは酒は飲めてた。覚えている？」。一雄は「覚えている」と答えるが、片岡が、「酒弱いから、酔うと酔っぱらってふらふらになっちゃって、その状態で放っておくわけにいかないから、俺が家まで担いで帰ったことがある。背中に負ぶって。覚えてないでしょ？」というのには、「覚えてない」という。居酒屋で飲むという経験をさせようとの片岡の心くばりであった。

一九九五年一二月一九日、一雄の自宅が火事で燃えるという不運に見舞われた。一雄が奈良県で行われている集会に出かけていたときで、警察から電話が入り、名古屋まで警察の車で送ってもらって新幹線で帰った。原因としては漏電かたばこの火が考えられるが、不明のままである。「日記には全部書いてたからね。誰に手紙を出したってことを」。千葉刑務所時代に一七年間書き続けた日記は、この火事によって燃えてしまった。

仕事に就く

一雄が運転免許を取得したのは、刑務所にいるときからの夢でもあったからだが、もう一つには、先に述べたように、仮出獄に際しての遵守事項の一つである「仕事に就く」ためでもあった。一雄が最初に就いた仕事は、その運転免許を活かしての赤帽の配達であった。

埼玉県連合会の女性部長であった羽生市に居住する高鳥イチの自宅の離れに住み込んで配送会社に通った。車を運転して荷物を届けるという仕事で、二人一組で、交代で運転した。荷物一個運んで一〇〇円だった。

しかし、三、四カ月ほどで辞めた。その理由は、一つには、刑務所を出て三年間は、たとえ相手に非があっても交通事故を起こせば刑務所に返されると千葉刑務所でいわれていたからである。一日中運転するかなり危険な仕事でもあったので、万が一交通事故を起こせば再収監されるという不安があった。もう一つは、軽トラックで、運転席の前にボンネットのないタイプの車なので、そういう車の運転にはなれておらず怖かったためであった。

そのあと、保護司の「仲川さん」の紹介で、新狭山の工業団地にあるニチレイという冷凍食品加工会社に一年近く勤めた。冷凍庫から魚の入った段ボールのパックを運んで車に積み込む仕事だった。一雄は仮釈放中の身だからあまり人に会わない方がいいのではという「仲川さん」の配慮で、深夜の仕事になった。三交代で、一雄の仕事時間は午後八時から翌朝六時ごろまでだった。車で仕事に通っていた。

以下に述べるように、このときにはもう一雄と結婚していた早智子は、土曜日の朝、徳島から狭山に着くと、深夜の仕事を終えて帰ってきた一雄が、その後睡眠もとらずに現地調査に来てくれた人に挨拶をしているのをたびたび目撃していた。「年齢も六〇歳に近く、社会になれていない一雄にとって厳しいと思ったので、仕事をやめるように私から言った」と早智子は回想する。

一雄は、「賃金もよく、職場の人も親切だった。冷凍庫の中に入っての寒い仕事だったが、一生懸命仕事をした。一年近く働いたように思う」と振り返る。

早智子との出会い

一雄が中川早智子と出会ったのは、出獄から一年足らずの一九九五年一〇月二五日であった。

早智子は、一九四七年二月一六日、徳島県板野郡応神村(現徳島市)に生まれた。自らを語ったこのような記事がある。

私は徳島の被差別部落で生まれ育ったのですが、最初は職場で出身を隠していたんです。職場の仲間に誘われて部落解放運動に関わるようになって、出身を明らかにして闘えるようになりま

高校入学のころの早智子

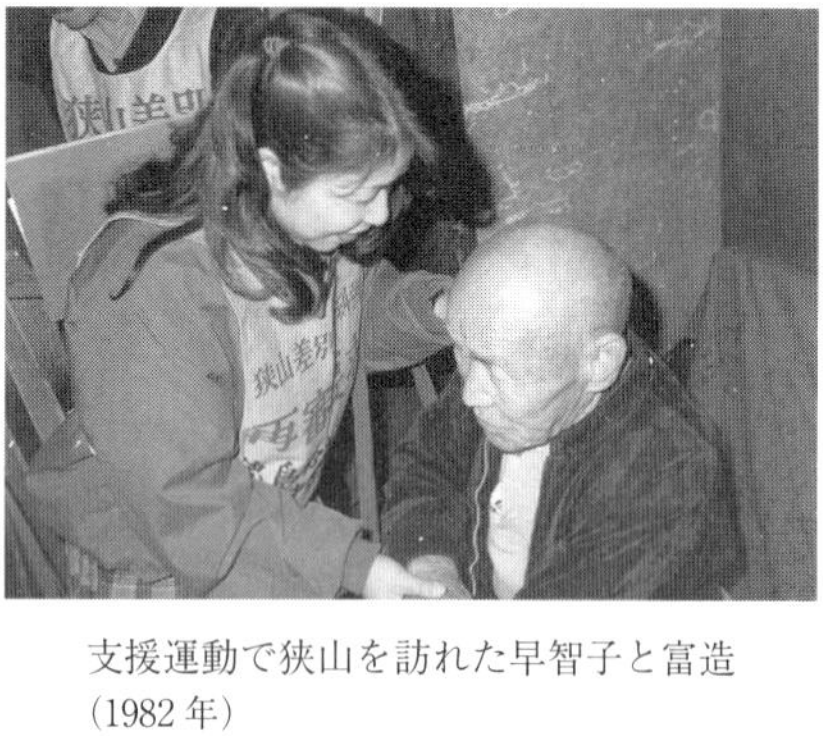

支援運動で狭山を訪れた早智子と富造
(1982年)

した。その大きな力になったのは、狭山闘争との出会いですし、一雄さんの獄中からのメッセージでした。一雄さんの獄中からの手紙を最初に読んだときは涙が止まりませんでした。

出身を隠しているときは、いつ出身がばれないかとビクビクしていましたが、狭山に出会い、一雄さんのメッセージに出会う中で、「もう隠さない」「差別は許さない」と自分自身がかわることができました。心が軽くなりました。部落差別は自分自身をも縛っていたのだと思います。

そしていう。「狭山闘争は自分自身を解放する闘いでもありました」と*(「石川一雄さん、早智子さんの近況 再審闘争四四年をふりかえって」『狭山差別裁判』第五一九号、二〇二一年八月)。

＊早智子が部落解放運動に参加するまでのことを語った次のような文章がある。

「被差別部落に生まれた私は、親から「ふるさとを隠せ」と教えられました。子どもの頃は、解放運動も同和教育も無かった。厳しい差別からわが子を守りたいという気持ちだったと思う。それだけ差別が厳しかった。高校進学の時、部落から道一本隔てた所に本籍地を変えたんです。部落出身の教師が勧めたんです。

その出身教師はとっても印象に残っています。運動会の時、部落の子を集めて「お前ら絶対負けるな。何でもいいから一番になれ」と言うんです。いつも厳しい先生の頬に涙が光っていました。その深い理由（部落差別）を知らなかった私は、ただ不思議に思っただけでした。〔中略〕

高校三年の時、銀行の就職試験を受験するよう教師から勧められて、友人と三人が履歴書を出した。受験票が届かないことを不安に思った私は、友人になにげなくその話題を出すと、「もう受験票は届いているよ」と言うんです。友達に気付かれないようにしたけど、表現できないようなショックを受けて落ち込みました。当時（一九六五年頃）は、私のムラから銀行に就職した人は誰もいませんでした。

別の企業に就職して三カ月後に、戸籍謄本の提出を求められました。謄本を出せば私が嘘の住所を書いていることが分かってしまいます。謄本をだすまで、そして出してからも毎日何か言われないかとびくびくしていました」（『解放新聞〈徳島版〉』第二五号、二〇〇六年一月一日）。

早智子が狭山闘争と出会う以前には、こうした被差別の経験があり、それが一雄に対する共感と理解を支えていたのだといえよう。

早智子は、一雄と知り合ったときには徳島の国民健康保険組合で働いており、東京に出張したその折に狭山を訪ねたのが二人の出会いとなった。一雄はいう。「私がね、車の免許を取りに行っている合宿が三日間休みだから家に帰ったんですよ。それでたまたま一緒になった。誰もいないはずなのに庭のほうで音がしたなって思って出たら、〔のちの〕連れ合い〔早智子〕がいたんだ」。

すでに一九九五年五月二三日、狭山闘争の五・二三〔一雄が別件逮捕された日〕集会が東京で開かれたときに、早智子は舞台の上で話す一雄を遠くから見ていた。その年の七月、東京・大田区で全国女性集会があり、一雄はまたそこで講演をした。早智子によれば、このときも「遠くから舞台にいるのを見ただけ」だった。「早口で一方的にしゃべってた」といい、早智子の理解では、獄中では面会時間が限られていることから早口が身についたのだという。

その次の出会いが、先に述べた、一雄が運転免許取得合宿の途中で家に帰ったときであった。「職場の組合の仲間の寄せ書きを持って来たので、これだけ置いていかなあかんと思って。寄せ書きだけ届けて、と思ってそれを置いたら、中からドアが開いて一雄さんが出てきた」。一雄は、「それがなかったら、連れ合いと結婚することはなかったと思う、多分」という。それから「現地調査〔のコース〕を案内した」。

お茶を飲みに行こうと一雄が誘い、まず「狭山のお茶屋」に行った。「それで私が、真実のコース〔現地調査のコースになっている〕を案内したのかな。そのあとお茶屋でお茶を買ったんだ。今はないけれど」。早智子も、「真実のコースだっていってくれて案内してくれた記憶はある。その帰り道にお茶屋さんがあって、このお茶屋さんは奥さんが同級生だとか言ってたな。そこでお茶を買ってお土産にくれた」と記憶をたどる。

そのとき、事前に一雄から連絡をもらった片岡は、次のようにいう。「一雄さんが俺のところに電話をかけてきたんだ。案内していいんですかって俺に電話をしてくるから、いや、まあ、それはいいんじゃないのって言ったんだけれども、何か変な電話だと思った。他の人だったらそういうことは言わない。一目惚れしたというかなんというか、「俺、会うんだけれどいいよね」っていうふうに俺に同意を求めてきた。これが真相だよ。狭山の現地に来たっていうから、会って話をするのはかまわない。でも、変な電話だな、怪しいなと俺は思った。その時に、さっちゃんからも電話をもらった」。

「その当時の雰囲気としてはいろいろな人が来て、それこそ怪しい団体もいっぱいあるから、そういう人に騙されては困るからということで、ある種〔一雄が人に会うのを〕規制をしていた」ため、片岡は、当時部落解放同盟埼玉県連合会の書記長だった自分にあらかじめ許可をとったことは理解できるが、たんにそれだけではないものを感じとったということであろう。片岡によれば、一雄が出獄したときには、新左翼運動の三つぐらいのセクトがアパートを借りて常駐者を置き、一雄との接触の機会をつくろうとしていたという。

早智子は職場の「組合で部落解放運動とか狭山を知って。当時自治労は狭山に力を入れていた。私が狭山のことを初めて知ったのは組合。出張よりも、「よし、チャンスだ、狭山に行く」と思って、そっちの方に重点を置いて来た」「それを話せば長いけれど、〔職場に〕本当は男女差別があって、〔勤めはじめたのは〕五〇年前だから、一緒に入っても研修に行くのもみな男の人のほうが先。男の人が全部行ったら、女の人が行くっていうようなすごい差別があった。けれども組合ができてからは男女平等だってことになった。やっと順番が回ってきたその時に、私と一緒に入った人は一〇年も一五年も先に東京へ行っているのにな、私なんか初めてだった。それで、チャンスだ、今狭山に行かなければと思った。それで東京に出張に来たついでに寄ったんやけれど、実はこっちが本命やった」。

一雄と会ったあと早智子は徳島の家に戻り、一雄は、「私は車の免許を取って、その五日後に車を買った」という。

それ以来、一雄から早智子の自宅や職場に電話がかかってくるようになった。「デートしたよ。いつがいいか聞いて。私はいつでもよかったけれど。私は仕事をしてない。いつでも空いているからな」と一雄はいう。「徳島に阿波踊りがあるんで、一回見に来たらってことで」、一九九六年八月、一雄は徳島に出かける。早智子によれば、それまでの間は会うことはなく電話だけだった。

早智子は徳島の海で泳いだときのことを次のように語る。

> 海で泳いだことがないっていうんで、それで〔一雄が泊まっていた駅前のホテルに〕迎えに行って、月見ヶ丘の海水浴場に連れて行ってあげたらものすごく喜んで。ほんまに嬉しそうだった、三時間も海から出ずに。頭のてっぺんから足の先まで紫色になって、六〇の男性が、ほんま子どもみたいに喜んで、楽しいっていうんが体中から発散していて。
>
> その時に、この年齢になっても海水浴なんか生まれて初めてで、獄中で三二年間もおったからもっとひねくれているかと思ったら、こんな素直に喜びを表現できて。いっぱいいろんなことができてないんだなと思って。闘いだけじゃない、これからいろいろなことを一緒に経験したいと思った。

せっかく生まれてきた命、せっかく元気でみんなに出してもらった命、本人が努力して、勉強して、身体もととのえて元気に出てきた命、運動も冤罪を晴らす闘いも大事。でもそれだけでは人生はしんどい。楽しい、生きてきてよかったな、生まれてきてよかった、みんなに支援してもらってよかった、元気に出てきてよかった、こんなに楽しいんだっていう思いを一つでもできたらいいなと思ったのが、私の失敗の始まりで(笑)。

例えば、ブドウ狩りに行ったりとか、ほら、魚釣り、渓流な。たらいうどんみたいなところがあって、ここは川が流れて、そこでアメゴ〔アマゴ〕かなんか釣れるんよ。そこでそんなん釣ってみたりとか、そんなことをいっぱいそれからしてるんやけど。だから、そこの海での喜びようが原点なんや。月見ヶ丘海水浴場で泳いだ。それが初めて。その時に私の気持ちが決まったんやな。*

徳島でのブドウ狩り(1998年)

*早智子は、徳島の海での思い出を、別の場でこのようにも語っている。「あのとき一雄さんは本当に楽しそうにしていました。海も少し荒れてて、くちびるも真っ青になっているのに、ずっと海に入ってました。こういう時間も一雄さんには大切だなと思いました。冤罪を晴らす闘いと同時に、このような時間もいっぱい持てたらいいなと思いました」(「石川一雄さん、早智子さんの近況　再審闘争四四年をふりかえって」『狭山差別裁判』第五一九号、二〇二一年八月)。

さらに早智子はこのようにもいう。

闘いももちろんだが、海で泳いだということただ一つで、こんなに喜んでいる。ほかにいっぱい、一緒にいろんなことを体験したいと心底思った。もしかしたら獄中で死んでいたかもしれない命、やけになって死んでいたかもしれない命。二四歳で別件逮捕され、五六歳まで苦しい獄中にいて、それなのに本当に嬉しそうな少年のような笑顔に私は驚きで彼を見ていた。

でも当時は、一雄の笑顔の奥に、本当は悔しいことも悲しみも怒りもいっぱいあった……ということに気づかなかった。二四時間三六五日、石川の笑顔の奥に、頭の中に、いつも裁判のことがあり、「石川一雄・無罪」との裁判長の声を聴くその一瞬まで彼に心からの笑顔はないと思う。そばにいて、彼の深い悲しみや苦悩が年月とともに感じられる。弱音を吐けない、吐かない彼がいる。

結婚――日常生活を支える

一九九六年一二月二一日、仮出獄二周年の日に一雄と早智子は結婚する。

結婚二〇周年のときの早智子のインタビュー記事では、早智子は、「逃げていても差別はなくならない」「部落差別による冤罪だ」と獄中から訴えていた一雄の存在を知り、「熱い思いがこみ上げた」と語っている。「就職後も出身地を隠し続け、殻に閉じこもりがちだった「自分」と決別しようと思った。「心を解き放てば、人を信じられる。自分も変われる」」と(「人　石川早智子さん　獄中からのメッセージに心動かされた」『徳島新聞』二〇一六年一月一六日)。

早智子は、結婚後も半年間は、徳島で仕事を続けていた。その状態から狭山に来るようになった経緯をこのように語る。

半年間別居結婚をしていたの。仕事を辞めるのも悩んだし、生活のこともあるし、だから自立して、やっぱりどないかできないかなと思っとったんやな。仕事も面白かったし、組合活動も楽しかったし、仲間もいたし。組合の運動の中で狭山を知ったし石川一雄を知ったんで、半年間は別居結婚して、金曜日の晩に夜行バスに乗って狭山へ来て、日曜日の晩に夜行バスで徳島へ帰って〔バスで〕寝ている間に徳島駅に着いた。運賃も安いし、そういうふうなんを半年ぐらい続けたんやけど、やっぱり無理。仕事が朝九時から始まるんよ。夜行バスで帰ってきたら、そのまま家へ帰らずに職場に着くのが九時一五分。一五分遅れるんよ。職場の仲間が、遅れてもええって、なんぼ遅れてもええから、仕事辞めんと頑張ってここでおろうって支えてくれたんやな。それで半年頑張れたんやな。

結婚直後の一雄と早智子(1997年)

そやけどやっぱり、自分の身体もしんどなったし、一雄さん自身がやっぱり三二年間のブランクがあって、今でもおかしなところもあるんやけど、ブランクって大きいんやな。一番大事な二四歳から六〇歳近くまで獄中だろ。女子は誰もおれへんし、することってのは非日常なんやな。普通の生活がないんよ。たとえば親が病気したとか、友達が結婚式したとか、道路歩いていてけがをしたとか。

一雄さんが知っているときは、女性はたばこも隠れて吸ってた、トイレとかで。堂々と外で吸うとか、いろいろな世の中が変わった。世の中が変わったことに驚いた。〔一雄さんの〕そういうことがだんだん見えてくるんよ。一雄さんの日常が、非日常の中にいたのでずれているんやな。そんなん見たときに私の身体もしんどいし、一雄さんもなんか生活がこのままだと苦しいなって思って、遠距離結婚は半年しか続かんかった。結局一九九七年六月に辞めて、七月一日から狭山に来た。

私、入籍はいややったんやけど、もう夫婦別姓でええと思っとったんやけどな、一雄さんは昔の人だからそれは絶対にいやだと。籍を入れてくれということで、九六年一二月二一日、こだわりの日にちの一二月二一日に入れた。一雄さんのこだわりで、刑務所から出た日だから。

たとえば昔の家って鍵もないやろ、だから鍵も締めへんし、刑務所の中では荷物を持たない。獄中では自分の荷物はないんよ。風呂行くのも何も持たずに、そのまま行ってそこに全部着替えも置いてくれとんのよ。洗面器もみんな持たずに生活してるんよ。どこに行くにも何も持たない。それで私と一緒にいたときに、いろいろわかってくる。荷物は忘れる、鍵はしない、いろいろなことで日常生活が厳しいなと思って。そんなんもいろいろあって七月一日に本格的に狭山に来ることになった。

でも、そんななかでいろいろ見えるものがある。一雄さんには長所も短所もあるし、それが人間です。ただすごく強い。頑固はわかってたけどな、強い人やと思っとったんやけどな、でもやっぱりすごい弱いところもある。ほんまに弱さも強さも持った一人の人間を見たと思う。

結局一八歳近くまでは年季奉公だろ。だから本当にそのなかの世界しか知らない。で、二一、三年はやっと自由になったけど、あとの二四歳からはまた刑務所の中だろ。だから、いろいろなことを経験していない彼を知ったときに、ええ格好じゃなくて、やっぱりなかなか一人は無理やなって思った。一雄さん、学校行ってないっていうのがすごい大きいんやな。たとえば、桜井〔昌司〕さんも、ほら、高校一年ぐらいで中退したって言ってたけど、やっぱりそれなりに経験するんよ。桜井さんは二九年入っていて、一雄さんは三二年。菅家さんは四七歳で入っただろ。みな、それぞれちがう。一雄さんの経験の乏しさっていうかな、それはなかなかほかの人にはわかるのがむずかしい。

勉強したっていっても、〔刑務所の〕中で勉強しただろ。机の上で一生懸命に文字とかその意味とかの勉強しても、中身の経験がないんよな。たとえば、部落差別の問題や冤罪はわかっても、それだけ勉強しても、女性差別の問題は難しいのよな。だから結局一雄さんは、俺は男だ、男は泣かない、だから私は、男はつらいねっと皮肉で返した。そういうことは抜けないし、本当は私にうしろ三歩下がってついてこいみたいな、それが理想の女性ぐらいに思っている部分もあるし。

やっぱり経験っていうか、微妙になにか彼の生活から、小さいころの部落差別の影響をすごく感じたな。ああこんなこと、二四歳で捕まったんだから本当は経験してたはずなのにと思うけど、ないんよな。たとえばブドウ狩りが生まれて初めてやとか。まあ、そんな楽しいことは別にええんやけどな。

だから彼を見たときに、ほんとうにいろいろな意味で、生活するのはなかなか厳しいなってすごく感じた。

早智子のこのような語りもある。

ブランクっていえば聞こえはいいけど、人は社会生活の中で、習慣やいろんなことを経験していく。一雄はその社会から隔絶され、習慣も何もかも奪われてきた。奪われた日常や感覚のずれ、それが奪われた人生だと思うんよ。家で暮らすという子ども時代もあまりなかった。「入籍」も「こだわりの日」も私は嫌だったけど、我慢したわけではない。部落を隠して生きてきた私が狭山を知って、氷が溶けるように心が解き放たれていった。狭山を通して、胸を張って生きる生き方を学んだ。誰もまねできない闘いを一雄さんはやってきた。私はそう思うんよ。その一雄さんの思うようにしたいと思った。

一雄はそれについて、「確かにそうだね。戸惑いはあったな。まあ、戸惑いがあるのは当然だけどな。〔でも〕やっぱり大事な三二年間だったから、その時期の」と答える。さらに早智子が、「私が別居結婚している間でも、どっかに荷物を置くだろ、そしたら、その荷物放ったままで出てくるんやな。

私がひょっと気がついて「荷物は」って、探しに行ったらあったりな」というのに対して、一雄はいう。「だから、やっぱり年季奉公が私がいちばん社会勉強できなかった最大の原因でしょうね。やっぱりその時代の一〇～一八歳までの間、年季奉公に縛られていたから、社会生活っていうものは、どういうものかわからないままでかくなった」。

早智子はいう。「東雲のゴルフ場で働いた分のお金をくれなかったでしょ〔第1章参照〕。あれだって普通だったら警察に届け出るとかなんかした〔はず〕。それも知らずに、お金がないので貸してくださいって警察に行って、それで済ましとるだろ。普通だったらそれ考えられん、昔でも。だから、そこはしょうちゃんも一雄さんも、文字を知らない、その二人が揃ったらそういう方法しかないのよ。普通だったら訴えるでしょ」。だからこそ一雄は、片岡がいろいろな場に連れていってくれたことに感謝する。

徳島の義母と〝一雄さん〟

一雄との結婚生活を振り返るなかで、早智子の脳裏を離れないのは、徳島の母のことである。母中川ショ子について、早智子はこのように語る。

母は、最初結婚に反対していましたが、私の気持ちが揺るがないとわかると、一転、一雄さんを大事にしてくれました。あとで聞くと、近くに住むおばさん（父の姉）が大反対だったそうですが母は揺るがず、「一雄さんは優しい」と堂々と皆に話していました。強い人でした。

八一歳のショ子を取材した『徳島新聞』(二〇〇三年五月二三日)の記事も、「ショ子さんは、初めて自宅を訪れた石川さんの印象について「まじめでやさしく、この人なら間違いない。絶対に事件は起こしていない」と確信を持ったという」と伝えている。さらに早智子は、このころのことを次のように回顧している。

一雄さんも一日何回も何回も、(徳島の母を)「お母さん、お母さん」と呼んでいました。恋しかったお母さんに何もできなかった悲しみを、徳島の母に重ねて親孝行していました。私は母に、「急に年がいった息子ができて親孝行してもらって、お母さんは幸せだね」と言ったことがありますが、幸せをいっぱいもらったのは一雄さんだったと思います。「部落を隠せ」と教えた母が、(二〇〇三年)五月二三日『徳島新聞』に顔をさらして堂々と「一雄さんは優しい子です。私の願いは一日も早く冤罪が晴れることです」と取材の時話しました。その時そばについていた弟が、「マイクなんか向けられたことのない母が凛として話していた」と電話で伝えてくれました。それから一〇日余りして母は亡くなりました。

その新聞記事は、「ひまわりの様な人」だった母が「私たちのために残してくれた最後のメッセージ」であり、「今も母が恋しいです」と早智子は語る。

しかし、そんな母にしても、当初からまったくとまどいがなかったわけではない。早智子はいう。徳島でそれなりの賃金をもらい安定した生活をしていた五〇歳近い子どもが、急に冤罪を訴え全国を駆け回っている、部落の象徴のような石川一雄と結婚すると知ってどんなにか驚いたことでしょう。近くに住んでいた娘が年がいって突然埼玉に行き、部落問題、冤罪を訴える最前線に立つかも知れないと思うと、その苦難の道を思ったのでしょう。今なら母の思いが理解できます。〔しかし〕あの頃は部落差別をなくす闘い、冤罪を晴らす闘いを〔一雄さんと〕共にしたいと精一杯でした。母の悲しみを理解できてなかったのです。でも理解していたとしても私の気持ちは変わらなかったでしょう。

徳島で早智子の母・中川シヨ子と(1998年)

母は、早智子が結婚する意志を固めると反対しなくなったが、それでもまだ一雄と母との関係はぎこちなかったという。ところがその距離を埋める事件が起きる。

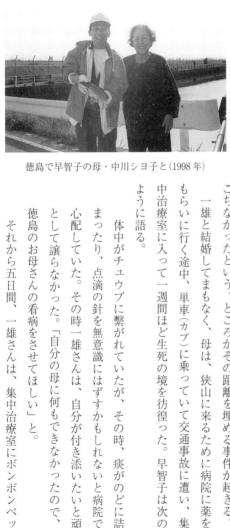

一雄と結婚してまもなく、母は、狭山に来るために病院に薬をもらいに行く途中、単車(カブ)に乗っていて交通事故に遭い、集中治療室に入って一週間ほど生死の境を彷徨った。早智子は次のように語る。

> 体中がチュウブに繋がれていたが、その時、痰がのどに詰まったり、点滴の針を無意識にはずすかもしれないと病院で心配していた。その時一雄さんは、自分が付き添いたいと頑として譲らなかった。「自分の母に何もできなかったので、徳島のお母さんの看病をさせてほしい」と。

それから五日間、一雄さんは、集中治療室にボンボンベッド（簡単な伸縮する椅子）を持ち込み、ずっと泊まり込んだ。母はうつらうつらしながらもわかったそうだ。母が意識がしっかりした時、一雄さんを息子のように思ったそうだ。

それからは、狭山に電話がかかってきて私が電話に出なくて、一雄さんと話しただけで電話を切ってしまうこともあった。母は一雄さんが大好きになった。

「私の（一雄さんを想う）気持ちが変わらないことを知ったこともあるけど、このことが一番大きかった」と早智子はいう。早智子の母も、一雄の無実をたちまちにして確信した一人であり、一雄とは親子同様の関係で結ばれていたのである。

早智子はこう結ぶ。

母は亡くなる半年くらい前、姉と私に、「私がどなにかなっても（急に亡くなっても）何も悲しまなくていいけん。お父ちゃんは優しかったし、子どもたちもみな優しかった。私はほんまに幸せな人生だった。だから何も悲しまんと身なりを整えて気をつけて、（姉は車で）ゆっくり来たらいいけん」と言った。私たちは深刻に受けとめず「わかった、わかった」と母に言った。あとで思うと、母はなんとなく体の変化を感じていたのかも知れない。突然母が亡くなったと知らされた時、母のことばを思いだした。すごい人だった。

一雄さんは私に隠れて母にお小遣いをあげていました。

私にいつも「お母さんがいつまでもいると思うな」と言っていました。私は母はいつまでもいると思っていました。両親に何もできなかった後悔と悲しみを知っていた一雄さん。私は母にただ甘え、わがままばかり言った娘でした。

“英雄”像との葛藤

片岡が、一雄には、社会生活を経験してこなかったということとは別の「ねじれ現象があるように思う」として語るのは、次のようなことである。

「刑務所の中で字を覚えて法律も勉強するようになって、みんなから石川さんがある種英雄みたいになって日本中から手紙は来る。それでそういうふうに自分は生きなきゃならない、その期待に応えなきゃいけないという縛りがかかっちゃっているわけ。だから、さっきの話じゃないけれど、無理して見せる、弱いところを見せてはいけない、というのがある」。

それについて一雄は、「それはあった。それに応えなくちゃいけないと思ってね、私はまあ必要以上に自分の元気さをみなさんに見せなきゃいけないっていう。メッセージなんかはそう書いていたからね」と答えている。

早智子も、「本当はものすごく素直なんよ。そやけどそこの強がりがちょっとあるんやな」といい、片岡も「まあ、みんながそうしちゃったわけ、支援していた人、さっちゃんも含めて。すごい無理している、昔ほどではないにはしろ。だから、俺は無理しなくていいんじゃないかと言うんだけれども、しょうがない、それは。今でも地方の集会とか行くと、みんなで記念撮影してサインをしてくれっていうんで色紙にサインをするわけ。ツーショットの写真を撮って、それを額に入れたりする人がいた

集会で訴える一雄と早智子(1997年5月ごろ)

り。みんなは、石川さんはすごい英雄みたいな人だって思っているから、本人もそういう生き方をしなきゃいけないと」という。

つづけて片岡が語るのは、「だけど、それは無理しないといけないときもあるからな。やっぱり。たとえば、酒飲んで酔っぱらったり、ちょっとでもなんかいい加減なことをすると、あいつはなんだっていうふうにいわれる。支援者の中には、俺らが一生懸命応援しているのになんだという人がいるわけだよね。それは支援者の勝手につくりあげたものなんだけれども、それは今も続いているわけ。言い方は変だけれども、気の毒だなと俺は思った」という思いである。

早智子はこんなエピソードも披露する。「私が徳島にいて、まだ一雄さんとつき合ってまもないころやけど、ある人が「俺たちがこんなに頑張ってるんだから、石川さんももっと頑張ってもらわんと」いうんや。だから、そのときに私、ムカッとして、私、年下やけど、「あなたに教えられたのは狭山は自分のことだと。石川さん一人で頑張ったってほんまに病気になったらおしまいだって。自分のことだから、自分が精一杯せなあかんって教えてくれたのにどういうことですか、石川さんが頑張らなくても私たちが頑張って、狭山の裁判だってせなあかんのとちがいますか」って言ったんよ。そしたらその人、黙っとったけどな」。

片岡が、「それについての俺の感想は、さっきいったみたいに、今も続いているわけ。国内で生きている以上、石川一雄はああいうことをしているみたいなことをいわれるのは、二人にとってひじょうに困る。だから、ずうっと誰かに監視されているような生き方をしなきゃなんないってことなんで」といい、「どう思う今の話？　やっぱり縛られているような感じがある？」と問うと、一雄は、「うん、ある。心外だと思うけれどね。やっぱり、立場上しょうがないなって思う。ある一面ではね」と答えている。

一方で、早智子が披露するこのようなこともある。

私らは狭山の支援してくれている所を行くから、どこ行ってもみな知っている人。みな石川一雄を知っていて、ほんまに感激するのは、特に年齢がいって、昔、狭山の運動一生懸命して今は遠くへいけんっていう人は、もうよろよろしながらも各地に行ったときに集会に来たりしてくれている。一雄さんの側に来て手を握って、何か握らして「これ手紙書いとんのでホテル帰ってみてね」って。そしたら、たどたどしい字で、「何か美味しいものを食べてください」って、やっと書いたような字でお金が入っているんやな、三〇〇〇円とかな。その人は多分、年金も昔だからないよ、ほんなかでほんまに親みたいな気持ちで一雄さんを応援してたと思うよ。こんな人が各地でいっぱい。この二、三年はな、コロナで行かんけど、だいたい必ず一回ぐらいはどっかであるんやな、どっか行った時に一人ぐらいは。だからそれも見たときに、それを感じたときに、やっぱり生半可な生き方はできんって真剣に思う。手紙の中に三〇〇〇円入ってて、やっと書いたような字で、これ何か食べて欲しいって書いてある。そんなん見たら、少しぐらい窮屈でも仕方ないなと思う。

一雄は、「支援者がね、石川一雄の人間像をつくっちゃっているんだよ」という。それを早智子に「自分で言う話か、自分で」と窘《たしな》められながらも、「それで私が応えようとするからいけないのよ。本当はいけないいんだけどね。皆さんの期待にな、そぐわないようなことをやっちゃいけないんだな、支援者だから。あくまでも支援してもらう立場ではな」というのである。片岡は、「だから俺はね、気の毒だなって思う。そう思う反面、それも仕方がないというのもあるよ。両方あるよ。だから、最初〔刑務所から〕出てきたときは、俺はね、まずは普通にいろいろ体験して、そんなに堅く生きなくてもいいからっていうんで、飲みに行ったりした」という。

支援運動がはじまった当初から運動に参加し、また一雄の出獄以来ずっと一雄やその家族に寄り添ってきた片岡の思いは、以下のようなところにある。

一般的には本やパンフレットに出てるような、石川さんは家が大変で学校にも行けなくて、それで騙されたんだって、一雄さんの像があるわけで。だけども聞いてると、実際には子守奉公もしたけれど東鳩に行ってラブレターもらったりデートをしたりしているわけね。そういう本人の二四歳までのことは、あんまりわからない。わからないし、冤罪事件で被害者になって被害者の側面だけしか見えてないから、それで頑張って刑務所三二年間やってきたって、この像になっちゃっているんだけれども、もうちょっとそこは今日話したみたいに、立体的に伝えたい。

さっちゃんが言ったみたいに、俺も一雄さん自身もわかっている話だけども、やっぱり学校に行けなかったことが根底にあって、三二年間社会から隔離されたのがあって、出てくると今度は英雄という、この三つあるわけだよね。これが繋がってるようで、繋がってないわけだよね。だから、ものすごく本人は大変だと思う。困っちゃうと思う、俺は。〔刑務所に〕入る前と、入って三二年間で英雄になって出てきて、その中で自分がどういうふうに生きるのがいいかっていうの〔を結びつけるの〕は、俺は大変だと思う。俺はそう思っている。さっちゃんもその辺はわかると思うんだ。もちろん、冤罪の被害者ってそういう意味はあるんだけれども、なんていうかひとりの人間として生きるのに、こんなに環境が変わっちゃって、どう生きたらいいのかっていうこと。普通の人は誰だってこんな環境におかれたら難しいと思う。

一雄は、その大変さは「頭〔のなか〕であったな」と答える。

早智子が「コロナになる前は、もうしょっちゅう出て行って、いろいろ考える時間もなかったような気がするな。コロナになってから、まるっきり生活変わったから、コロナは〔その意味では〕よかったかもしれない」といい、一雄も「ゆとりがなかったな。支援者がいっぱいいて、あちこち来てくれっていうことをいわれるから、それはやっぱり行かなければって思うんだけれども。忙しかったな。私は必要以上にやろうと思っていると思うよ、いつも。期待にそえるように頑張らなくちゃいけないって自分にいいきかせている」。しかし、それを「しんどい」「私はストレスが溜まる」という早智子に対して、「しんどくないよ、私は」という一雄がいる。「しんどくないよ」と、八四歳と七六歳の二人の会話がある。

「それならばいい。俺はやっぱり無理しているのはちょっとしんどいよなっていうふうにずっと思っているから。そんなにね、英雄みたいに無理しないでって。別に英雄じゃなきゃ応援しないなんてことはないんだからね、英雄じゃなくたって無実は無実だから、立派な人じゃないから応援しないとか、立派だから応援しているわけじゃないと俺は思ってるんだけど、世の中必ずしもそうじゃないんだよ。そういう英雄像ですごい人だからっていうことになっちゃってるから」と片岡は一雄を慮るが、一雄は淡々とこのようにいう。

みんなあたたかいよな、地方行くと。私の場合はね、昨日、石川一雄の支援者になってくれたっていう人、何十年前も支援者になってくれた人、全部分け隔てなく同じだって、私はいつもそういうふうにいってる。分け隔てない。昨日だろうが一〇年前、二〇年前だろうがね、そういう分け隔てがあっちゃいけないなって思っている、いつも私は。だから、どこ行ってもそうだよ、私はストレスになったことはないけどな。いつも楽観だな。昨日のことは昨日、今日のことはまた今日のことで考えるからね、昨日のことは忘れちゃって、また今日のことに専念すればいいって、常にそう思っているかな、私は。

早智子によれば、「支援者も十人十色だからいろいろ考えも違うし、「石川さん、もっともっと頑張らんとあかんよ」とか、「狭山は金食い虫」というような意見の人もいる。裁判に勝つためにはいろいろ支援が必要で、何としても勝ちたい、支援者に応援してもらわんとあかんので、その支援者に、極端にいえば一雄さんはその思いに沿うような生き方をせなと、一雄さんは自分はやっぱり勝ちたいと。これだけ応援してくれているから、その期待に自分はできるだけ応えなければいけないって思っているからあんまりストレスないんよ。苦痛を感じていない。私はストレスを感じているけれど」ということなのであった。

「〔一雄さんは〕自分はそういう運命だと、よく言うもん。そういう運命に生まれてきて、だからそうしなければならないって、本気で思っていなかったら、疲れると思うんよ。でも、案外疲れないのは、本気でそうやって思ってるんやな」。

夫としての〝一雄さん〟

前掲「人　石川早智子さん」にはこう記されている。

家事は分担しており、掃除、洗濯、アイロン掛けは一雄さんの担当。「私がすると荒っぽいので嫌がられるんですよ」と笑う。

一方で、「家庭の中でたとえば一雄さんは家でいろいろするけれど、一雄さんは健康を維持するために動き回ってっていうのはあるけれど、女性ということについてはどうなんだか。だから集会でも女性差別的なことを、案外平気で口にするんよ。私が必ず言うんよ、今の絶対許せませんって。ほんで、それを本人があんまり気にしないところが腹が立つ」という早智子の声もある。

早智子はいう。「多くの支援者の視線がある。だから集会に行ったら。帰りに必ず新幹線の中で、反省会みたいなのを私がするんよ。二人でな。あの言葉はやっぱりあかんと思うよとか、一雄さんも私も感じたことは言うんやけどな。〔どちらかというと〕私の方が一方的にだけいうけど、やっぱりな、また同じようなことをするのは嫌なの。だから、いうでしょ。冤罪をはらす、部落差別は許せんっていう、大きな部分では一致してるんよ。だけど、いろんなことを気にしたり、腹が立つことがあるけれど、一雄さんはあんまり腹立ててないってところにもストレスに感じる」。一雄は、「私は聞き流しちゃうから」と答えると、早智子は「それが悲しい」といいつつも、「一雄さんは無意識にも、意識しても、ある程度感覚を鈍感にしないと生きていけなかった。感覚がとぎ澄まされたままだと神経が持たなかっただろうと思う。だから〔そうやって〕自分自身を防衛していたのだと思う」と語る。

一雄にとって、支援者へのメッセージは自分の思いを伝える重要な手段である。一雄は、「だから、自分のメッセージを書くときも、頭のなかで全部考えているんですよ。ここのところはこういうふうにやって」といい、早智子にとっては、「だからその時に話しかけたら、なんか機嫌悪い」ということになる。一雄も「機嫌悪いよな」と認め、早智子は、「それも今、わかっているから、そん時は話しかけへんけどね」といいつつ、同居するようになった当時をふり返る。

犬二匹いたでしょ、チョロチョロチョロチョロチョロするんですよ。一雄さんは、腹立っちゃってね。自分は頭で考えているから。だから、結婚した当初、まだ狭山に来てまもないころに、メッセージ書く時にも「犬連れて出ていけ」っていわれたんですよ。私、〔周りのことは〕全然わからんでしょ。何もないし。そのころ、レストランに行ったってね、犬は入れんし、どうしたらいいんだろうと思って、一応、真っすぐ、真っすぐ、真っすぐ車で走ってみようと思ったら、智光山公園〔狭山市〕に着いて。これはいいとこ見つけたと思ってね、一雄さんがメッセージを書くときはそこへ犬連れていくようにしたんやけどね。犬連れて、三時間も四時間も公園で。三代目に当たる今の現地事務所ができてから、現地事務所で書き出したから、そんなことはなくなったけどね。

早智子は、そのような苦労をしつつも、一雄にとってのメッセージの重要性を重々理解して、このようにいう。

彼にとっては一番大事なことなんですよ。訴えること、多くの人に自分の気持ちを伝えること、自分の思いを伝えて、こういうふうにして欲しいんだ、これが大事なんだってことを伝えていかないといけない。それも集会に来られない人、全国の支援者の人に伝わる文章だから、すごく大事なんですよね。ちょっと腹立ったけど、大事なことだから、納得してたからね、メッセージは。私がメッセージに心動かされたから、だから、彼のメッセージは大事なんですよ。そういうことで我慢して、メッセージとか、手紙書くために〔家から〕出ていきました。だから〔現地〕事務所できてよかったんよ。それからずーっと彼が、事務所で〔書いてくれて〕ね、朝から晩まで。

彼のメッセージは命だからね。生きている間に、命以前にやっぱり冤罪を晴らさないとあかんでしょ。殺人犯のままでは、何のための三二年間かってなるでしょ。だから、〔私に対する〕やさしさは少ないけれど、それは仕方ないなと思った。

さらに早智子はこのようにいう。

一八歳まで年季奉公でいろんな経験が少ないでしょ。二四歳で逮捕されて、三二年間の獄中でしょ。だから本当にいろんな経験が自分の中でできてない。部落問題とか、冤罪とか勉強しても、女性差別の問題とか、その認識もまだ十分ではないし。その時に、裁判に勝つことも大事。けど、もっともっと人生のことをいろいろ経験する。楽しいなとか、おいしいな、景色が綺麗だなとか、そういう自分が感動すること、心がもっともっと豊かになること。私が一雄さんと結婚したのは、一雄さんと一緒に私もいっぱい経験しなおしていこうと思ったんですよ。

例えば、細かいことやと思うけど、ブドウ狩りとか潮干狩り、〔一雄さんは〕初めて私達と行ったんですね。小さい時は貧しくてよそのトマトを盗んで食べたりしていたけど、〔今は〕堂々とブドウ狩りして、美味しいな、堂々と楽しいなっていえる。魚釣りをするとか、そういうことがなかった彼に、本当にそういう思い出を作ってあげたいと思ったけど、それが違ってなかなか今できにくいけど、いろんな経験をさせてもらったっていうことを言いたかった。

でも結婚してからは違う。私が経験させてもらっているね。私は彼と結婚してなかったら、外国は行ったかもしれんけれどスイスの国連なんか行くはずないでしょ。スイス行ってモンブランに行ったでしょ〔後述〕。いろんな人と出会っている。

一番感動するのは、最近はあんまり外へ出ないけれど、この間、ちょっと離れたところに集会に行ったときに、高齢になった人が一雄さんに会いに来て、「今、集会も行けないけど、〔かつて〕現地調査に行ったときに〔一雄の〕お父さん、お母さんと会って来たと。そうしたら「息子を頼む」って、お父さん、お母さんが手を握られた。でもまだ一雄さんは自由になってない」といって、ほんで、自分のおこづかいを黙って一雄さんに握らす。今、開けるなって〔言って〕。そういう人達にたくさん会って来た。

御礼の手紙を書く喜び

一雄は、刑務所時代をふり返りこのようにいう。

私がね、喜びを感じたのは、やっぱり支援者に御礼の手紙を書くことだね。面会に来てくれた喜びを感じた時の気持ちを。やっぱり面会に来て、どのような言葉で私を励ましてくれたのかって、手紙を書くわけですね。自分の心境をその中にもつけ加えるわけですよ。皆さんからいただいた言葉に対して、私の心境はどのような変化があったのかっていうことを、手紙で綴るわけですよ。

それを考えるのが喜びを感じたりするね。

そして言葉を重ねる。「嬉しかった。やっぱり礼状を書くっていうのは、一番嬉しかったですね。もう、どれぐらい手紙を書いたか分からないぐらい。喜びだったね」。一雄にとっての喜びは「面会に来てくださったときの言葉」だという。

さらにこのような一件も披露される。「私やさっちゃんが一番嬉しいのはね、〔刑務所にいるときに〕高校生の女の人が手紙をくれたんですよ。私に悩んでいることの相談の手紙をくれた、私は〔悩んでいる問題の〕外の人だから。お父さんは広島の牧師さんで。前から支援してくださってたんですよ」。当時高校二年生だったその女性は「ちゃんとその手紙を持っていた。もう今から三〇年から四〇年前の手紙。五〇年ぐらいかな。当時は書くことが喜びだった」。

「だからメッセージなんかもそうだよ。いろいろなメッセージを書いたけど、やっぱり重複するところはあるけれど、なるべく同じような言葉を使わないように書いてきたつもりです。同じような言葉はないと思うよ」。一雄にとって、今もメッセージはとても大事な手段なのである。そしてまた、囚われていることを忘れることのできる幸福な時間でもあるのである。

自責の念を短歌で表す

もう一つ、手紙やメッセージと並んで、一雄の心情を伝える上に欠かせない媒体が、本書のなかでも数多く引用してきた短歌である。

一雄はいう。「やっぱりあの逮捕された当時のことと、起訴されるまでの間、苦しい時代があった。それを思い出すと自分を苦しめるから、なかなかそこまではまだ追及できない、冤罪が晴れていればできるけれど。自分がやっぱり騙された、自分の、何ていうか情けない一面がありますからね。自分自身を責める、やっぱりね」。そんななかで、「短歌にはそういうのを書いている」。

自責の念に駆られることは、そういう歌に託すんですよ。やっぱり言葉で言うと自分を苦しめちゃうから、心の中で詠んで、それを歌にするってことが私はベストかなって思ったんですよ、自分でね。当時は皆さんの前でああだこうだっていうと、自分を苦しめるからね。だから、歌をつくったほうが〔いい〕。心の中で歌って、それで文字にするっていう心境で今いるんです。そういうのはつくれますよ。

獄中の間も含めて、過去は振り返らないという姿勢でいつも前向きなメッセージを発してきた、そんな一雄の奥底にある心情が表れているのが短歌なのである。

千葉刑務所を囲んだ「人間の鎖」のときに、そこに集まった人たちの声が、獄の中まで聞こえてきて、それに応答すべく詠んだ歌が、「獄壁を　越えて届かし　我が連呼　無念のうちに　心洗わる」であった。「そういう歌を作って、全国婦人集会に出したんですよ」。片岡はそれで、「石川一雄は、〔自分たちが〕連呼していることをわかっているんだなっていうのがわかった」という。

ジュネーブの思い出――「アイ・アム・イノセント」

そんな苦労にも耐えながら、「見えない手錠」をはずすことを求め続けてきた出獄からの二八年の間で、一番印象に残ったことを尋ねてみた。一雄も早智子も、口をそろえてスイスに行ったことだという。

それは、二〇〇八年一〇月一五日、ジュネーブで開かれた国連・自由権規約委員会の意見交換会に出席したときのことであった。片岡はこのように説明する。「ジュネーブの国連の人権委員会で証拠開示について議論する場があって、それで、ロビイングで出かけた。日本でも狭山事件があってそれでいまだに冤罪で苦しんでいるが、その段階で〔裁判所による〕証拠開示はなかった。我々の運動の目

（左から）早智子，桜井昌司，片岡明幸，一雄
（ジュネーブ．2008 年 10 月 14 日）

国連・自由権規約委員会の意見交換会で無実を
訴える（ジュネーブ．2008 年 10 月 15 日）

標として、とにかく証拠を出してもらいたいと。それは国際人権規約に違反していると、日本の政治は」。

その委員会の模様について詳しくは、部落解放同盟中央本部から同行した片岡明幸が、「第一〇章　狭山事件と部落差別」（片岡明幸『人権・同和問題の基礎知識　埼玉編』）に記している。それによれば、一雄は、「私、石川一雄は、一九六三（昭和三八）年におきた狭山事件で、被差別部落に対する予断と偏見に基づいて犯人とされ、無実でありながら三二年間の獄中生活を強いられました」「事件発生から四五年が過ぎた今も、無実を訴え続けています」と述べ、それが通訳を通じて各国の委員に伝えられた。さらに一雄は次のように続けたことが記されている。

「私の裁判では、開示されていない証拠物件が、積み上げれば二〜三メートルあることを認めていながら、検察庁はまだ開示していません」「私も六九歳になりました。なんとしても生きている間に無実の罪を晴らしたいと、必死に訴え続けております」「委員のみな様に公正・公平な裁判はもとより、日本政府に対して証拠を開示するよう働きかけて頂きたいので、私、石川一雄が直接お願いに参りました」と述べ、最後に「アイ・アム・イノセント（私は無実です）」と結んだ（同上書、六〇〇頁）。

一雄はいう。「私が四五年無実を訴え続けていることや日本の司法の問題を述べました。なんとしても冤罪を晴らしたいと思いました」。早智子は、「人権委員会の前で一雄さんが発言し、最後に「アイ・アム・イノセント」（私は無実です）と締めくくったとき涙が溢れました」と話す（「石川一雄さん、早智子さんの近況　再審闘争四四年をふりかえって」『狭山差別裁判』第五一九号、二〇二一年八月）。

国連・自由権規約委員会は、一九九八年に審査を行い、日本政府に公正な裁判のための証拠開示の勧告をおこなった。しかし、日本政府と裁判所はその後も国連の勧告を無視し続けたため、一雄自らが渡航し訴えることとなったものであった。

聞き取りのなかで改めて片岡は、「日本の場合は警察が証拠を集めるけれども、それを出さない。出せという法律がない。だから、石川さんの事件も最近はやっと出てきたんだけれども、その段階では証拠は見せてもらえなかったわけ。なんで証拠開示をしてくれないのか、国連の人権規約は日本は批准しているのに、証拠を見せるってことになっているじゃないか、公正な裁判のために本人が行って訴えるということで、私と二人〔石川夫妻〕と通訳の女性と行ったわけ」と説明する。

一雄はまだ仮釈放のため、通常はパスポートを取得することができない。選挙権もない。渡航許可が下りるかどうかが危ぶまれたが、一回限りの、ジュネーブにだけ行けるというパスポートが発行され、一週間滞在することができた。しかし、「パスポートは出発直前までなかなか下りなかった。これが仮釈放だ」と早智子はいう。

なお、会場には、当時布川事件の被告として闘っていた桜井昌司も来ていたが、桜井には「共産党の支援者たちがいっぱい来ていて迷惑掛けたらいかんと思って、話しかけんかったけど、彼のほうから近寄って来た」と早智子はいう。

一雄は別のインタビューで、桜井とは国連委員会の事前の打ち合わせなどでも会い、「お互い出獄してから一〇年以上経っていましたが〔桜井の出獄は一九九六年一一月〕、いろいろと話すようになったのは、あの時以来かもしれません」と述べている（前掲「再審闘争四四年をふりかえって」）。

早智子は、このように語る。「片岡委員長と行かんかったら、もっと味気なくなっていただろうけれども、モンブラン行ったり、いろんな物を食べたり、あんなに楽しいことはなかった。ここでもう一回、今度、何がしたいかって言ったら、もう一回スイス行きたいって言うけれど、それも片岡委員長がおってくれたから。片岡委員長ね、柔らかくて〔柔軟で〕、計画なしでもう、いろいろするような感じでね〔よかった〕」「国連行って、いろんな人に会ったのもよかったけど、一緒に行く人が、もう硬くてここ〔目的の場所〕だけなんだっていう人だったら羽目を外せんだろうけど、委員長は、日本ではなかなか食べれんところに行こうと、いろんなところに連れて行ってくれたりして、そうね、こんな長い杖みたいなホルン〔の演奏を聴いた〕」。片岡と通訳はワインを飲み、チーズフォンデュも食べた。「私が一番美味しかったのは、やっぱり山の上のドーナッツ。美味しかったね。ココアと。だからね、他のこともスイスに行ったこと全部が私たちの宝物」。

こんな思い出もある。「一雄さんは、ピザを食べたことがなかった。美味しいものを食べさせてあげたいのに、ピザが食べたいとか言って。外のテラスでピザを食べた。そしたら一雄さんすごい感動して、こんなうまいもの初めてだって」。そのあと狭山で、次に徳島でピザを食べたが、一雄は「そのころものすごくカロリーを気にしていたから」、カロリーの高いピザはもう食べられないのであった。早智子は繰り返しいう。「あの時はほんまに楽しくって、毎日、あちこち行って」。

二人にとって海外旅行は初めてのことであり、いろいろな体験ができたことも大きかったが、「何が一番いいったらば、〔人の目から〕解放されているってこと」だったという。「日本の場合は、どこに行っても狭山事件の石川一雄という視線があって、あっち行ってもこっち行っても、狭山事件の石川一雄って言われてその視線が気になるから、余計なことはできない。ジュネーブは誰も知らないわけだから、すごく心が解放された」と一雄はいう。

早智子もいう。「石川一雄がいるところは支援者のところでしょ。狭山ではみな石川一雄を知っているんですよ」。「やっぱり、みんな忙しいけれどちょっと無理をして応援してくれているでしょ、長いこと。金も使っている、そう考えた時に、なかなか羽目を外す、そういうことを〔しないように〕自分で縛っている。別に強制されていないけれど。やっぱりそういうことをしちゃいけないとか、裁判

モンブランで(2008年10月18日)

官に悪く見られたらいけないとか、自分でバリアをつくっているけれど、それはでも仕方ないと思うんやけどね。でもやっぱり、外国行くのが初めてだったし、周りも全然違うし、やっぱり本当の自由に感じた」。二人はぜひとも片岡と、もう一度スイスに行きたいという。

三日間のロビイングの任務を終えて、バスでモンブランに行ったのだが、イタリアに入り国境を越えることになるため、その点が心配の種だった。結果的にはバスで通り過ぎるだけで法律的にも何の問題もないことだったが、一雄は、一度は「行かない」といったほど気にしていた。早智子も、「違反だったらもしまた刑務所戻されたら困るって、頭でガーってなって寝れんかった」という。仮釈放の身というのは、そんな余計な心配を強いることになるのである。

早智子は、すでに述べてきたように、一雄に失った日々をとりもどすさまざまな経験をしてもらいたい思いを抱いているが、スイスの旅はその重要な一つだったのである。

早智子は、「社会生活をするにあたっては随分勉強になったよな。一緒になって〔結婚して〕二人であちこち行ったし」というのに対し、一雄も同意する。国内旅行でも、一週間以上自宅を離れるときには旅行許可願いを出さなければならない不自由さを伴うなかで、二人で一緒に積み重ねてきた経験である。

〝過去を顧視しない〟

聞き取りの中で、獄中三二年、そして出獄から今までをふり返るという話題になった。その間には、一九九九年七月、第二次再審請求の東京高裁による抜き打ち的棄却が行われた。また、二〇〇〇年一二月には、主任弁護士を務めた山上益朗が、第二次再審請求の最高裁に対する特別抗告審の闘い半ばで亡くなった（『狭山差別裁判』第五二五号、二〇〇二年二月）。山上は、当時の部落解放同盟委員長朝田善之助の依頼を受け、一九七〇年から狭山弁護団に参加していた。

運動が起こった当初から闘ってきた片岡が、「刑務所の中で三二年いたわけだから、その中で一九七〇年ぐらいが一番運動が盛り上がっていった。三二年間暗い人生を送っていたわけじゃないんだよね。むしろ、前に進めるような」というと、一雄も「明るくなったね。だから、一般の人はね、刑務所の中っていうと暗いイメージがあるけれど、私も最初はそうだったと思うけれど、後半はもうむしろ自分の人生は楽しかったかなと思って。楽しかったのは支援者がいるから。自分一人じゃないんだってこと。そういう意味で楽しかった。〔本来〕刑務所にいて楽しいってことはありえないからね」と応答する。

早智子は、「一雄さんは自分が部落ということも知らんかった。文字も知らんかった。世間的な経験も少ない。〔刑務所の〕中に入って自分の存在、立場っていうのを知って、そうだったのかと〔子供の時の経験の〕いろいろなことが腑に落ちる。だから、余計にいろいろな悔しさがつのる。でも一雄さんは、そういうことはあんまり言わんのやな。そういうことを言ったほうがいいよ」と促すが、一雄は「でも、蒸し返す必要もないと思うよ」という。のちに述べる、二〇二二年五月二三日の集会に向けて発したメッセージのなかでも、「私は過去を顧視《こし》しないのが持論」と言っており、まさにそれが貫徹されている。

そして一雄は、「いやってことはないけれど、改めて蒸し返す必要もないかなと思って、今では」といいつつ、当時を思い起こす。「菅原四丁目っていうところは、イメージ的には汚い所だってなっちゃってるから、だから誰も来なかった。犬がいるし、豚、鶏、ウサギがいるし、そういう動物の糅《なめ》しがみんな干してあるから、ひじょうに汚いところになっちゃう」。「ウサギ屋さん」があり「犬屋さん」は一雄の家の隣だった。

片岡はいう。「だから、俺やさっちゃんがずっと言っていることを聞いてて、何かこう引っかかる、いい意味でね。石川さんをどんなふうに一般的に人は見ているのかっていうことなんだけれども、貧しい家に生まれて、学校も行けず、字が書けず、それでしまいには犯人にされて、三二年間も〔刑務所に〕いて、その中で字を覚えて、運動してきたっていうのが今までのストーリーで、嘘ではない。嘘ではないんだけれども、もうちょっと違う。そうなんだ、けっして暗い、悲しいだけの人生ではない、無駄な人生ではないんだと思いながら、さっちゃんの言ってる話を聞いてた」。

早智子はそれを受けて、こう語る。

〔獄〕中で一番大きなことは、悔しい、本当に悔しい、何をしたらいいかわからんってときに、ここなんや、彼が文字を知った。なんでこうなったのかってこと、訴えたいことがわかった。そこに石川一雄が光を見た、自分がやるべきことがわかったっていうことが、それが生きる希望になったってことが、彼にとって一番大きなことだったんだな。そういうことをすることによって、心が豊かになったって言ってたよな。私はその言葉が、今まで聞いた彼の言葉の中で好き。

もうひとつ私が印象に残っていることは、テレビを見ていて、〔北朝鮮に〕拉致されていた蓮池薫さんが〔日本に〕帰ってきて「おまえ無駄な時間を過ごしたな」って友人からいわれた時に、彼が自分のこれまでが無駄だったっていう〔いわれた〕ことに怒ったんよ。その時に一雄さんのことを思い出した。その一〇年ぐらい前に〔私が〕彼に言ったんよ。「一雄さん、三二年間無駄な時間過ごしたな」って。一緒のことやん。そう言ったときに、「決して無駄じゃない」と。あのときは今よりももっと他人行儀だったからな。「決して無駄じゃなかった。多くのことを学んだ」とその時に言ったんよ。字を覚えたし、あのままだったら自分は字を知らないまま齢をとったかもしれない。けど、心が豊かになったと、その時に聞いたんよ。

私、一雄さんのことを聞いてたからわかった、蓮池さんの言いたいことは。俺は一生懸命生きた。一生懸命どんなに苦しくても生き抜いた。で、家族を守った。自分の人生は決して苦しいだけじゃない。精一杯生きたんだっていうことを彼は言いたかったと思うんよ。その時に一雄さんの五年か一〇年前の言葉〔を思いだし〕、一雄さんと一緒だ、一雄さんも不自由な中でも、それでも精一杯生きた、俺は生きたんだって言いたかったんだなってことを。

だからな、私が二〇年ぐらい前に聞いた時に、やっぱり石川一雄と結婚してよかったなと、その時は思ったんやけどな。そうやって、ほんまにマイナスのことをプラスにし、そしてほんまに感動して捕まったおかげとはいえんけど、でも無駄な時間じゃなかったっていえる彼が素敵だとその時は思ったな。

そのようななかで話題は、一雄を担当した保護司*砂長稔に及ぶ。「ほら前の保護司さん、「私が担当している石川一雄は無実だぞ」って、保護司会の中で言った。そういうように、信じさせる、無実だと思わせる、やっぱりそれが〔一雄さんには〕あるんやな。助けてやらなとか。保護司が保護司会の中で中央から来ている保護観察官のなかで、「皆さん、私の担当している石川一雄は無実です」って、保護司会のなかで言ったらしいから。あの時は感動したな。砂長さん、そうやって思ってくれて、石川一雄のことを。砂長さんが来た時、「そんなこと言ったんですか」って〔嬉しかった〕。狭山住民の会の人が教えてくれた。そしたら砂長さんが、本当は言ったらあかんのやけど、「私は真実を言ったまでです」って。「ボランティアで保護司しているから、辞めさせられてもかまいません」って言ってたな」。早智子がそう話すことに、一雄も「言ってた」と頷く。早智子は、「いまだに覚えている。だから、一雄さんに〔人にそう思わせる〕そういうところはあるんだと思うよ」という。

＊法務大臣から委嘱を受けて、犯罪や非行を行った人の再犯を防ぎ、社会復帰を助ける無報酬の国家公務員。

仮釈放の場合は、定期的に保護司との面談が求められる。

一雄は、「無駄な人生って言ったら五年ぐらい」だという。その五年とは、逮捕から文字を獲得して自由に発信ができるようになるまでの期間であろう。早智子が、「すごい珍しい人生送って、たくさんの人から愛されている、このような人は、私少ないと思うよ」というのに応えて、一雄は、「幸せとは思わないけれどな。幸せでもないけれど。みんなに応援してもらって、支援してもらってるっていうことについては、やっぱりよかったなって」という。さらに早智子は、「解放同盟の中央本部なんかがバックにいるからな、それだけ〔支援運動が〕全国的に広がったっていうことだからな。珍しい、ちょっとない人生は送っているけれど、捕まってよかったとは口が裂けても言えんけど、ほんまにみじめなだけの人生ではない。本当に喜びも感動もいっぱい。すごく残酷な人生を送っているのに。感謝する人生ではあるよな」という。

一雄さんに二度助けられた

早智子は、こう語る。「私は彼に二度助けられたからな、命を。一回は、一雄さんのメッセージに出会って、石川一雄を知った時やな。その時まではこの職場辞めたい、死んだほうがましと思うこともあったけれども」。

「もう一回は、今から十何年前。あのほら、現地調査。一雄さんが何キロもの距離を、お兄さんの小さい地下足袋を履いて実検する。そしたら、一雄さんは五キロぐらいしか歩けんかったな」。身代金を取りに現れた犯人が残した足跡が、一雄の家から押収された地下足袋でできたものだとして有罪証拠にされた。しかし弁護団が提出した鑑定により、現場の足跡はその地下足袋よりも大きいサイズのものでできたことが明らかになった。一雄の家にあった地下足袋は兄六造のものである。「兄貴の足袋を履いたんですよ。血だらけになっちゃった」と一雄はいう。

その実検中に一雄が気分が悪くなった場合に対応するため、医者が控えていた。その医者がそこにいた人たちの血圧も測ってくれることになり、そこで早智子の最高血圧が二〇〇を超えているということが発覚したのであった。「それから一五年、血圧を抑えている。その時のおかげで助けられた。だから私は彼に助けられたと思う。そんなん全然知らずに平気で走りまわっていたんやから」と早智子はいう。

現在の争点――万年筆のインク

二〇二二年八月二九日、第三次の再審請求で、狭山事件再審弁護団（中山武敏主任弁護人）は、これまでに東京高裁（第四刑事部、大野勝則裁判長）に提出している新証拠を作成した鑑定人のうち、一一人の証人尋問を求めた。それとともに、鴨居から発見された万年筆のインクをめぐり、裁判所に鑑定を求める「事実取調請求書」を提出した。

そのなかでも一番の争点は万年筆であるとして、片岡は以下のように説明する。

簡単にいうと、石川さんの有罪の決め手は、被害者が持っていた万年筆が自宅の鴨居から出てきた、発見されたこと。でも二回家宅捜査をやっている。その前に十数人の刑事が、あのちっちゃい家の中を天井裏から縁の下まで、井戸まで見て何もなかったんだけど、突然三回目に万年筆が出てきて、被害者が持っていたものだったということになった。そりゃあ、ふつうに考えれば、殺された被害者が持っていた万年筆が石川さんの自宅から出てくれば、石川さんは犯人になるということになる。それが決め手になる。これは初めからおかしいと思っていたんだけども、それを証明することができなかった。

第三次再審請求では証拠開示があったわけ。被害者は、殺された日に学校でペン習字の練習をしている。そのときの万年筆が、被害者が殺されたあと石川さんの家から発見されたものとされた。それが被害者が書いた本物だったら、インクが家にあるインク瓶やペン習字のインクと一致しないといけない。

ところが、ペン習字で書いたのと家のインク瓶は同じクロム元素が含まれているものなんだけれども、鴨居から出てきたものは全然別な種類のインク。出てきた万年筆を刑事が、被害者の家に持って行って、「これが石川の家から出てきたんだけれど見覚えがありますか」って聞いている。そしたら〔被害者の〕兄貴がこれは妹が持っていた万年筆と書きぐせがそっくりだというので、そこで字を書くわけ、1、2、3、4って10まで。それが妹の万年筆だってことになったんだけれども、実は出てきた万年筆の成分、お兄さんが1から10まで書いているんだけれども、その字の成分が、蛍光エックス線っていう機械で、エックス線を当てると、ジェットブルーという空色の薄いインク、つまりクロム元素のない濃紺のブルーブラックというものだった。インク会社の説明だと、それは被害者のインクとは全く製法が違うんで、色が濃い薄いとかじゃなくて、作り方が違っているということがはっきりわかった。

つまり、元々の被害者が自宅で持っていた万年筆の瓶と殺された日に学校で書いたペン習字はクロムが入っているけれども、出てきた万年筆の方にはないわけ。全く違うわけね。で、初めてでっちあげだってことが、科学的に証明できることになった。

我々は、裁判官にその鑑定を裁判官がやってくれ、我々がやってこういう結果になったと言っても信用できないだろうから、裁判官自身が科警研に頼んでもいいし、民間の専門に分析している会社に頼んでもいいので、裁判官立ち合いでその鑑定を、実験をやってくださいと、そうすれば違っていることはわかるでしょということで、そこに最大の争点を合わせてやろうということでやっている。

実はその万年筆の成分の不一致については、我々は二〇一八年に摑んでその鑑定書を出したわけね。そしたら、向こう側がそんなはずはないと、検察側は自分たちでも実験をやるって言ったわけ。ところがいつまで経っても出てこないの。だんだん話が変になっちゃって、今、インクを探しているんだとか、何とかかって言って、結果的には実験をやらなかったわけ。実験なんかすぐできるのに。いや、多分実験はやったんだよ。絶対に。しかし、同じ結論しか出ない。これでは負けてしまうから、だから、やりましたとは言わないで、いろいろ理屈をつけて機械がメーカーの機械じゃないとか何とか言って、とうとう実験をやらないで書類だけ出して、弁護団の鑑定書は正しくないというようなごまかしをしてきたわけ。完全に向こうは負けているわけ。今度は勝てると思っている。

「提出済みの鑑定人尋問の請求、一一人出しているのだけれども、その中で、万年筆のインクの分析について弁護団は、特別に裁判官による直接の実験、鑑定をやってもらいたいという請求をしている」。これは前例がないわけではなくて、足利事件でも裁判官立会いで、検察側と弁護側の両鑑定人がＤＮＡ鑑定をやっているので、良心的な裁判官、公平な裁判官であれば、同じ実験をやって同じ結果が出たら正しいと判断することになる、と片岡はいう。裁判官が、予断なく実験をやろうとするか否かにかかっている（詳しくは『解放新聞』号外、二〇二二年九月二一日、等を参照）。

司法を動かす

二〇二二年五月二四日、第三次再審請求を求める集会が、日比谷野外音楽堂で行われた。その模様を報じた新聞によれば、一雄は、「石川一雄はまだまだ元気だし、必ず再審を勝ち取る、不退転の決意で戦っている。今、いろいろ新証拠が発見されている。これが判決当時に出ていたら、有罪は出せなかったんじゃないか。残念だ」と語った（『東京新聞』二〇二二年五月二五日）。また一雄は、「司法に対して直接、行動を起こしていただき、後押ししていただけることを願っている」と述べている（『埼玉新聞』二〇二二年五月二五日）。その一方で早智子は、その集会前日の五月二三日は一雄が逮捕された日で、「ゆうべ、石川は眠れずに起きてきて、取り調べのことを思い出し、怒りと無念でいっぱいになったと苦しそうに語った」ことを明らかにしている(『東京新聞』同)。

それに向けて一雄が送ったメッセージは、以下の通りである。

今年は全国水平社創立一〇〇周年を迎えた年であり、狭山の闘いを勝利して、その一ページを飾ることができたらと闘いを続けてきましたが、残念、無念の思いでいっぱいです。

二〇〇六年五月二三日、東京高裁に第三次再審請求を申し立て、弁護団や支援者皆さん方の闘いにより、これまでに二四六点の新証拠を提出しています。弁護団は今後鑑定人尋問を請求することにしていますが、勝利するためには、何としても鑑定人尋問を実現することが最重要です。

来年、二〇二三年は、不当逮捕六〇年になります。しかし、来年になれば冤罪を晴らせるとの保証はなく、寧ろ今までの司法の姿勢をみれば危機感さえ孕んでいます。そういう意味で今が一番大切な時でありながら、コロナ禍のために支援者皆さん方に私たちが直接支援要請できないのが残念でなりません。それでも全国の支援者の皆さんが変わらず、創意工夫しながら闘い続けて下さっていることに感謝の念でいっぱいです。

全国の狭山集会も、昨年一〇月に二年ぶりに開かれましたが、不当逮捕された五月の集会は二〇一九年に開かれて三年ぶりとなります。私は過去を顧視しないのが持論乍ら、家に閉じ籠っていると、別件逮捕され、厳しい取り調べを受けたことが思い出されます。通常の取り調べの合間に、元・交通係で、白バイに乗っていた人が来て、机をドンドン叩き、同じく別件逮捕されたA

さん、Bさんの自白があるかのように装って、「彼らはこのようにお前と一緒にYさんを殺したと認めているんだ」と、自白の強要を迫ったり、大声で威嚇されました。

のちにAさんは高裁で証人に立ち、「石川さんはA、Bと殺したと認めていると取り調べの刑事に言われた」と証言しております。後には「拷問的な取り調べに耐えかねて留置場で首吊り自殺しようとしたが、看守に見つかり死ぬことができなかった」と話しておられ、Aさんも厳しい取り調べをされていたことを窺い知ることができました。

一方、河本検事に至っては、机の上に尻を乗せ、革靴を履いた足で、ドタバタと机を叩いた挙句、私が一言も喋らないにも拘わらず、勝手に自白調書を作成してしまうのでした。ただ、河本検察官は強制的に名前や捺印を迫った訳でなく、一応全文を読んで聞かせた上で、署名捺印を迫ったので、私は述べていないのに、「自白」したようになっていたので、怒って灰皿を投げつけ大騒ぎになってほかの警察官らが駆け付け、顚末を話してその日以降、しばらくの間、河本検事は私の取り調べを外されてしまったようでした。仮に何も言わずに「名前と捺印」を迫っていたとしたら無学な私は従っていたかもしれませんが、検察官として調書の内容を理解させておく必要があり、読んで聞かせたものと思われます。

狭山署の署長と関さんの三人で取り調べを受けていた日が六月一三日であり、それから二～三日前のことと記憶しています。

今私が自らを叱責しているのは、取調中に如何なる事情があったにせよ「人殺し」を認めてしまったことで、濡れ衣を着せられ、長い拘禁生活を強いられ、冤罪を晴らすために今も皆様に多大なご迷惑をおかけしていることであります。

兄の地下足袋を見せられ、事件当夜、兄が夜遅く帰ってきたこともあり、取調官に兄が犯人だと問い詰められる一方、私に自白を迫るのは矛盾していましたが、社会的無知であったので、当時は思慮分別もなく、自分は「Yさん殺しはしていない」と、ただ否定の一点張りでした。

然し、私が否認し続けていたことでいよいよ「兄を逮捕する」と言われ、長谷部警視から私が自白すれば兄を逮捕しない上に、本来なら一〇年二〇年位刑務所を出られないところ、一〇年で出られるようにしてやる、と言われたのです。一家の大黒柱である兄が逮捕されると、家が困ることから、約束を信じて長谷部警視の言う成りになって自白してしまった次第です。

これまで、私は、忍耐、努力、根性で闘い続けてきました。長い冤罪の闘いですが、この悲哀、不条理、不正義が何時までも続く筈がありません。弁護団や、皆さんの闘い、ご理解のもとで真相は必ず証明されることを確信して、今後も不屈に闘い抜き、第三次再審開始の実現を目指し、奮闘する所存であります。

今日も全国各地において不当逮捕五九年糾弾集会に決起して下さったものと思われ、本当に心強く感謝にたえません。

来年は不当逮捕六〇年です。何としても来年こそ冤罪を晴らせるように更なるご支援を下さいますよう心からお願い申し上げて、私、石川一雄のご挨拶といたします。ありがとうございました。

◎陥穽《かんせい》で戦う吾は五九年　牽強《けんきょう》司法に真相求む

二〇二二年五月二四日　　石川一雄

全国の支援者各位

同年九月一〇日、寺尾判決の出された一〇月三一日の集会を前にして、一雄は、「昨年のはね、司法を攻撃するようなメッセージだったんです。歌そのものもそうだったんです。今回はやさしくね、司法にお願いするような立場になってメッセージを書こうかなと思っています」と語る。二〇二一年の歌は、「弁護士も　画竜点睛　逼迫に　司法の閑却　儒々《じゅじゅ》を許さず」であった。

早智子も、このように述べる。「ただ司法を敵に回すんじゃなくて、やっぱりそうだな、調べなあかんなって思わせるようなものであってほしいんやな。結局は敵にするんじゃなくて、動かさないとあかん、裁判をさせなあかん。いかに司法の心を動かすか、私達にとってはそういう運動を望む」。早智子は、「今まで私自身も権力は、私達の敵だみたいに思っていたけれど、でも今は、何としても裁判を元気なうちに開いてもらいたいってことは、裁判官にどうやって心動かすか、そういうとこをな、とり組みとか訴え方とか、私自身もかつかつになったらあかんなって今、思っている。いろんな思いはあるけれど、でも今は何としても心を動かして。裁判官だって人間だから」といい、一雄も、「今まではな、最高裁っていうのが、最低裁って思っていたからな。それは全部なしにしてな。そういうのはな。最高裁は最高裁だからな」と同意する。

『毎日新聞』二〇二一年六月一五日に掲載されたインタビュー記事のなかで、一雄はこのようにいう。「仮出獄後も両親の仏壇に手を合わせていません。「冤罪をはらして、この手錠を外すまでは手を合わせるわけにはいかない」と心に決めています。連れ合い〔中略〕は墓参りに行っていますが、私は行きません。お袋もおやじも待っていると思いますよ。けれども殺人犯のままでは行けない」。

そのために第三次再審請求の扉を開くべく、司法の問題点の本質を衝いてこのように述べる。

検察が証拠を独占していることが問題です。都合の悪い証拠は隠し続ける。再審請求手続きでの証拠の全面開示や、再審が決定したら検察官による不服申立てを禁じる事項を盛り込んだ再審法の改正は急務。でなければ冤罪事件はいつまでも救済されない。

そして一雄は、「無実を勝ち取るまで、死ぬわけにはいきません。〔中略〕長い冤罪の闘い。新証拠の鑑定人尋問を求めるこれからがヤマ場です。裁判官の正義を信じています」と結ぶ。

おわりに

ここまでで明らかなように、石川一雄は一点の曇りもそしてほとんど何の躊躇もなく、生い立ちから現在にいたるまでの人生を自ら語ってくれた。そこから浮かび上がってくるのは、一雄の人生の背後には部落差別が執拗にまとわりついていたことである。

一雄は、事件に巻き込まれるまで差別について自覚するにいたっていなかったものの、被差別部落であるがゆえの貧困に苦しみ、それゆえに教育からも疎外されてきた。そのような状況は、戦後復興、そして高度経済成長期になっても多くの被差別部落に見られたことだが、なかんずく一雄やその同級生たちは、きわだって過酷な状況に置かれていたといえるのではなかろうか。被差別部落と一括りにいっても地域によるちがいは大きいが、一九五〇年代に、小学生が親元を離れて子守奉公に出るという例は、これまで私はあまり遭遇することがなかった。ほぼ同時期の被差別部落を取材して作られたドキュメンタリー映画『人間みな兄弟——部落差別の記録』（監督・亀井文夫、一九六〇年）にも、生活を支えるために親のもとを離れなければならない子どもは登場しない。

国家権力は、そのような差別によって生みだされた一雄の「無知」に乗じて犯人に仕立て上げた。本書で述べてきた経過から明らかなように、警察は意図して「生きた犯人」をつくりあげたのである。一連の聞きとりを行っているときには、一雄自身から改めて語られることがなかったこともあって本論では触れていないが、実は子ども時代に、家の近くを通る西武新宿線の線路に石が置かれるいたずら事件があり、そのときも一雄の住む被差別部落の子どもたちに嫌疑がかけられた。まだ一三歳だった一雄は警察の取調べに屈して自分が置いたと認める虚偽の「自白」をするが、「山学校」に仕事に行っていたという確固たるアリバイが明らかとなって、疑いが晴れたのである（鎌田慧『狭山事件の真実』及びのちに一雄に確認）。警察は、何か事件が起これば真っ先にその犯人を被差別部落に求めてきたのであり、狭山事件もそうした一連の差別的な被差別部落認識によってつくり出されたものである。加えて、部落差別によってつくり出された被疑者の「無知」は、実に好都合であった。そしてマスコミもまた、被差別部落に対する偏見を煽り、あたかも被差別部落に犯人がいて当然という報道を続けた。

私は、一八七一（明治四）年の「解放令」後の近代の歴史のなかで、国家権力によって部落差別が最も煽られ、また利用されたのは、一九一八年の米騒動のときであると考えている。富山県魚津の漁民の妻たちの蜂起に端を発した米騒動が自然発生的に全国に広がっていくなかで、その前年におこったロシア革命の二の舞を恐れた政府は、内務次官、司法次官までがこぞって、米騒動はかねてから差別されてきたことへの怨恨を抱いている「残虐」な「暴民」である被差別部落の人びとの仕業であるから、「良識ある」部落外の者はそれに付和雷同して参加することのないようにと宣伝した。すなわち民衆のなかに存在する差別意識を最大限利用することによって、米騒動の拡大を阻止し、国家体制の危機を乗り切ろうとしたのである。米騒動後に〝平民宰相〟原敬を擁した政党内閣がまがりなりにも誕生した背景には、こうした部落差別の煽動があった。米騒動の渦中には、騒動に参加していないにもかかわらず、たまたま在郷軍人会の炊き出しで火傷を負った三重県津市の被差別部落の在郷軍人の男性が、部落民であるがゆえに米騒動参加者としての嫌疑をかけられるのを恐れて自死するという事件もあった（詳しくは、拙著『地域史のなかの部落問題』、『被差別部落認識の歴史』、『増補 近代部落史』を参照）。

米騒動の際には、権力は被差別部落という集団をスケープゴートにした。狭山事件も、同様に被差別部落を狙い撃ちにしたが、結果的に犠牲となったのは、石川一雄という個人であった。しかし両者は、時の権力者が体制の危機を乗り切るためには臆面もなく部落差別を利用したという点で同根である。狭山事件の背景には、本論で繰り返し述べたように、東京オリンピックを目前に控えて、吉展ちゃん事件で失墜した警察の威信をなんとしても回復しなければならないという焦りがあった。そのために標的にされたのが、二四歳の青年石川一雄であり、米騒動とは、権力にとっての危機の大きさの度合いこそちがっても、部落差別を利用した構造はまったく同じである。マスコミが煽った被差別部落への偏見も、あたかも米騒動の際の新聞報道を見ているがごとくであった。

中上健次は、和歌山県新宮の被差別部落出身で、被差別部落を「路地」と呼び、作品をとおして一貫して被差別部落と向き合い続けた作家である。中上は、関東大震災時の朝鮮人虐殺を想起しながら、「私の想像する被差別部落民虐殺と朝鮮人虐殺は、説明の手続きを無視して言えば、不可視と可視の違いである」とし、「私がありありと視るのはこの不可視の虐殺、戦争である」（「御坊」『紀州――木の国・根の国物語』角川文庫、二〇〇九年)と述べた。中上の言葉を借りるならば、一雄は「虐殺」されたのである。朝鮮人虐殺は、けっして特殊な過去のできごとではない。社会的弱者は、表面では人権を謳い差別撤廃を唱える権力とそれにおどらされた人びとによって、必要あらばいつでも利用され、葬り去られる。

一雄が獄中で書いたメッセージのなかに、「私にとって生命とは、真実をつらぬくということであります」(「奨学生の皆様へ」『解放新聞』第五四二号、一九七一年一二月六日)という一文がある。一雄は、文字を獲得することによって、「虐殺」に遭った状態から生命を回復し、自らの文章でひたすら真実を訴えるという挙に出たのである。一雄を勇気づけたのは、一九六九年ごろから高揚しはじめた支援闘争であった。獄中で書いた一雄のメッセージは、国家権力との闘いを前面に打ち出した戦闘的姿勢に満ち満ちたものである。一雄は、自らを冤罪に陥れた権力に正面から闘いを挑むことによって、自らの「生命」をとり返そうとしていたのである。いうまでもなくそこでは、冤罪一般に解消されない、冤罪を生んだ背後にある部落差別に焦点が当てられていた。

その闘いは、当該時期の部落解放運動の分裂や、支援運動のなかの対立などに翻弄された側面ももっていよう。弁護団の交替もその一つであろう。しかし、そうした功罪両面を合わせもちながらも、狭山差別裁判反対闘争は、狭山事件が部落差別を利用した国家権力の犯した過ちであることを明るみに出した。

現在の一雄の語りは、すべてを達観しているかのごとくにおだやかである。ときには自らを陥れたはずの人たちに対してさえ気配りを示す。一雄の話を聞くことが先行したため、獄中の文章に接したとき、確たる国家権力批判の枠組みのなかで展開される痛烈な訴えは、私には衝撃でもあった。一雄は、メッセージに書いてきたような怒りと自責の念を、一方では短歌に託し、また昇華させることによって今日の語りを生みだしているのだろう。一雄にとっての短歌は、本書ではごく一部しか言及できなかったが、数多くのメッセージや語りとともに、一雄の深奥が垣間見られる重要な記録なのである。

獄中三二年に加えて、仮出獄から二九年、その間に一雄は、伴侶であり闘いの同志である早智子に出会ったことによって、もはやひとりではなく二人三脚の闘いとなった。片岡明幸も早智子も、一連の語りのなかで一面で強調しようとするのは、一雄の人生は、つらいばかりではなく、逮捕される以前には労働に追われながらも青春があったということであり、仮釈放後には、冤罪を背負いつつも一見〝あたりまえ〟と見える日常をもとり戻すことができているという事実であり、一雄は痛苦に耐えて闘いを続けた〝英雄〟とは異なるひとりの人間でもあるということなのである。そしてそれもまた私が伝えたい点でもある。なぜならば、本来〝あたりまえ〟に生きているはずの人が、部落差別によってそれを奪われ、そして今なお「見えない手錠」がはずされていないのだという残酷さを理解してもらうために。

一連の聞きとり作業の最後に、一雄と早智子に二人の日常について語っていただいた。

一雄は目が悪くなる前は、短歌を作ったりテレビを見たり、あるいは一日現地事務所にこもって書き物をすることも多かった。しかし、コロナ禍以後は、目が悪くなり現地事務所にも行かなくなって、テレビを見たり、たまにメッセージを書いたりという生活になっている。早智子は、朝五時に起きて愛犬ココの散歩に出かけ、現地事務所を掃除したあとに朝食をとるが、一雄は八時ごろ起きて食パン一枚と野菜、もずく、コーヒーを等量混ぜた牛乳などの毎日決まった朝食から一日がはじまる。

食器洗いや、掃除や洗濯、アイロン掛けは、きれい好きの、そして刑務所時代にアイロン掛けの腕を鍛えられた一雄の仕事である。刑務所では、房に埃がたまったりしていないか抜き打ちで検査があり、汚いと減点され三回続くと懲罰という仕組みになっていたという。そうした習慣も影響しているのだろう。

一雄は動物が好きで、テレビも「アニマルプラネット」といった動物番組の専門チャンネルを見ている。ただし、ダラダラしているようにみえるパンダやコアラ、ナマケモノは嫌いだという面白い話も飛び出す。一時期、徳島に行ったときに鯉などの釣りに凝ったが、今はしない。二〇一九年から目が悪くなり、支援者への返事も自分では書けないため、早智子が口述筆記をする。

刑務所時代からもう五〇年以上昼食をとっていない一雄は、四時ごろに夕飯を食べる。白米と古代米を混ぜたご飯に納豆、豆腐もよく食べる。キムチや唐辛子、ニンニクを入れた野菜炒めなどを食べる。油物は苦手で、〝檄辛〟を好み、インスタントうどんの「どん兵衛」もよく食べる。

刑務所時代から湯船に入ることをしなかった一雄は、シャワーを済ませると、そのあと夕方から散歩に出る。河川敷、稲荷山公園を歩き、多い時は四万歩を超えるという。裁判をめぐる三者協議のころは「どこか気になるから」、雑念を払うために長い時間散歩をしていた。一雄の平穏に見える日常のなかにも、当然にして狭山事件は入り込んでいる。

なかなか寝つけない早智子をよそに、一雄は一〇分か一五分で寝入り、よく眠れるという。夢もあまり見ないが、たまに見る夢に現れるのは、刑務所時代の仕事や行進をさせられている場面だという。貧乏な時代のことや、あるいは「おやじやおふくろの夢もみる」。はっきり覚えている夢は、「東鳩製菓に勤めていながら家にいて、工場長から「石川さん、帰っていいからね」といわれて困っていたこと」だという。

近所には、同級生などの友だちもほとんどいなくなってしまった。本文でも登場したすぐ近所のしょうちゃんは、一雄が戻ると一雄のもっている鍵の音を聞きつけて、じゃまになるほどにしょっちゅうやってきたが、数年前に亡くなった。幼なじみで残っているのは、石田きよしぐらいだという。

早智子が、三年ほど前に狭山市駅で狭山情報宣伝行動と署名活動をしていた際の思い出をメールで伝えてくれた。

署名板を持っていた私に、男性が近づいてきて署名をしてくれながら話しかけてきました。「私は石川一雄さんを知っています。石川さんは小学校で一歳上です。ある日私が教室に行くと、教室に石川一雄さんが座っていました。驚いた私が「アレっ」と言うと、石川さんは驚いたような顔をして教室から飛び出していきました。このことを思い出したのは、狭山事件が起き石川一雄さんの写真が新聞に大きく載った時でした」と。

おかしくなって署名をしてくれた人と、ふたりで笑ってしまいましたが、その後、とても切なくなって涙があふれました。きっと四月か五月のできごとだったのでしょう。学校にほとんど行っていなかった（行けなかった）一雄は、久しぶりに学校に行っても三年生から四年生に進級していることも知らず（わからず）そのまま前の教室にすわっていたのでしょう。〝あたりまえ〟なら進級すれば、本やノートも新しくなり、それらに「四年　石川一雄」と名前を書くという作業もあるはず。そのようなことが全くなかった一雄の学校での生活が一番現れているできごとだと思います。今もそのことを思うと胸が締めつけられます。学校生活がほとんどない（修学旅行も、遠足も、卒業式も）一雄のことを覚えている級友は少ないと思いますが、このようなことで一雄を鮮明に覚えているということも皮肉なことです。

一雄の「見えない手錠」がはずされ、早智子とともにすごす本当の〝あたりまえ〟の日々が、一日も早くやってこなければならない。

これまでにも繰り返し述べてきたことだが、中国文学者の竹内好は、今から六〇年以上も前に、「自分が差別をしているという自覚がない、あるいは、差別という事実の存在していることを知らない、これがじつは最大の差別であり、人権の欠如であります」（「基本的人権と近代思想」『文化と部落問題』一九六〇年一二月）と言い切った。そもそも狭山事件を知らない、あるいは「見えない手錠」がかけられたままの状態の背後に「差別という事実」の存在することを知らない人はいまだ少なくない。そこに目を向けることは、「最大の差別であり人権の欠如」に陥らないための入り口になるのではないか、そしてそうあらねばならないと思う。

最後に、「現在の第三次再審請求で再審を勝ち取らないと、生きているうちに無罪になれない」（『徳島新聞』二〇二三年二月一一日）として闘いを続ける一雄の歌を二首、掲げる。

夢幾つ多難にみちた人生も　皆の支援で希望の年に

青春を扉の中に置き去りし　司法の誤謬を今ぞ質さむ

主要参考文献

石川逸子『三鷹事件——無実の死刑囚 竹内景助の詩と無念』梨の木舎、二〇二二年

石川一雄『石川一雄獄中歌集』たいまつ新書、一九七九年

石川青年救援対策本部編『狭山事件の真相』一九七〇年

片岡明幸『人権・同和問題の基礎知識 埼玉編』解放出版社、二〇一八年

鎌田慧『狭山事件の真実』岩波現代文庫、二〇一〇年(『狭山事件——石川一雄、四十一年目の真実』草思社、二〇〇四年、の文庫化)

亀井トム・栗崎ゆたか『狭山事件 無罪の新事実——崩壊する権力犯罪』三一新書、一九七七年

亀井トム『狭山事件(続)無罪の新事実』JCA出版、一九八〇年

黒川みどり『描かれた被差別部落——映画の中の自画像と他者像』岩波書店、二〇一一年

——『被差別部落認識の歴史——異化と同化の間』岩波現代文庫、二〇二一年(『異化と同化の間——被差別部落認識の軌跡』青木書店、一九九九年、の文庫化)

——『増補 近代部落史——明治から現代まで』平凡社ライブラリー、二〇二三年(『近代部落史——明治から現代まで』平凡社新書、二〇一一年、の文庫化)

『この差別裁判を許すな——狭山闘争勝利のために!』荊冠社、一九七二年

埼玉県部落解放運動史編纂委員会編『埼玉県部落解放運動史』部落解放同盟埼玉県連合会、一九八四年

佐木隆三『ドキュメント狭山事件』文春文庫、一九七九年

『狭山市史　通史編Ⅱ』一九九五年
高見澤昭治『無実の死刑囚――三鷹事件　竹内景助　増補改訂版』日本評論社、二〇一九年
『千葉県の歴史　通史編　近現代三』二〇〇九年
友常勉「狭山闘争の思想史・試論――戦後部落解放運動史のために」『クァドランテ』第一二／一三号、二〇一一年
――「狭山事件と狭山裁判闘争の六〇年」朝治武ほか編『講座　近現代日本の部落問題3　現代の部落問題』解放出版社、二〇二二年
中山武敏『人間に光あれ――差別なき社会をめざして』花伝社、二〇一九年
野間宏『狭山裁判（上）（下）』岩波新書、一九七六年
浜田寿美男『虚偽自白を読み解く』岩波新書、二〇一八年
部落解放同盟中央本部編『狭山差別裁判　第三版』部落解放同盟中央出版局、一九七二年
部落解放同盟中央本部中央狭山闘争本部『狭山差別裁判』第一号、一九七三年〜第五二九号、二〇二二年
――編『無実の獄25年――狭山事件写真集』解放出版社、一九八八年

石川一雄　略年譜

一九三九年　一月一四日　埼玉県入間郡入間川町菅原四丁目に生まれる。
一九四五年　四月　入間川国民学校に入学。
一九四七年　二月一六日　中川早智子、徳島県板野郡応神村に生まれる。
一九四九年　六月　親元を離れて奉公に出る。
一九五五年ごろ　東京の漬物屋を最後に奉公生活を終え、近隣の工場などで働く。
一九五七年ごろ　ジョンソン空軍基地内のビクターオートに勤める。
一九五八年　三月　東鳩製菓保谷工場に勤める。
一九六一年　土建業、米軍基地、などで働く。
一九六二年一〇月　石田養豚場に住み込みで働く。
一九六三年　二月　自宅に戻り、兄六造の建設業の仕事を手伝う。
一九六三年　五月二三日　別件逮捕される。
一九六三年　六月一七日　保釈直後に、再逮捕。狭山警察署川越分室に移送される。
一九六三年　六月二〇日　三人共犯の「自白」をはじめる。
一九六三年　六月二三日　単独犯行を「自白」。
一九六三年　七月　九日　中田善枝さん殺害容疑で浦和地検に起訴される。
一九六三年　九月　四日　第一審第一回公判（浦和地裁）で起訴事実を認める。
一九六四年　三月一一日　第一審浦和地裁より死刑判決を言い渡される。翌一二日、東京高裁に控訴。

一九六四年　四月三〇日　東京拘置所へ移送される。
一九六四年　九月一〇日　第二審第一回公判(東京高裁)、中田善枝さん殺害を否認し、無実を訴える。
一九七四年一〇月三一日　第二審東京高裁より無期懲役の判決を言い渡される(寺尾判決)。一雄と弁護団、最高裁へ即日上告。
一九七七年　八月　九日　八月九日、最高裁が口頭弁論を行わず上告棄却を決定したことに対して、弁護団とともに最高裁へ異議申立てを行う。八月一六日、最高裁が異議申立てを却下し、無期懲役が確定。
一九七七年　八月三〇日　弁護団とともに、東京高裁へ第一次再審請求を申立て。
一九七七年　九月　八日　千葉刑務所に移監される。
一九八〇年　二月一二日　二月七日に東京高裁が再審請求棄却を決定したため、異議申立てを行う。
一九八一年　三月三〇日　三月二五日に東京高裁が事実調べを行わず異議申立てを棄却したため、弁護団とともに特別抗告を行う。
一九八五年　五月二七日　最高裁第二小法廷、第一次再審請求の特別抗告を棄却。
一九八五年一一月二三日　父富造死去。
一九八六年　八月二一日　東京高裁第四刑事部へ第二次再審請求を行う。
一九八七年　三月二八日　母リイ死去。
一九九四年一二月二一日　仮出獄により狭山の自宅に戻る。
一九九五年一〇月二五日　中川早智子と狭山で出会う。
一九九五年一二月一九日　自宅が火災に遭う。
一九九六年一二月二一日　中川早智子と結婚。

一九九九年　七月一二日　七月七日に東京高裁第四刑事部により第二次再審請求が棄却されたため、東京高裁第五次刑事部に異議申立てを行う。
二〇〇二年　一月二九日　一月二三日に東京高裁第五刑事部により異議申立てを棄却されたため、最高裁に対して特別抗告。
二〇〇五年　三月一六日　最高裁第一小法廷が特別抗告棄却決定。
二〇〇六年　五月二三日　東京高裁に第三次再審請求（東京高裁第四刑事部）。
二〇〇八年一〇月一五日　ジュネーブで行われた国際連合自由権規約委員会の意見交換会で、無実と証拠開示を訴える（一〇月一二〜二〇日、滞在）。
二〇一三年　五月二二日　東京・築地本願寺で開かれた同和問題に取り組む宗教教団連帯会議「宗教者の集い」に夫妻で参加。狭山事件を訴える。
二〇一三年一〇月三一日　狭山事件の再審を求める市民集会が東京・日比谷音楽堂で開かれ、ドキュメンタリー映画『ＳＡＹＡＭＡ　みえない手錠をはずすまで』（監督・金聖雄、二〇一三年、一〇五分）完成上映会が行われ参加。
二〇一五年　一月二〇日　『ＳＡＹＡＭＡ　みえない手錠をはずすまで』、第六九回毎日映画ドキュメンタリー賞受賞。
二〇一六年一〇月二八日　東京・真福寺で開催された同和問題に取り組む宗教教団連帯会議「第二回　石川夫妻の幸せを願う宗教者の集い」に参加。

【資料】被告人最終意見陳述（一九七四年九月二六日、東京高裁第八一回公判）

私は当審第一回公判の昭和三九年九月一〇日、冒頭に於て「お手数をかけて申し訳ありませんが、私は中田善枝さんを殺していません。この事は弁護士さんにも話してはいません。」と述べ、いわゆる狭山事件については無関係である旨、はっきり意志表明し、そして翌、四〇年七月、三回廷の被告人尋問によって本件は警察、検察のあくらつな陰謀によって犯人にデッチ上げられ、この事件が即ち権力犯罪として全国津々浦々に知れ渡るに及び、それ迄はごく限られた範囲内の活動でありましたが、あらゆる階層の人達が狭山事件の支援活動に起ち上って下さった事によって狭山の運動体が拡大され、新しい展開を見せてより、一〇余年という長い月日を経て今日最終弁論を迎えるにいたったわけであります。勿論被告人尋問は前述、三回廷のみならず、今日迄の七〇数回の公判に於て何回も行われて参りましたし、その都度、権力の拷問と陰謀、「自白」と客観的事実の矛盾、物証とされた万年筆、時計のネツ造物証など暴露してきたのでありました。

「実体的真実発見と被告人の基本的人権の尊重という刑事訴訟法の基本的精神」に於て特に重要な事は、事実に基づいて真理を探求する意味に於て、今年の三月公判において寺尾裁判長が部落関係の証人及び現場検証を却下した事に対し大変遺憾に思うのであります。

又今日、私に与えられた機会が最終陳述であるならば、永い公判斗争の兼合からしても一時間程度では何か物足りない気がしてなりません。従って本件の核心部分に触れますと長時間必要となる関係で、のちに上申書を提出することになるであろうことからここでは込み入った部分を除き、本件、狭山事件は権力犯罪であることを論証し、いわゆる灰色の判決ではなく、完全無罪判決を切望する次第であります。

さて狭山事件とに〔ママ〕一体如何なる事件で、いかなる捜査によって部落民の私が別件逮捕、再逮捕そして、特別施設の取調室に於て如何なる悪虐非道な拷問を受けて犯人に仕立て上げられていったか、捜査過程から原審、当審の井波裁判長が停年退官に至る迄の間を陳述いたします。

いわゆる狭山事件とは昭和三八年五月一日の当夜、中田栄作方へ何者かが身代金要求の脅迫状を届けたことによって女子高校生中田善枝さん誘拐事件として発生し、そして脅迫状文面には二日の夜、佐野屋前へ現金二十万円を持ってくるように書いてあったことから埼玉県警では犯人検挙の夜に佐野屋周辺に四〇数人もの厳重な張込員を配置し、犯人の出現を今や遅しと手具脛〔ママ〕ひいて待構えているところへ定刻より一〇分位遅れて現われ、身代金を持参したであろう被害者の姉、中田登美枝と話を交し始めたのであるから、まさに飛んで火にいる夏の虫的な袋のネズミであったのである。ところが登美江〔ママ〕と一〇分位やりとりをしていたぞくは警察官らの張込みに気づき、身代金を取らずに逃走してしまったあとになってマヌケな張込員達は気づいたというのである。こうした当局の演じた失態に対して世論のごうごうたる非難の声が高まったのは言うまでもなく、しかもその二ヶ月前には東京下谷で起った吉展ちゃん事件に引き続く誘拐脅迫事件であり、度重なる警察の失態は司法権全体、ひいては支配維持の死活にかかわる政治問題に発展しかねないことから柏村警察庁長官は責任をとって辞表を提出せざるをえなかったのであった。もっとも柏村が辞任にいたったのは犯人を目前にしながら取逃すという大失態を演じた事もさることながら犯人取逃しによって公開捜査に踏み切り、埼玉県警の応援を求めて、善枝さんの通学路を中心に山狩りを行った結果、被害品と思われる自転車の荷掛け紐が発見され、翌四日には変り果てた善枝さんの死体が発見され、吉展ちゃん事件の直後でもあっただけにこの最悪の事態に警察上層部に大ショックを与えたに違いない。そして死体見分の結果、外傷は所見されなかったことからも面識者の犯行説を前提に立ち、捜査が開始された二日後に、詰まり死体が発見された翌々日の六日に、元中田家の作男であった奥富玄二さんが自分の結婚式を前日に控えながら農薬を呑んで自宅の古井戸へ飛び込んで自殺したという事を知った捜査官らは色めきたったのはいうまでもあるまい。しかも新所帯を構えるために建てた奥富さんの新築中の家が、中田善枝さんの死体埋没現場からさほど離れてないのみに止まらず、その日、五月一日は奥富さんの退社時刻と善枝さんの下校時刻と殆ど同じ位で、通勤コースも善枝さんの通学コースと同じであったというのですから誰もが自殺した人が犯人と思い込んでも当然であった。だが然し家も新築し、結婚式を前日に控えてナゾの自殺をとげた事を知った篠田国家公安委員長は「こんな悪質な犯人はなんとしても生きたままフンづかまえてやらねば」と報道陣に語り、活字になったことで、この篠田発言は「失墜した警察権力の威信回復をはかるにはもはや生きた犯人以外にない」と訓辞したものとして受取った結果、警察当局は嫌疑が濃厚と思われた奥富玄二さんを犯人像から外してしまったのである。だが篠田が「二十万円を大金と考える程度の生活レベルきし《〔ママ〕》や持たない者である」と暗に部落民を示唆したものの、仲々適当な犯人像が浮かんでこないまま時はどんどん過ぎ、世論の非難は時と共に高まり、板挟み的状態にあった警察当局はついにあせりと共に伝習的常套手段として市内の二つの部落に目を向け、そして同市内の部落内から犯人を作りだす策動に着手すべく、マスコミを扇動し、地元住民内部にある「……地元から犯人を出したくない、よそ者にちがいない」といわゆる部落民を指す一般住民の声として記事にさせる事によって部落民に対する差別意識を徹底的に利用しよう《〔ママ〕》としたのである。いわばマスコミは躍らされていたわけでありますが、マスコミの大々的な差別キャンペーンを、社会的意識として差別観念の助長の中で周辺住民にとりつけた事は論ずる事でもあるまい。その結果、詰まり「犯人はよそ者である」という事が記事になりだしてからそれまで非協力的であった堀兼地区住民はこぞって急に態度を変え、捜査本部に協力を申し入れ、積極的に活動を開始しはじめたことからえたり顔の警察当局は前述の様に二つの被差別部落に対する集中見込捜査を行い、そして部落民の中からピックアップされたのが、私であり、五月二三日の早朝、自宅に於て不当な別件逮捕されたのであった。まさに権力の『部落民から犯人をデッチ上げる』目的意識的行為であり、大掛かりな部落民に対する権力のフレームアップであり、一個の明確な権力の差別犯罪でなくてなんであろうか。

逮捕容疑は三件であった。その第一は身に覚えのない本件の恐喝未遂、第二の暴行容疑は事件を起した際その場で警察官も立会い示談で解決ずみのもの、第三の窃盗容疑は友人の高橋良平の作業衣を寒かったので着たまま帰ってしまったという取るに足りないわるさに等しい軽犯罪を針小棒大に評価して別件逮捕をしたという裏には、善枝さん殺しの犯人にデッチ上げるために窃盗等の事件に名をかりたにすぎなかったのである。

ゆえに私は声を大にして訴えたいのは、警察は起きた事件の解決という業務のために一つの真実らしきものを創作出来る力を持っているという事と、警察当局が最《〔ママ〕》もらしい筋道を立てて全く一方的に一人の創り出された人間像を私の上にかぶせてしまったという事であり、そしてその行動には法律が手を貸しているということであります。少しの疑いがあれば逮捕状という法律の味方があり、更には一方的に拘留する権力もふりまわせる、そうされる者の利益や損害に全く関係なしに無差別にそれをふりまわすのである。そしてその仕掛けられた罠にはまった者の受ける精神的苦痛はとても人間の持てる言語の力をもって表現しえるところではありません。勿論私は別件逮捕によって狭山署へ連行されて、連日連夜の厳しい取調の肉体的、精神的拷問を受けましたが、自分には全く身に覚えのない善枝さん殺しだけは当然の事乍ら認めませんでした。

こうした私の抵抗にてこずった当局は何とか嘘の自白を引出そうとニセ弁護士を近づけたり、或はニセ狭山市長を仕立てあげて卑劣な手段を使って迫ったのである。然し私は前述の様に他の件は逮捕事由にないことまですすんで話しましたが、事実無根の善枝さん殺しについてはどんな責苦にも耐え、孤立無縁の中で斗いを貫徹し、一ヶ月近くも無実を訴え続けて居りました事は記録上明らかでありましょう。

この間のマスコミ陣どのは様（ママ）な記事を載せていたかといえば、私に対して、取調が進展しない原因について警察当局の根拠不十分な見込み捜査を批判するのでなく、反対にこれを部落に押しつけて「当局が取調に手こずり、裏付け捜査が予想外に難航しているのは、菅原部落が特殊地帯で、殆ど血縁関係で結ばれているからである」などと差別キャンペーンをながして市民をあおっていたのでありますからまさに無実であった私は公器といわれるマスコミによって既に殺人者としてあらゆる汚名を着せられていたことになり、と同時に国民の大部分はその公器を通して私に対する評価と私を含めた部落民に対する認識を誤って知らされていたのであった。

この様にマスコミ陣は警察のスポークスマン的な役割を果したことによって次第に一般者達が部落民に疑心の目を向けはじめた事を幸いにこの期を逃しては犯人デッチ上げの機会を失う事から当局は恐喝未遂が不起訴になったにも拘らず、一旦保釈しながら門前で再逮捕し、更にマスコミに協力を求めたのであった。つまり狭山事件に於て国家司法権力は相次ぐ同様な凶悪事件の捜査の失態を暴露し、国民の批判の前にかろうじて面目を保つために何がなんでも生きた犯人をもって威信を示さねばならないことから私を自由の身にせず、再逮捕に踏み切って犯人にデッチ上げていったのであります。

私は再逮捕によって身柄は狭山署から川越分室署へ移され、そこで拷問に等しい責苦を受け、それまで一ヶ月にわたって真実を訴え続けながらもついに私の忍耐の限度がき、権力に屈服してしまったのでありますが、ここで私は寺尾裁判長に訴えたいのは、現在の法律は私の知る限りに於て警察第一優先的であるという事であります。何故なら容疑者の身柄を逮捕するのも、外部との交渉を断つための接見禁止をするのも、拘留につぐ拘留をするのも、その殆どの資料は警察の提出するものに基づいて裁判官が許可を与えるからであります。「悪意があるとは思えない」までも私の場合には歴然とした悪意に基いて謀られたのでありますからそういう人権の一番慎重を期さねばならない初期の段階に於て無条件で警察の言う成りに権力を与えている現行法律に不信を抱かずに居れません。刑事達には一種の思い上りがあり、彼ら法務省にはじまって検察庁等の巨大な機構によって支えられている権力なのだと思っている。そしてその権力はその背後の警察力や法律の力に支えられて真実よりも真実な力を持つ虚偽の真実を作り得るのであるという事を先づ知って頂かなくては本件は灰色の無罪判決文を作成することしか出来ないと確信するものであります。

さて私は狭山……川越署と戦前のたらい回し的、あたかも物体の如きの扱いを受けていたのでありますが、そういう拷問的、苛酷な取調にも屈せず一ヶ月近くも無実を主張し続けて居りながら何故、どうして川越分室署へ移されてわずか一週間足らずに嘘の自供をするに至ったか、本来ならその全ぼうをもう一度ここで振返ってみたいのは山々なれど、今日の私の持ち時間に余裕がないために要約して自白に至る経緯をごく簡単に取上げて、あとは当審の何回かの被告人尋問で子細に述べておりますのでそちらの方の記録をごらん頂きたいと思います。

私が権力の脅迫甘言等に乗せられた真の要因は何んといっても別件逮捕の容疑事実について六月一八日に裁判が開かれるという旨、中田弁護人から知らされて居りました私は、裁判所へ行ったら連日連夜身に覚えのない善枝さん殺し事件について責められている不当な取調を有の儘訴えるべく大いに期待して居たのでありました、ところが再逮捕によって前記の窃盗等の容疑と併合して裁かれる事になったため一八日の裁判は取消しにされてしまったのでありました。然し当時の私には法的手続はもとより、社会的にも全くの無知であったゆえに、何故無くなってしまったのか判らず、精神的不安はつのるばかりで、他方では狭山署時代にニセ弁護士（当時はニセ弁護士の見分はついてない）と接見した際、同弁ゴ士はしきりに中田善枝さんを殺したと認めるように可成りきつい口調でなじられた事が念頭によみがえり、「ことによると中田弁ゴ士も同類ではないか。」と思い込んだ結果、その日を境に中田先生達との間の相互の信頼関係が急速に冷えていったのである。

しかも一八日に裁判があると言ったのにどうして無くなってしまったのか、長谷部警視らに聞けば、「そんな事は弁ゴ士が言ったことで、吾々は知らない」と言い、そ知らぬ顔をしたのみならず、取調官らは弁護士の不信感をより積極的にあおるのでありますから当時の私を推して「嘘つき弁ゴ人」と思い込むのも無理からぬことであろう。私はこうして肉体的、精神的に疲労困ぱいの極限に達し、不安に怯えて居る所へタイミングよく関源三が出現したのであります。そして長谷部は前述の様に弁護士は頼り甲斐のない人達であると言って攻撃をかける一方では「われわれは警察官だから嘘はつけないから信頼してもよい」といい、更に「どうだ石川君、善枝さんを殺したといってしまえ、どのみち他の件だけでも一〇年位は出られないぞ、善枝さんを殺したといっても一〇年で出してやる、男同志の約束しょう〔ママ〕」等という事を耳にした私は長谷部警視は偉い人なんだなあと思うようになり、この時点から私は、権力の生けにえになるとも露知らず泥沼へ足を踏み入れることになってゆくのだが、それからの経過は当審の被告人尋問に於て子細に述べておりますから省略をいたします。

私はこうして中田善枝さん殺しの犯人にデッチ上げられ、七月九日起訴されて、そして同年九月四日、浦和地方裁判所、内田武文裁判長係で第一回公判が開かれ、翌三九年三月一〇日〔ママ〕に死刑判決の宣告〔ママ〕されたのであった。半年間というスピード審理をもって死刑判決を言い渡した原審の不当性はのちに触れますが、他方検事論告は私の生活歴を犯罪視するという徹頭徹尾差別に貫ぬかれた差別公文書で、原検事は次の様な差別言辞をもって論告を行っているのである。

「……被告人は家が貧困であったため、小学校も満足に行く事が出来ず、一一、二才の時、父母のもとを離れて農家の子守奉公に行くようになったが、その後、被告人が一八才になるまで二、三の農家を転々し、家庭的愛情にはぐくまれつつ少年時代を過すというわけにはいかなかった。このような環境は被告人に対して社会の秩序に対する順法精神を稀薄ならしめる素地を与え、それが被告人の人格の形成に影響を及ぼしたであろうことは想像にかたくない」等と、数知れない部落民が言われのない屈辱の中に耐え続けて来た、その貧困生活環境そのものを犯罪の根源であるかの如きうたい、部落民に対する差別発言を公然と主張していたのである。

　だがこのような差別的予断と偏見に満ちた論告を容易に引き出さしめたのは外ならぬ内田武文判事であり、当事の新聞記事に目を通せば、内田裁判長は裁判にのぞむにあたり、「本件は世論を騒がせた大事件だけに集中審理で年内には判決にこぎつけたい。」と語り、全くその通り、弁護人の主張に少しも耳を貸さず、証拠、証人申請の殆どを却下し、わずか五ヶ月の審理をもって死刑を言い渡したのであった。これらをみればとうてい裁判の名に値いしないのみならず、すでに裁判前に「……石川は犯人に違いない」という部落民への差別的予断と偏見に基づいて判決文を作成したという点は極めて反動的であり、弁護人の主張に対し、合理的に説明をすることなしに裁判官の主観的判断と偏見をもって死刑を下したことに問題があり、これこそ弾刻《ママ》しなければならないと思います。

　私はこうして法律を動かす一握りの人間の意図によって真実が踏みにじられ、人間の生命など再び返って来ない青春などまるで虫けらの如くに考えられ、自由にもてあそばれてしまったのであります。

　一体裁判というものは中立であると言われておりながら、その中立がどの程度のものなのか、私は寺尾裁判長殿に問いかけたい心境であります。どんなに犯罪が極悪非道であろうとも法律によって死を宣告する為には総ゆる調べを尽すというのが法の精神の基本ではないかと思いますし、また少なくとも法は人を守るものであって法によって人を害するものでは断じてない筈であります。だが原審内田判事は検察官の意向は何んでも聞き入れ、ろくに事実調べを行わずに早期結審、死刑判決の断罪にのぞんだのはその正当化を部落差別に求める事によって権力の差別犯罪の完成させる決定的かなめの位置を占めたのであった。即ち無実の私を極刑にすることによって部落差別を拡大する支配者の人民分断支配の強化を図ったに相違ないのであります。

さて私は前述の様に死刑判決を受けて舎房へ戻りますと既に同房の人達は私が極刑に処せられたことを知っていて寝ながら私の心境を尋ねるので、私は長谷部警視との約束事（善枝さんを殺した事をいえば他の九件の悪事と併せて十年で出してやる）をありの儘を話しますと、警察官らは信用出来ない旨言ったのでありますが、しかし当時の私には死刑判決を受けても、それが現実の問題として自分の身の上に科せられた事としては受取れなかった有様でありましたから同房の人達にどんな事を言われようとも馬の耳に念仏的に聞き流して、その晩はそのまま寝てしまったのでありました。そして翌日、他舎の多くの人達と運動場へ出ますと、みんな私の側へ寄ってきて、前夜同房の人から言われたような事を質問をしてきたので、私は当然の事乍ら前夜と同じ事を答えたので〔ママ〕は言うまでもない。だが運動場で一緒になった人達は私と相部屋の人達よりも更に厳しい口調で警察官らを批判するので私の心は多少ぐらつき、兎も角、区長に聞いてみようと思い立ち、早速面接願いを求めると、その日の内に叶えられ、席上霜田区長は「…他の人達の言う事など気にするな、東京へ行けば大丈夫だ」などと言うので、まあ区長の言う事に間違いなかろうと信じ込んでしまったのであります。

ところが区長と接見した翌日、運動場へ出ますと、前日私に種々数えてくれた人達が見えず、聞いてみますと、他舎へ転房（部屋が替わること）させられ、しかもその原因は私に余計な事を教えたという理由からであるということが判ったのです。その後の経緯は当審第三回公判の被告人尋問で明らかにした通りでありますから省略しますが、その後私は自分が中田善枝さんを殺したんじゃないという意味合の歌を三波春夫のメロデーに合せて一番から三番迄を作ったのであります。

私が東京拘置所へ移送されましたのは昭和三九年四月三十日でありました。

こちらでは全部独居房ばかりでありましたが、その代り運動は知恵者揃いの死刑因と一緒だったことから私にとっては幸いし、ことに入浴日や映画観賞の際、三鷹事件の竹内景助氏と同席していたから、本件は自分がやったんではないが、他の件が九件もある為にそれと合せて十年で出してやるという約束のもとで自分がやったことにしているんだという話などをしますと、それは大変だから早く弁護士に話した方がいいと、竹内氏の体験を通して私は励まされたのでありますが「弁護人に相談するように」の勧告には、当時弁護人を信頼していなかった私はその場では竹内氏の力説にただうなずくだけであった。これは余談になるかもしれませんが、竹内氏は拘置所当局によって殺されたようなもので、彼が獄死する二週間前頃の一月二日、午前十時三分頃から一緒に入浴をした事が記録に止めてありますが、その時の彼の軀幹は見るに忍びない肋骨がくっきりと浮き出て、相当に衰弱をしきっている様子であった。あの入浴時の彼の大儀そうな姿が今でも目を閉じますと昨日の事の様に浮んできて涙を禁じえません。

　私はこうして東京拘置所へ移って来て、多くの死刑囚と接する事によって自分の置かれている現実の立場を知り、大変な成行きに気づき、おどろきと同時に爆発しそうな怒りを押えつつ、当審第一回公判に於て無罪を訴えたものの当時の私はまだ弁護人をにくんで居た時期でもありましたことから拠り所は皆無の状態で、しかも無学故にこの狭山事件の真相をどうやって外部の人々に訴えるべきか、その術を知らない私は途方に暮れ、一時は絶望の淵へ落ち入ってしまったこともあったのです。

　そんな私に活路を見い出させてくれたのが、私達の係りであった荒木部長、佐藤部長、鬼沢担当（現部長）松原担当の四人でありました。全くの文盲であった私を手とり足とりしてこの四人が代り代わり勉強を教えく《（ママ）》れたのです。しかも各舎に備え付けてある手紙の書き方、百科事典等を私専用として貸して下さり刑務官という立場を離れていたかのようにこの上ない面倒を見てくれたお蔭で徐々に世間の事が解るようになったのであります。当時を振返ってみればわれながらよくぞ頑張り通したものよと感心します。薄暗い電灯の下で、二重に施された太い鉄格子のはまった狭い独房の中で、暑いからといって冷たい呑み物もなく、寒いからといって手足を暖めるだんもとれず、あまつさえ殺人という恐しい罪を被せられ、しかも舎房の明りが次々に消え、死刑囚が執行されてゆくさまを眼の当りに見て一層恐怖にかられました。私は自分のこの目で四六人の死刑囚が執行されてゆくのを見ましたが、恐怖に怯えながらも今日まで私を支えてくれたのは、部落解放同盟、国民救援会、守る会、その他心ある諸団体、一般市民の個人別の多くのご支援が得られたこともさることながら、更に私に生きる力、闘う力を与えてくれたのは、外ならぬ、部落の子供達で、園児のたどたどしいながらも励ましの手紙を下さるのをはじめ、小・中学生の子供達から「石川の兄ちゃんがんばって、決して負けないで、私達の受けている差別のためにも闘って下さい」などと言う激励文に接するにつけ、私のこの小さい胸は強く締め付けられ「ようし俺も差別裁判と闘うぞ」という決意を秘めたものであった。私の姿の影にどれ程沢山の同胞が私の一挙手、一投足を見守り、そして彼らの切実な訴えを聞かせてくれるかを考える時、私の生死が正しくかれらの生死であることはいうまでもなく、そう私自身が自覚することによって三百万同胞が私と強固に連帯感を深め、兄弟愛として全国の部落民が起ち上って下さったのでありました。

　さてこれより先、当審に於ける寺尾裁判長殿がご就任なされる迄の二つの問題点、つまり筆圧痕問題と六つの新鑑定書の提出について簡単に述べて私の陳述を終りたいと思います。

　先ず私にとって最悪の事態を避ける事は出来ないという恐怖感にかられている時に、略図の筆圧痕問題が出てきたという事であります。何故私が恐怖に怯えたかといいますと、久永裁判長はしきりに早期結審をうながし、予断と偏見に満ちた訴訟指揮のもとでは控訴却下は決定的と思われただけに弁護人の慧眼によって、本法廷に提出されている幾つかの図面は取調官らの手によって書かされた物が判り、これによっていわば権力犯罪を世論にてらしめる第一歩を踏み出したのであった。もっとも今だから打明けられますが、筆圧痕鑑定等をしても一体科学がどれ程真実を物語る事が出来るのか、最初の内の私は大いなる疑問を抱き、仲々払拭出来ませんでした。ましてその科学を専門家とはいえ、生身の人間が扱うのですから科学的に薬品で分析などをする場合と異なり紙の上にひかれた図面の鑑定だからであります。然もこの図面が私の自白と関連して作られた証拠であるか否かという争点から考えても鑑定結果のもたらす裁判に於ける重大な意味を無視する事は出来ないという事を裏返せば、人為的に真実か〔ママ〕作り変えられてしまった「狭山事件」の真相から考えて私は常にここでも又何らかの圧力や権力の為に歪められた結果として戻って来るのではないかという恐れがあったわけでありますが、何者かが手を加えたと思われる二枚の図面が発見されたのであった。

勿論本件の発生地が地元であったことからある程度の地理を知っていた私ではありましたけど、広い道路は兎も角、込み入った所は判らない場合もあり、そんな時はきまって取調官らが先に筆圧痕をつけ、その上を私になぞらせるという図面が何枚もあったのでありますからこの鑑定結果、二枚だけしか発見出来なかったことにつき、不満を感ぜずには居れませんでした。然しそれでも私の主張の真実性が裏付けられ、二枚でも発見されたという事は、いかなる取調べ過程であったかを裁判官に知ってもらえたのでありますから私にとってこの上ない喜びであったことは言うまでもありませんが、人の生命を守り、財産と利益を守るべく立場にある公僕が積極的に私の生命を奪うべき工作をしていたという事実は間違いや誤りでは済まされない重大な問題であり、私はこの点をどの様な見解を示すか検察官の陳述に注目しているのであります。

何れにせよ、この様な筆圧痕の重大な問題が横たわっている以上、審理を続行せざるをえず、そして判事も久永裁判長から井波裁判長に代り、停年退官する迄の六年間にわたって事実調べに終始してきたのでありました。

然し前述の様に六つの新鑑定書が提出されるまでの井波裁判長は久永判事より更に反動的で、部落出身者である私を既に人間として扱っていなかった証左として最初から私の訴えに耳を貸そうとせずに、部落民はどんな犯罪でも犯すんだという事を前提に訴訟指揮をとり、この様な根本にある先入意識と部落の人間ならば、一人や二人の生命など問題にしていない姿勢がうかがわれたのであります。

法律には「犯意なきはこれを罰せず」とありますが、然し最初から一人の人間の生命を代償に司法権力の面目を保とうと積極的に事件を工作していたことは明白である。明らかに「犯意」に満ちた警察当局が何ら責任も、とがも受けないという事はあまりにも国民を無視した権力者の思い上りも甚だしく、ゆえに私は十二年という永い年月を獄中に閉じ込め、失われた青春や囚われの為に衰えてゆく肉体とそれにも増して受けて来た精神的な苦痛を考えると、無造作に一つの機構の中で、あたかも私を物体の如きの扱いをし、何ら良心に恥じない無感動な警察司法力の非人間的な心を正す意味においても寺尾裁判長の英断をもって完全無罪判決を書く事によって、部落民の私を犠牲に選んで権力の威信回復をはかろうとした、まさに天人とも許されない悪虐非道な遣り方を鋭く批判を加え、国家権力の自己批判を迫る判決を切望するものであります。

ところで今日まで裁判が長期化に及んだ根拠を若干述べたいと思います。

一言でいえば検察側が隠し持った証拠の防示〔ママ〕を出し渋ったのが原因でありましょう。裁判に於ては真実をありの儘に提出して判断を仰ぐべきであるのに、むしろ検察官は被告の利になる材料はことごとくひた隠しにし、出来るだけ悪い像を作り上げようと、その方へ懸命の努力を払っていたのであります。

私は検察という仕事が私的機関であり、営利事業のようなものならばこれも仕方のない事だと思いますが、公的な国民の血税によって支えられている国の機関である以上、この一方的な片寄り主義は実に由々しき問題だと思うのです。飽迄も善悪を、公平にすべてをありの儘に調べると同時に、被告人の利益に関わらず、全ての証拠を開示して欲しい、又そうあるのが本当の検察の意義であろうと思いますが、この根本的精神を一人として頭に入れている検察官が居ないからこそ、この様にいたずらに長期裁判にいたってしまったのであります。検察側が本当に私の利益を考えるのなら弁護側に反証の機会を保証し、充分に時間をかけて吟味させるのが当然なのだと思います。

然し乍らそうさせなかった検察の攻撃材料をみれば、いかに検察は国家権力の一構成分《〔ママ〕》であるかが知れようというものである。つまり、検察は国家として国民の一般的利益を代表している事を装いながら実際は、ブルジョアジーの利害を代表しているという事であります。従って前述の様に検察側の面目にせよ、私を罪に陥《〔ママ〕》入れた権力の手先とする警察官らの面目にせよ、結局は自分達の事を中心に考え、そこには国民を中心に考える主権在民の日本国憲法の思想など一かけらもないのである。

以上、本件にまつわる狭山差別事件が「善枝さん事件」の発生と死体発見以降の警察権力の捜査の過程は全て部落差別に基づいて行い、そして私を予断と偏見によって犯人にデッチ上げた各過程を指摘して参りましたので、既に寺尾裁判長殿にはご理解頂けたものと確信し、よって完全無罪判決を受けるのには当然な事としても、私は加害者としての国家権力に何らかの制裁が加えられないのは不合理だと思います。勿論実際問題として私が無罪になっても私に一審死刑を科した判事には法律によって罰する事が叶いません。

然しこれは私に限らず、あの真昼の暗黒で有名な八海事件にせよ、二転三転と死から生、生から死へと振り回され、結局無罪が決定したものの、その過程で死を科した判事達は仮りにあのまま被告人の精神が弱くくじけてしまって刑が確定してしまっていたら法律による完全な殺人事件が成立してしまうことになり、いくら法律の名のもとに決定したとは申せ、その宣告した判事は殺人者には違いないのであります。

そういう意味からも無事《〔ママ〕》の人間に死刑を宣告した判事は最《〔ママ〕》より、それまでに資料を作り上げた警察、検察、更にはそれらを含む司法権力の全てに何らかの制裁が加えられるのが当然なのではないかと思うのです。

「狭山事件」の被疑者としてあらゆる恐怖を味あわされた果てに生命迄をも奪われようとしているこの私の心の叫びをそのまま言葉に、そして文字に表わし得ない拙なさを歯痒く、無念に思われてなりませんが、私は正真正銘の無実なのに、十二年間という永い年月を、しかも一番人生で楽しかるべき筈の青春時代を灰色の獄中に閉ざされ、余儀なくされてしまったこの代償は一体何をもって償ってくれるのであろうか。

何億円積まれようとも、もう二度と再び返って来ないのだ。私は金なんていらないから青春を返してもらいたい。軀幹も不規則な長期の獄中生活によってバラバラ寸前であり、社会への復帰も間近だというのにもうドックに入っても修繕が利かない程痛め付けられてしまったのである。それでも今日まで歯をくいしばって頑張って来たのはいわれなき罪を暴くと同時に、本件が差別裁判であることと、三百万部落の方々の抑圧差別を一身に背負っていることを自覚したことによって私達の悲願達成に不可欠はなんといっても先ず社会の普遍的差別意識を無くす事が先決であるとし、自らの努力をおしまずに自身にムチ打って今日まで闘って来たのであった。

裁判所が本来の機構、使命感をまっとうするならば必ずや国民全体の期待を裏切らないと確信して居ります。幸いにも寺尾裁判長殿は本裁判を担当するに当り、部落に関する多数の書物を取寄せて、熟読された由でありますから、今更私がここで部落民の現状を語る必要がありませんが、ただ一言、日本の法治国家の中には過去現在に沢山の私が存在し、苦しんでいることをご理解して頂きたいのであります。

言う迄もなく自由主義国のわが日本の恥部が差別であり、そして国家権力こそが部落差別の元凶である以上、裁判長殿が狭山事件にまつわる全捜査過程を厳しく批判し、そして不完全な無罪判決ではなく、私達部落兄弟の明日の夜明の導火線として完全無罪判決を切にお願い申し上げて私の意見陳述を終ります。

あとがき

石川一雄さん・早智子さんご夫妻に初めてお会いしたのは、二〇二一年九月一一日、お二人が千葉県佐倉にある国立歴史民俗博物館に展示を観に来られたときのことであった。実はそれ以前にも、大阪で行われた部落解放研究集会の折に、ホテルのエレベーターに乗り合わせたことはあったのだが、それは私の記憶に一方的に留められているにすぎない話である。目的階に着くまでのほんの短い時間とはいえご挨拶をすることはできたのかもしれないが、軽く会釈するのが精一杯だった。

歴博訪問の際には、館内のレストランで休憩しながら、一雄さんは、小学校時代に学校にほとんど行けなかったこと、獄中で字を学んだことなどを、限られた時間だったが切々と話してくださった。私は、なんとしてももっと系統的にお話をうかがってみたいと思った。私も部落史と向き合ってきた者として狭山事件の重要性は重々わかっていたつもりだし、こんな理不尽なことがあっていいのかという思いはつねに抱いてはいたが、大学に入学したときにはすでに学生運動も下火になっていて、そもそも運動に参加した経験もなく、またその後も狭山闘争に関わってきたわけではなかった。しかし、そこで断片的に語ってくださった石川さんのこれまでの人生にこそ、まさに部落問題が集約的に体現されていると思われ、私なりの発信をしてみたいと思った。

石川さんご夫妻はご快諾くださったが、そのかん、コロナの蔓延などもあり予定よりスタートが遅れ、二〇二二年の夏（第一回は七月二日）から聞きとりが始まった。水平社創立百周年等に関わっての私自身の仕事も重なり、聞きとりになかなか私の下調べが追いつかず、走り出してからも、これまでの狭山事件をめぐる多くの出版物や長い闘争の歴史を前にして、はたして私にやれるのだろうか、私にやる〝資格〟があるのだろうか、といった自問自答が続いた。

「おわりに」を書いているときに、満若勇咲『「私のはなし　部落のはなし」の話』（中央公論新社、二〇二三年）を読んだ。満若さんは、映画『私のはなし　部落のはなし』（二〇二二年）の監督である。その本のなかに満若さんが観客から「あなたに部落問題を撮る資格があるとは思えない」と突きつけられたという件《くだり》を読んで、私も、とりわけ狭山差別裁判を長く闘ってきた人たちから同じような問いをぶつけられるのかもしれないと思い、ふたたび〝資格〟という言葉の前に立ち止まってしまった。

しかし、その〝資格〟という壁が、狭山事件への多くの人びとの接近を遠ざけていた側面もあるとすれば、思い切って私が書いてもいいのではないかと思う。今の若い世代はほとんど狭山事件を知らない。全共闘運動が遠い過去であるのと同じような感覚で、狭山闘争も向こう岸のことのように受けとめられているように思えた。そんななかにあって、むしろ同時代に〝狭山闘争〟を経験していない、いわばポスト狭山闘争世代である私が改めて狭山事件を論じることで、事件に対する理解の裾野を広げることができるのではないかと思った。むろん、それが成功しているかどうかは、読者のみなさんの判断を待つしかない。

一雄さんは、自分で話題を決めて話されるのではなく、こちらの質問に誠実に答えるという形をとってくださった。それゆえ、話題が聞き手の側の意図によっていることは否めない。しかし、そこで改めて語られたことは、いうまでもなく今の石川一雄の声である。本文で記したように、一雄さんは、苦しい時代のことを語ると自分を苦しめることになるからあえて振り返らないとおっしゃっている。にもかかわらず、今回丁寧にお話しくださったことに改めて感謝の念を強くする。

聞き取りのあとで（左から早智子，一雄，片岡明幸，筆者）

先にも述べたように、狭山事件や裁判闘争の経過については、詳細に記したものがすでに多く世に問われており、また鎌田慧『狭山事件の真実』には石川一雄の生い立ち等についてもかなり詳細に記されている。しかし、今の〝声〟を、できるかぎり石川一雄という人に寄り添うことによって伝えたい。それが本書の意図するところである。本来ならば、裁判資料や狭山事件をめぐる諸々の文献にもあたって論じることが必要であろう。しかし、それに時間を費やしてより精密な叙述を目指すよりも、狭山事件六〇年、そして裁判の動向を視野に入れて、二〇二三年五月刊行を実現することの方が、私には重要なことに思われた。むろん、私の小さな本が力を発揮するとはいえないにしても、今回ばかりは、ひとりでも多くの読者を得て、裁判勝利につながることを優先すべきだとの判断に立った。

石川さんご夫妻は、いつも早くから会場をご準備くださり、一雄さんはお疲れを見せず、落ち着いた極めて冷静な口調で、たんたんとかつ丁寧にこちらの問いに答えてくださった。全ての問いに対して、真っ正直にお答えくださっていることが伝わってきた。そして、早智子さんは、文字が読みにくい一雄さんに代わって、私の草稿を一雄さんに確認しつつ点検してくださり、事実の誤りなどをはじめ数多くの貴重なご指摘をくださった。

この、今の一雄さんと、一雄さんを支えてこられた早智子さんの語りを、より多くの読者に伝えたいと思う。そして巻末の略年譜の最後に、無罪確定の一行をつけ加える日が近々に到来することを切に願う。


当初から支援闘争を中心に担ってこられた、部落解放同盟埼玉県連合会執行委員長であり部落解放同盟中央本部中央副執行委員長の片岡明幸氏は、石川さんご夫妻との連絡の労をとってくださったのみならず、聞き取りの際にも、質問を発してリードしてくださった。聞き取りは、経過を熟知しておられる片岡氏の質問に助けられて進んでいった。片岡氏のお力なくしては、本書の完成はありえなかった。途中から、佐川享平氏、吉田加奈子氏もご参加くださり、いろいろな面でお手伝いくださった。

私が学部生のときからお世話になっている藤野豊氏は、今回も、原稿を即座にかつ丁寧に読んでくださって、草稿執筆段階から有益な数々のご教示をいただいた。学生時代から狭山闘争に参加してこられた藤野氏から励ましの言葉をいただいたことも、私の大きな心の支えとなった。

弁護士として冤罪事件をはじめ人権問題にとり組んでこられた徳田靖之氏のご教示と激励も大変ありがたかった。

部落解放同盟中央本部中央狭山闘争本部の安田聡氏、部落解放同盟埼玉県連合会の藤田源市氏にもお世話になった。

最後になったが、かねてから何度もお世話になってきた岩波書店編集部の吉田浩一氏は、私の無謀ともいえる企てにご理解を示して、闘いの進捗に合わせて迅速に企画を実現させてくださった。限られた時間のなか、ゲラにたくさんの修正が入るなどご負担をかけることが多かったが、終始あたたかく支えてくださった吉田氏のお力なくしては本書の実現はありえなかった。

以上の方々に心からお礼を申し上げる。

二〇二三年三月一日　再審の扉が開かれることを祈りつつ

黒川みどり

黒川みどり
早稲田大学第一文学部日本史学専攻卒業．博士(文学)．現在，静岡大学教授．日本近現代史．『共同性の復権──大山郁夫研究』(信山社，2000年)，『つくりかえられる徴──日本近代・被差別部落・マイノリティ』(解放出版社，2004年)，『描かれた被差別部落──映画の中の自画像と他者像』(岩波書店，2011年)，『差別の日本近現代史──包摂と排除のはざまで』(共著，岩波書店，2015年)，『創られた「人種」──部落差別と人種主義』(有志舎，2016年)，『評伝竹内好──その思想と生涯』(共著，有志舎，2020年)，『被差別部落認識の歴史──異化と同化の間』(岩波現代文庫，2021年)，『増補 近代部落史──明治から現代まで』(平凡社ライブラリー，2023年)など．

被差別部落に生まれて──石川一雄が語る狭山事件

2023年 5 月17日　第1刷発行
2023年12月 5 日　第4刷発行

著　者　黒川《くろかわ》みどり

発行者　坂本政謙

発行所　株式会社 岩波書店
〒101-8002 東京都千代田区一ツ橋 2-5-5
電話案内 03-5210-4000
https://www.iwanami.co.jp/

印刷・三陽社　カバー・半七印刷　製本・牧製本

ISBN 978-4-00-024550-0　　Printed in Japan

被差別部落認識の歴史
―異化と同化の間―
黒川みどり
岩波現代文庫
定価一八九二円

【岩波現代全書】
差別の日本近現代史
―包摂と排除のはざまで―
黒川みどり
藤野　豊
四六判二九四頁
定価二六四〇円

狭山事件の真実
鎌田　慧
岩波現代文庫
定価一八一五円

袴田事件の謎
―取調べ録音テープが語る事実―
浜田寿美男
四六判二七〇頁
定価二六四〇円

東住吉冤罪事件
―虚偽自白の心理学―
村山満明
四六判三五六頁
定価三七四〇円